불안

이 책의 한국어판 저작권은 에릭양 에이전시를 통한 Intercontinental Literary
Agency 사와의 독점계약으로 도서출판 이레에 있습니다. 신저작권법에 의해 한
국 내에서 보호를 받는 저작물이므로 무단 전재와 복제를 금합니다.

이 도서의 국립중앙도서관 출판시도서목록(CIP)은 e-CIP 홈페이지(http://www.nl.go.
kr/cip.php)에서 이용하실 수 있습니다.(CIP제어번호: CIP2005001965)

Status Anxiety

불안

알랭 드 보통 | 정영목 옮김

‖이레‖

차례

일러두기 본문의 각주는 옮긴이 주임.

정의

지위

• 사회에서 사람이 차지하는 위치. 지위status는 신분이라는 뜻의 라틴어 statum('서다'라는 뜻을 가진 동사 stare의 과거분사)에서 파생되었다.

• 좁은 의미에서 이 말은 한 집단 내의 법적 또는 직업적 신분을 가리킨다(기혼자, 중위 등). 그러나 너 넓은 외미에서는 세상의 눈으로 본 사람의 가치나 중요성을 가리키며, 이 책에서는 이 의미가 더 중요하다.

• 사냥꾼, 투사, 유서 깊은 가문, 사제, 기사, 다산하는 여자 등, 높은 지위를 부여받는 집단은 사회마다 각양각색이었다. 그러다가 서양(모호하기는 하지만 흔히 통용되는 지역 개념으로 현재도 그 개념을 놓고 논의가 진행 중이다)에서는 1776년 이후 경제적 성취와 관련하여 지위가 부여되기 시작했다.

• 높은 지위는 즐거운 결과를 낳는다. 이 결과에는 자원, 자유, 공간, 안락, 시간이 포함되며, 남들에게 먼저 배려받고 귀중하

게 여겨진다는 느낌도 이에 못지않게 중요하다. 이런 느낌은 다른 사람들의 초대, 아첨, 웃음(농담이 썰렁할 때도), 경의, 관심을 통해 당사자에게 전달된다.

• 높은 지위를 세상에서 얻을 수 있는 가상 좋은 것으로 꼽는 사람들도 많다(그러나 그렇다고 내놓고 인정하는 사람은 거의 없다).

지위로 인한 불안

• 사회에서 제시한 성공의 이상에 부응하지 못할 위험에 처했으며, 그 결과 존엄을 잃고 존중을 받지 못할지도 모른다는 걱정. 현재 사회의 사다리에서 너무 낮은 단을 차지하고 있거나 현재보다 낮은 단으로 떨어질 것 같다는 걱정. 이런 걱정은 매우 독성이 강해 생활의 광범위한 영역의 기능이 마비될 수 있다.

• 불안은 무엇보다도 불황, 실업, 승진, 퇴직, 업계 동료와 나누는 대화, 성공을 거둔 걸출한 친구에 관한 신문 기사 등으로 유발된다. 질투(불안도 이 감정과 관련이 있다)를 고백하는 것과 마찬가지로 불안을 드러내는 것 역시 사회적으로 경솔한 행동이며, 따라서 이 내적인 드라마의 증거는 흔치 않다. 보통 어디에 몰두한 듯한 눈길, 부서질 것 같은 미소, 다른 사람의 성공 소식을 들은 뒤 이어지는 유난히 긴 침묵 등으로만 간간이

나타날 뿐이다.

• 우리가 사다리에서 차지하는 위치에 그렇게 관심을 가지는 것은 다른 사람들이 우리를 어떻게 보느냐가 우리의 자아상(自我像)을 결정하기 때문이다. 예외적인 사람들(소크라테스나 예수)은 다르겠지만, 세상이 자신을 존중한다는 사실을 확인하지 못하면 스스로도 자신을 용납하지 못한다.

• 더욱 안타까운 것은 높은 지위를 얻기가 어려우며, 그것을 평생에 걸쳐 유지하는 것은 더욱 어렵다는 점이다. 어디서 어떤 피를 가지고 태어나느냐에 따라 지위가 날 때부터 고정되는 사회가 아니라면, 지위는 우리의 성취에 달려 있다. 우리는 어리석거나 자기 자신을 잘 몰라 실패할 수도 있고, 거시 경제나 다른 사람들의 적의 때문에 실패할 수도 있다.

• 실패에서 굴욕감이 생긴다. 이것은 우리가 세상에 우리의 가치를 납득시키지 못했고, 따라서 성공한 사람들을 쓸쓸하게 바라보며 우리 자신을 부끄러워할 처지에 놓였다는 괴로운 인식에서 나온다.

명제

• 지위로 인한 불안은 비통한 마음을 낳기 쉽다.

• 지위에 대한 갈망은 다른 모든 욕구와 마찬가지로 쓸모가 있다. 이것은 자신의 재능을 공정하게 평가하도록 자극하며, 남

들보다 나아지도록 고무하며, 남에게 해를 주는 괴팍한 행동을 못하게 억제하며, 공동의 가치 체계를 중심으로 사회 구성원들을 결합한다. 그러나 모든 욕구가 그렇듯이, 이 갈망도 지나치면 사람을 잡는다.

• 이런 상황에 대처하는 가장 유익한 방법은 이 상황을 이해하고 그것에 대하여 이야기해보려고 노력하는 것일지도 모른다.

원인

I
―

사랑결핍

높은 지위를 바라는 마음

1

어떤 동기 때문에 높은 지위를 구하려고 달려드는가? 이 점에 대해서는 몇 가지 일반적인 가정이 있는데, 그 가운데도 돈, 명성, 영향력에 대한 갈망이 주로 손에 꼽힌다.

아니, 정치적 이론에서는 거의 사용되지 않는 단어로 우리가 바라는 것을 요약하는 편이 나을지도 모르겠다. 사랑. 먹을 것과 잘 곳이 확보된 뒤에도 사회적 위계에서 더 높은 곳으로 올라가기를 바라는 것은 그곳에서 물질이나 권력보다는 사랑을 더 많이 받을 수 있기 때문인지도 모른다. 돈, 명성, 영향력은 그 자체로 목적이라기보다는 사랑의 상징으로서—그리고 사랑을 얻을 수 있는 수단으로서—더 중시되는 것인지도 모른다.

부모나 연인에게서 원하는 것을 표현할 때 사용하는 사랑이라는 말을 세상에게 원하는 것, 또 세상이 제공하는 것에도 사용할 수 있을까? 사랑은 가족에서 나타나든, 성적 관계에서 나타나든, 세상에서 나타나든 일종의 존중이라고, 한 사람이 다른 사람의 존재에 민감하게 반응하는 것이라고 정의해볼 수도 있겠다. 누가 우리한테 사랑을 보여주면 우리는 관심의 대상이 되었다는 느낌을 받는다. 우리의 존재에 주목하고, 우리 이름을 기억해주고, 우리 의견에 귀를 기울여주고, 약점이 있어도 관대하게 받아주고, 요구가 있으면 들어주기 때문이다. 이런 식으로 관심을 가져주면 우리는 번창한다. 낭만적인 사랑과 지위와 관련된 사랑은 다를 수도 있다. 후자의 경우 성적인 관련이 없고, 결혼으로 끝나지도 않고, 그런 사랑을 해주는 사람에게는 보통 다른 동기가 있다. 그러나 지위와 관련된 사랑을 받는 사람 역시 낭만적인 사랑을 받는 사람과 마찬가지로 다른 사람의 호의적인 눈길을 받으며 편안함을 느낀다는 점에서는 차이가 없다.

흔히 사회에서 중요한 지위에 있는 사람을 '이름 있는 사람'이라고 부르고 그 반대의 경우를 '이름 없는 사람'이라고 부른다. 이것은 말도 안 되는 것이 우리 모두가 정체성을 가진, 누구 못지않은 존재 권리를 가진 개인이기 때문이다. 그러나 그런 표현은 다양한 집단에 대한 대접의 질적 차이를 전달하는 데는 편리하다. 지위가 낮은 사람은 눈에 띄지도 않고, 퉁명스러운 대꾸를 듣고, 미묘한 개성은 짓밟히고, 정체성은 무시당한다.

낮은 지위가 끼치는 영향은 물질적인 맥락에서만 볼 수 없다. 적어도 생계는 유지할 수 있는 사람이라면, 그로 인한 고통이 신체적 불편으로 그치는 경우는 거의 없다. 낮은 지위는 자존심을 건드리는 문제들을 낳기 때문이다. 아니, 그것이 오히려 일차적이다. 불편은 모욕을 동반하지만 않으면 오랜 기간이라도 불평 없이 견딜 수 있다. 병사나 탐험가들이 그런 예다. 그들은 사회의 극빈층이 겪는 것보다 훨씬 더 심한 궁핍을 기꺼이 견디지만, 다른 사람들이 자신을 존경한다는 것을 알기 때문에 버텨낸다.

마찬가지로 높은 지위가 주는 유익은 물질적 부에 한정되지 않는다. 부자들 가운데는 다섯 세대가 써도 남을 만큼 돈을 축적해도 만족할 줄 모르고 계속 모으는 사람이 많은데, 이것은 놀랄 일은 아니다. 부의 창조를 경제적인 이유만 가지고 설명하려 할 때에만 그들의 노력이 이상해 보일 뿐이다. 그들은 돈만큼이나 돈을 모으는 과정에서 파생되는 존경을 추구한다. 탐미주의자나 쾌락주의자가 되겠다는 사람은 거의 없다. 그러나 존엄은 거의 모두가 갈망한다. 만일 미래 사회가 조그만 플라스틱 원반을 모으는 대가로 사랑을 제공한다면, 우리는 오래지 않아 그 아무짝에도 쓸모 없는 물건으로 인해 열렬한 갈망을 느끼기도 하고 불안에 떨기도 할 것이다.

2

애덤 스미스는 《도덕감정론*The Theory of Moral Sentiment*》(에든버러, 1759)에서 이렇게 말했다.

"이 세상에서 힘들게 노력을 하고 부산을 떠는 것은 무엇 때문인가? 탐욕과 야망을 품고, 부를 추구하고, 권력과 명성을 얻으려는 목적은 무엇인가? 생활필수품을 얻으려는 것인가? 그것이라면 노동자의 최저 임금으로도 얻을 수 있다. 그렇다면 인간 삶의 위대한 목적이라고 하는 이른바 **삶의 조건의 개선**에서 얻는 것은 무엇인가?

다른 사람들이 주목을 하고, 관심을 쏟고, 공감 어린 표정으로 사근사근하게 맞장구를 치면서 알은체를 해주는 것이 우리가 거기에서 얻을 수 있는 모든 것이라고 말할 수 있다. 부자가 자신의 부를 즐거워하는 것은 부를 통해 자연스럽게 세상의 관심을 끌어 모은다고 생각하기 때문이다. 반면 가난한 사람은 가난을 부끄러워한다. 가난 때문에 사람들의 시야에서 사라졌다고 느끼기 때문이다. 아무도 우리에게 주목하지 않는다는 것은 곧 인간 본성에서 나오는 가장 열렬한 욕구의 충족을 기대할 수 없다는 뜻이다. 가난한 사람은 들락거려도 아무도 주의하지 않는다. 군중 속에 있어도 자신의 오두막 안에 처박혀 있을 때나 다름없이 미미한 존재일 뿐이다. 반면 지위와 이름이 있는 사람은 온 세상이 주목한다. 사람들은 그의 행동에 관심을 가진다. 그의 말 한 마디, 행동 하나도 사람들은 그냥 지나치지 않는다."

3

어른이 된 이후의 삶은 두 가지 커다란 사랑 이야기로 규정된다고 말할 수 있다. 첫 번째 이야기, 즉 성적인 사랑을 찾아가는 이야기는 잘 알려져 있고, 지도도 잘 그려져 있으며, 거기서 나오는 기발한 행동은 음악과 문학의 주재료를 이룬다. 이 이야기는 사회적으로 수용되고 기념된다. 두 번째 이야기, 즉 세상이 주는 사랑을 찾아가는 이야기는 첫 번째 이야기보다 더 은밀하고 부끄러운 이야기다. 입에 올린다 해도 비난하거나 조롱할 때만 그러는 경우가 많다. 그런 사랑은 질투심이 많거나 결함이 있는 사람들의 관심사로 여긴다. 아니면 높은 지위의 추구는 경제적 의미로만 해석해야 한다고 생각하는 것 같기도 하다. 그러나 이 두 번째 사랑 이야기는 첫 번째 이야기만큼이나 강렬하며, 또 첫 번째 이야기만큼이나 복잡하고, 중요하고, 보편적이다. 그리고 이 사랑을 이루지 못할 때도 첫 번째 사랑을 이루지 못할 때만큼이나 고통스럽다. 여기에도 가슴 아픈 상처가 있으니, 그것은 세상이 이름 없는 사람으로 치부해버린 수많은 사람들의 체념에 젖은 멍한 표정이 증언하고 있다.

사랑의 중요성

1

윌리엄 제임스가 《심리학의 원리*The Principles of Psychology*》
(보스턴, 1890)에서 이렇게 말했다.

"사회에서 밀려나 모든 구성원으로부터 완전히 무시를 당
하는 것 ─ 이런 일이 물리적으로 가능할지는 모르겠으나 ─ 보
다 더 잔인한 벌은 생각해낼 수 없을 것이다. 방 안에 들어가도
아무도 고개를 돌리지 않고, 말을 해도 대꾸도 안 하고, 무슨
짓을 해도 신경도 쓰지 않고, 만나는 모든 사람이 죽은 사람 취
급을 하거나 존재하지 않는 물건을 상대하듯 한다면, 오래지
않아 울화와 무력한 절망감을 견디지 못해 차라리 잔인한 고문
을 당하는 쪽이 낫다는 생각이 들 것이다."

2

사랑의 결핍은 우리에게 어떤 영향을 주는가? 무시를 당하면

왜 우리는 '울화와 무력한 절망감'을 견디지 못하고 차라리 고문을 당하는 쪽이 낫다고 생각하게 되는가?

다른 사람들의 관심이 중요한 것은 무엇보다도 우리가 날 때부터 자신의 가치에 확신을 갖지 못하고 괴로워할 운명을 타고났기 때문일지도 모른다. 그 결과 다른 사람이 우리를 바라보는 방식이 우리가 스스로를 바라보는 방식을 결정하게 된다. 자신의 정체성에 대한 느낌은 함께 사는 사람들의 판단에 좌우된다. 그 사람들이 우리 농담에 즐거워하면, 우리는 나에게 남을 즐겁게 하는 능력이 있다고 자신을 갖게 된다. 그 사람들이 우리를 칭찬하면, 나에게 큰 장점이 있다고 생각하게 된다. 우리가 방에 들어갔을 때 눈길을 피하거나 직업을 밝혔을 때 당황한 표정을 지으면, 나는 가치 없는 사람이라고 스스로를 의심하게 될 수도 있다.

이상적인 세계에서라면 이런 식으로 남들의 반응에 좌우되지는 않을 것이다. 무시를 당하든 주목을 받든, 칭찬을 받든 조롱을 당하든 흔들리지 않을 것이다. 누가 엉터리로 우리를 칭찬하는 소리에 귀가 솔깃하지 않을 것이다. 스스로 자신을 공정하게 평가하고 자신의 가치를 판단하여, 다른 사람이 우리가 못났다고 넌지시 암시한다 해도 상처받지 않을 것이다. 우리 자신의 가치를 알기 때문이다. 그러나 현실에서 우리는 나라는 사람에 대하여 아주 다양한 의견을 가지고 있다. 내가 똑똑하

다는 증거도 댈 수 있고 바보라는 증거도 댈 수 있으며, 익살맞
다는 증거도 댈 수 있고 따분하다는 증거도 댈 수 있으며, 중요
한 인물이라는 증거도 댈 수 있고 있으나마나 한 존재라는 증
거도 댈 수 있다. 이렇게 흔들린다면 사회의 태도가 우리의 의
미를 결정하기 마련이다. 무시를 당하면 속에 똬리를 틀고 있
던 자신에 대한 부정적 평가가 고개를 쳐들며, 미소나 칭찬과
마주치면 어느새 역전이 이루어진다. 혹시 남의 애정 덕분에
우리 자신을 견디고 사는 것은 아닐까?

우리의 '에고'나 자아상은 바람이 새는 풍선과 같아, 늘 외
부의 사랑이라는 헬륨을 집어넣어 주어야 하고, 무시라는 아주
작은 바늘에 취약하기 짝이 없다. 남의 관심 때문에 기운이 나
고 무시 때문에 상처를 받는 자신을 보면, 이런 터무니없는 일
이 어디 있나 싶어 정신이 번쩍 들기도 한다. 동료 한 사람이
인사를 건성으로 하기만 해도, 연락을 했는데 아무런 답이 없
기만 해도 우리 기분은 시커멓게 멍들어버린다. 누가 우리 이
름을 기억해주고 과일 바구니라도 보내주면 갑자기 인생이란
살 가치가 있는 것이라고 환희에 젖는다.

3
따라서 물질적인 관점만이 아니라 정서적인 관점에서도 우리

가 세상에서 차지하는 자리에 대해 불안해하는 것은 놀랄 일이 아니다. 이 자리는 우리가 얼마나 많은 사랑을 받을 수 있는지 결정하며, 결과적으로 우리가 우리 자신을 좋아할 수 있는지 아니면 자신에 대한 신뢰를 잃을 수밖에 없는지 결정한다. 이 자리는 우리에게 전례 없는 중요성을 가지게 된 일용품, 즉 사랑을 얻는 열쇠다. 사랑이 없으면 우리는 자신의 인격을 신뢰할 수도 없고 그 인격을 따라 살 수도 없다.

무시의 결과

다른 사람의 태도	자기 이미지
너는 실패자다 너는 중요하지 않은 존재다 너는 우둔하다	나는 망신거리다 나는 이름 없는 사람이다 나는 바보다 나는 똑똑하다 나는 환영받는 사람이다 나는 귀한 사람이다

사랑의 결과

다른 사람의 태도	자기 이미지
너는 머리가 좋다 너는 중요한 존재다 너는 성공한 사람이다	나는 똑똑하다 나는 환영받는 사람이다 나는 귀한 사람이다 나는 망신거리다 나는 이름 없는 사람이다 나는 바보다

II

—

속물근성

1

어렸을 때는 우리가 무슨 일을 하든 아무도 크게 마음을 쓰지 않으며, 그냥 존재하는 것만으로 무조건적인 애정을 얻을 수 있다. 식사를 하다 트림을 할 수도 있고, 목청껏 소리를 지를 수도 있고, 돈을 못 벌어도 되고, 중요한 친구가 없어도 된다. 그래도 귀중한 존재가 될 수 있다.

그러나 어른이 된다는 것은 냉담한 인물들, 속물들이 지배하는 세계에서 우리 자리를 차지한다는 의미이다. 그런 인물들의 행동은 지위에 대한 우리의 불안의 한가운데 자리 잡고 있다. 어떤 친구나 연인은 우리가 파산을 하거나 수모를 당해도 우리를 모른 체하지 않겠다고 약속하지만(가끔은 그 말을 믿어 볼 수도 있겠지), 우리가 일용할 양식으로 삼아야 하는 것은 속물들의 매우 조건적인 관심이다.

2

'속물근성snobbery'이라는 말은 영국에서 1820년대에 처음으로 사용되었다. 이 말은 옥스퍼드와 케임브리지의 많은 대학의 시험 명단에서 일반 학생을 귀족 자제와 구별하기 위해 이름 옆에 sine nobilitate(이것을 줄인 말이 's.nob.'이다), 즉 작위가 없다고 적어놓는 관례에서 나왔다고 한다.

이 말은 처음에는 높은 지위를 갖지 못한 사람을 가리켰으나, 곧 근대적인 의미, 즉 거의 정반대의 의미를 가지게 되었다. 상대방에게 높은 지위가 없으면 불쾌해하는 사람을 가리키게 된 것이다. 어떤 사람을 속물이라고 말하는 것은 그 사람을 경멸하려는 의도를 가진다는 것, 즉 그 사람의 조롱받아 마땅한 매우 유감스러운 차별행위를 묘사하기 위해 그 말을 사용한다는 것 또한 분명해졌다. 이 문제에 대한 선구적인 작업인 《속물에 관한 책Book of Snobs》(1848)에서 윌리엄 새커리는 25년간 속물이 "영국에 철도처럼 퍼져나갔으며, 이제는 해가 지지 않는 제국의 어디를 가나 발견할 수 있다"고 말했다. 그러나 정말 새로웠던 것은 속물근성이 아니라, 속물들의 그런 전통적인 차별행위를 이제 용납할 수 없는 것으로 여기게 된―적어도 새커리 같은 사람들에게는―평등 정신이었다.

3

그 이후 노골적으로 사회적 또는 문화적 편견을 드러내는 모든 사람, 즉 어떤 한 종류의 사람이나 음악이나 와인이 다른 것보다 분명하게 낫다고 말하는 모든 사람을 속물이라고 부르게 되었다. 이런 식으로 이해하자면, 속물이란 하나의 가치 척도를 지나치게 떠벌이는 모든 사람을 가리킨다고 할 수 있다.

그러나 누구 또는 무엇을 존중하느냐 하는 문제와 관련지어 속물근성의 의미를 좁혀보는 것이 더 정확하게 살펴보는 방법이 될 수도 있겠다. 속물의 독특한 특징은 단순히 차별을 하는 것이 아니라, 사회적 지위와 인간의 가치를 똑같이 본다는 것이다.

전통적으로 보자면 속물근성은 귀족계급에 대한 관심과 관련이 있지만(귀족이 사회의 정점에 올라서 있던 시기에 그러한 장소에서 처음으로 이런 태도가 언어로 포착되었기 때문에), 그렇다고 해서 속물근성을 사냥이나 신사 클럽에 대한 열망과 동일시하게 되면 그 현상의 다양성을 이해하기 힘들다. 속물은 시대에 따라 군인(스파르타, 기원전 400), 주교(로마, 1500), 시인(바이마르, 1815), 농민(중국, 1967) 등 여러 특정한 집단에 영합했다. 속물의 일차적 관심은 권력이며, 권력 구조의 변화에 따라 자연스럽게 그리고 순식간에 속물의 존경 대상도 바뀌기 때문이다.

4

속물 집단은 분노를 일으키거나 좌절감을 안겨준다. 우리의 내면에 있는 것으로는, 즉 우리의 지위가 아닌 다른 것으로는 그들이 우리에게 하는 행동을 통제할 수 없기 때문이다. 우리에게 솔로몬의 지혜가 있고 오디세우스의 책략과 꾀가 있다 해도, 우리의 자질을 사회적으로 인정받는 표지로 제시하지 못한다면 우리 존재는 그들에게 전혀 관심의 대상이 되지 못한다.

어쩌면 우리는 이런 조건적인 면 때문에 괴로운 것인지도 모른다. 어른끼리 하는 사랑도 부모의 자식에 대한 무조건적 사랑을 원형으로 간직하고 있기 때문이다. 우리는 무력하고 벌거벗은 상태에서 부모의 돌봄을 받으면서 처음으로 사랑을 경험했다. 아기는 물론 자신을 돌봐주는 사람에게 세속적인 보답을 할 수 없다. 따라서 아기는 그냥 그런 존재이기 때문에, 즉 발가벗겨진 상태의 정체성으로 사랑을 받고 돌봄을 받는 것이다. 아기는 그 통제할 수 없는, 떼를 쓰고 고집을 부리는 특성에도 불구하고, 아니, 그런 특성 때문에 사랑을 받는다.

그러나 나이가 들면서 애정은 성취와 관련을 맺기 시작한다. 예의를 지킨다든가, 학교나 다른 곳에서 좋은 성과를 거둔다든가, 계급이나 명성을 얻는 일이 중요해지는 것이다. 그러나 그런 노력으로 다른 사람들의 관심을 끌 수는 있지만, 훌륭한 행동으로 남들의 감탄을 자아내는 것만으로는 우리의 근저에 깔린 감정적 욕구가 채워지지 않는다. 부엌 바닥에 집짓기 블록을 늘어놓기만 해도, 부드럽고 통통한 몸을 뒤치며 믿음이 담긴 눈으로 말똥말똥 바라보기만 해도 우리를 끌어안아주었던 그 관대하고 무차별적인 사랑을 다시 붙잡고 싶기 때문이다.

멍청한 아첨꾼이 아니고서는 아무도 권력이나 명성 때문에 당신을 사귄다고 말하지 않는다. 이것이야말로 우리 밑바닥에 그런 무조건적인 사랑에 대한 욕구가 존재한다는 증거다. 나의 권력이나 명성 때문에 점심에 초대한다면 그것은 기분 나쁜 일일 수도 있다. 또 초대한 사람의 태도가 곧 바뀔 것이라고 짐작할 수도 있다. 권력이나 명성은 우리 자아의 진정한 알맹이 바깥에 있는 것이기 때문이다. 일자리를 잃고 영향력이 줄어들어도 우리는 계속 살아 있을 것이며, 어린 시절에 자리 잡은 애정 욕구 또한 조금도 줄지 않을 것이다. 따라서 유능한 아첨꾼은 자신이 관심을 가지는 것이 상대의 지위와는 전혀 관계없는 부분임을 암시해야 함을 안다. 그래서 으리으리한 차, 신문에 등장한 모습, 회사의 임원 직위는 자신의 깊고 순수한 애정에 영향을 미치지 못하는 요소들이라고 강조한다. 그러나 아첨꾼의 이런 노력에도 불구하고, 상대는 그의 반지르르한 표면 밑에서 변덕스러움을 감지하고 속물의 무리를 멀리하는 경향이 있다. 운이 좋아 잠시 아슬아슬하게 손에 쥐고 있는 지위가 본질적 자아와 아무런 관련이 없을지도 모른다는 두려움 때문이다.

5

속물은 명성과 업적에만 관심을 갖기 때문에 아는 사람들의 외적인 환경이 바뀌면 누구를 자신의 가장 가까운 친구로 삼는 것이 좋을지 잽싸게 재평가를 해보곤 하는데, 때로는 이것이 희비극적인 느낌을 주기도 한다.

19세기말 파리의 어느 안개 낀 저녁, 마르셀 프루스트의 《잃어버린 시간을 찾아서*A la recherche du temps perdu*》(1922)에 나오는 부르주아 내레이터는 귀족 친구인 생루 후작과 저녁을 먹으러 비싼 식당으로 간다. 내레이터는 일찍 도착하고 생루는 아직 오지 않았다. 그러자 식당 직원들은 내레이터의 익숙지 않은 이름과 초라한 외투를 보고 별 볼일 없는 손님이라고 생각한다. 그래서 선심을 쓰는 체하고 차가운 바람이 부는 탁자로 안내하고 나서 마실 것이든 먹을 것이든 느릿느릿 가져다준다.

그러나 15분 뒤에 후작이 도착하여 내레이터가 그의 친구라는 사실이 드러나자 순식간에 직원들 눈에 내레이터의 가치가 바뀐다. 지배인이 그의 앞에서 깊이 고개를 숙이고 차림표를 펼치더니 화려한 동작을 섞어가며 특별 요리를 외우고 옷을 칭찬한다. 게다가 이런 예우가 귀족의 친구이기 때문에 나오는 것이라는 생각을 막으려는 듯, 이따금씩 개인적인 애정을 드러내는 작은 미소를 슬쩍 흘리기도 한다. 내레이터가 빵을 좀 달라고 하자 지배인은 뒤꿈치를 부딪쳐 딱 소리를 내며 소리친다.

"'알겠습니다, 남작님!' '나는 남작이 아닌데요.' 나는 부러 처량한 목소리로 말했다. '오, 죄송합니다, 백작님!' 다시 이의를 제기하고 싶지는 않았다. 그래봐야 내가 후작 지위로 올라가는 것밖에 남은 것이 없었기 때문이다."

이런 표변이 눈앞의 상대에게 만족을 준다 해도, 그 밑에 깔린 역학은 냉혹하다. 물론 지배인은 그 속물적인 가치 체계를 전혀 바꾸지 않았다. 그저 그 냉혹한 틀 내에서 상대에게 다른 방식으로 보상을 했을 뿐이다. 그러나 세상을 향해 우리 대신 우리 영혼의 고귀함을 이야기해줄 생루 후작이나 신데렐라의 왕자님을 빌릴 기회는 사실 거의 없는 것 아닌가. 우리는 보통 그 싸늘한 바람이 부는 곳에서 그냥 식사를 마치게 된다.

6

신문 때문에 문제는 더 복잡해진다. 속물은 독립적 판단을 할 능력이 없는 데다가 영향력 있는 사람들의 의견을 갈망한다. 따라서 언론의 분위기가 그들의 사고를 결정해버리는데, 그 수준은 위험할 정도다.

새커리는 영국인이 높은 지위와 귀족계급에 매달리는 원인이 궁극적으로 신문에 있다고 주장했다. 신문은 매일 작위가 있는 사람과 유명한 사람이 존엄한 존재라고 역설하는데, 이는 결국 작위가 없는 보통 사람들은 시시하다고 역설하는 것과 다름없다는 것이다. 새커리가 특히 걱정했던 것은 신문의 '궁정란'으로, 여기에서는 정중한 태도로 '상류사회' 사람들의 파티, 휴가, 생일, 죽음을 다루었다. 《속물에 관한 책》이 출간된 달인 1848년 10월의 며칠간 《모닝 포스트*Morning Post*》의 궁정란을 보면, 브로엄 경이 브로엄 홀에서 사냥 파티를 열었다는 기사("모두 많이 잡았다"), 애그니스 더프 여사가 에든버러에서 출산할 날이 다가왔고, 조지너 페이큰햄이 버글리 경과 결혼했다는 기사("신부는 레이스 주름 장식과 코르사주 몽탕을 갖춘 우아한 하얀 새틴 드레스를 입었다. 그녀가 어여뻐 보였음은 두말할 나위도 없다") 등이 눈에 띈다.

"이런 같잖은 기사들이 눈앞에 놓여 있으니 어떻게 속물이 되지 않을 수 있겠는가?" 새커리는 말한다. "속물근성을 만들어내고 퍼뜨리는 신문을 타도하라!" 새커리의 생각대로 신문들이 애그니스 여사와 그 후계자들에 대한 관심을 조금이라도 버리고 대신 보통 사람들의 삶의 의미에 조금이라도 더 초점을 맞추어만 준다면 지위에 대한 불만 또한 얼마나 많이 줄어들겠는가.

7

이 문제를 이해하려다 보면 결국은 두려움이 모든 일의 근원이라는 느낌이 든다. 자신의 자리에 확신을 가지는 사람은 남들을 경시하는 것을 소일거리로 삼지 않는다. 오만 뒤에는 공포가 숨어 있다. 괴로운 열등감에 시달리는 사람만이 남에게 당신은 나를 상대할 만한 인물이 못 된다는 느낌을 심어주려고 기를 쓴다.

두려움은 세대를 따라 전해진다. 모든 학대 행위에 적용되는 패턴이지만, 속물도 속물을 낳는다. 나이든 세대는 낮은 계급에 속하는 것이 곧 재앙이라는 자신의 고정 관념을 젊은 세대에게 물려준다. 자신의 후손이 낮은 지위(자신의 낮은 지위와 남들의 낮은 지위)가 곧 무가치한 존재로 연결되지는 않고, 또 높은 지위가 곧 훌륭한 존재로 연결되지는 않는다고 생각하며 내적인 평안을 얻을 수 있는 감정적 토대를 박탈해버리는 것이다.

"스파이서 윌콕스 집안사람들이 가네요, 엄마!" 1892년 《펀치Punch》에 실린 만화에서 봄날 아침에 하이드 파크를 걷던 딸은 어머니에게 소리친다. "우리와 사귀고 싶어 죽을 지경이라는 이야기를 들었는데. 부르는 게 좋을까요?"

"안 되지, 애야." 어머니가 대답한다. "우리와 사귀고 싶어 죽을 지경인 사람들은 우리가 사귈 만한 사람들이 아니야. 우리가 사귈 만한 사람들은 오직 우리와 사귀고 싶어 하지 **않는** 사람들뿐이란다!"

엄마가 이런 발언을 통해 드러낸 자신의 깊은 상처를 치유하지 못한다면, 그녀가 스파이어 윌콕스 집안사람들에게 앞으로 좀 더 원숙한 관심을 기울일 것이라는 희망도 가질 수 없다. 따라서 두려움에서 시작된 속물근성의 순환은 중단될 가능성이 거의 없는 것이다.

그러나 우리 자신이 속물적 전술을 사용하지 않는다고 부인하기도 힘들다. 이 병은 애초에 집단적인 것이기 때문이다. 젊은 시절에 속물근성에 분개했다고 해서 그 뒤에 스스로 속물이 되어가지 말란 법도 없다. 거만한 사람에게 무시를 당하다 보면 자연스럽게 우리를 무시하는 사람들의 관심을 얻고자 하는 갈망이 생기기 때문이다(어떤 사람들을 싫어한다고 해서 그들이 우리를 좋아하는 것도 싫은 것은 아니기 때문이다). 따라서 눈에 두드러지는 집단의 속물근성은 모든 사람을 사회적 야심의 방향으로 유도할 수도 있다. 사람들은 처음에는 그런 야심을 못마땅해하다가도, 어느새 그것이 사랑과 인정을 얻을 수 있는 유일하게 확실한 수단인 양 쫓아다니게 된다.

그런 행동은 두려움에서, 존엄에 대한 욕망이 채워지지 않은 상태에서 나온 것이기 때문에 어쩌면 경멸하기보다는 슬퍼하고 이해하는 것이 옳을지도 모른다.

"우리와 사귀고 싶어 죽을 지경이라는 이야기를 들었는데, 부르는 세 줄을까 봐?"
"안 되지, 얘야. 우리와 사귀고 싶어 죽을 지경인 사람들은 우리가 사귈 만한 사람들이 아니야.
우리가 사귈 만한 사람들은 오직 우리와 사귀고 싶어 하지 **않는** 사람들뿐이란다!"

　　지위의 상징들을 다급하게 갈망하면서 괴로워하는 사람들,
즉 유명한 사람의 이름을 팔고 다니거나 호사스러운 장식물에
연연하는 사람들을 조롱하고 싶은 유혹을 느끼는 것은 당연하
다. 빅토리아 여왕 시대에는 천박한 가구가 날개 돋친 듯이 팔
려나갔다. 그 다수는 런던의 잭슨 앤드 그레이엄이라는 회사의
작품이었는데, 그 가운데도 가장 화려한 가구는 가지를 잘라낸
떡갈나무를 깎아 만든 장으로, 이 장은 포도를 따는 소년들의

상, 여상주(女像柱) 둘, 조각한 벽기둥으로 장식되어 있다. 이 장의 핵심은 높이가 60센티미터에 이르는, 금박을 입힌 웅장한 황소다.

그러나 이런 물건을 산 사람을 조롱하기 전에, 먼저 이런 종류의 가구를 만들고 소비한 큰 맥락을 살피는 것이 공정한 태도라고 할 수 있다. 가구를 산 사람을 비웃기보다는 그들이 살았던 사회에 책임을 물을 수 있다는 것이다. 이런 장식장을 구매하는 것이 심리적으로 필요한 일일 뿐만 아니라 보람 있는 일이라고 느끼도록 상황을 조성한 것이 그 사회이기 때문이다. 이 사회에서는 화려한 장식을 과시하는 물건을 가진 사람들이 존경을 받았다. 사실 사치품의 역사는 탐욕의 이야기라기보다는 감정적 상처의 기록으로 읽는 것이 더 정확할 것 같다. 이 역사는 남들의 경멸에 압박감을 느껴 자신에게도 사랑을 요구할 권리가 있음을 보여주기 위해 텅 빈 선반에 엄청난 것들을 전시하려 했던 사람들이 남긴 유산이기 때문이다.

8

가난이 낮은 지위에 대한 전래의 물질적 형벌이라면, 무시와 외면은 속물적인 세상이 중요한 상징을 갖추지 못한 사람들에게 내리는 감정적 형벌이다.

가지를 잘라낸 떡갈나무를 조각해 만든 장, 잭슨 앤드 그레이엄, 런던, 1852.

Ⅲ
—
기
대

1959년 모스크바에서 열렸던 미국 박람회에서 '타지마할'의 부엌을 관람하는
니키타 흐루시초프와 리처드 닉슨.

물질적 진보

1

1959년 7월 미국 부통령 리처드 닉슨은 미국의 기술과 물질적 성취를 전시하는 박람회를 개최하러 모스크바로 갔다. 이 박람회의 핵심은 미국의 보통 노동자의 가정을 제 크기 그대로 복제해놓은 전시장이었다. 이곳의 바닥에는 카펫이 빈틈없이 깔려 있었고, 거실에는 텔레비전이 있었으며, 방에 딸린 욕실이 두 개 있었고, 중앙난방 시설을 갖추었으며, 부엌에는 세탁기와 회전식 선조기와 냉장고가 있었다.

소비에트의 관영 언론은 이 전시회를 보도하면서 성난 목소리로 미국의 보통 노동자는 도저히 이런 호사스러운 곳에서 살 수 없다고 주장했으며, 독자들에게 이 집 전체를 선전물로 보아야 한다고 가르쳤다. 그들은 이 주택을 조롱하려는 듯 '타지마할'이라는 별명을 붙였다.

닉슨이 니키타 흐루시초프를 맞이하여 전시장을 안내하자 이 소비에트 지도자는 상당히 회의적인 태도를 보였다. 견본 가정의 부엌에서 흐루시초프는 전기 레몬 압착기를 보고 닉슨에게 제정신을 가진 사람이라면 저런 "쓸데없는 도구"를 갖고 싶어 하지 않을 것이라고 말했다. 그러자 닉슨이 대꾸했다. "여자의 일을 덜어주는 것은 무엇이든 유용하지요."

"우리는 여성을 일꾼이라는 관점에서 생각하지 않소. 당신네 자본주의 체제에서는 그러는지 몰라도." 성난 흐루시초프가 쏘아붙였다.

그날 저녁 늦게 닉슨은 소비에트 텔레비전 방송에 초대를 받고 그 기회를 이용하여 미국 생활의 장점을 설명했다. 닉슨은 빈틈없는 사람이라 민주주의나 인권 이야기부터 꺼내지 않았다. 그는 돈과 물질적 진보에서 시작했다. 닉슨은 서방 국가들이 진취적 정신과 근면을 통해 불과 수백 년 사이에 18세기 중반까지 만연했던, 그리고 아직도 세계의 많은 곳에 만연하고 있는 궁핍과 기근을 극복했다고 말했다. 닉슨은 또 현대의 미국인은 5,600만 대의 텔레비전과 1억 4,300만 대의 라디오를 소유하고 있다고 소비에트 시청자에게 이야기했는데, 그 시청자 다수는 개인 욕실이나 주전자도 없었다. 닉슨의 이야기에 따르면, 약 3,100만 가구가 자기 집을 소유하고 있었다. 보통 미국 가정은 1년에 정장 9벌, 구두 14켤레를 살 수 있다. 미국에서는 수도 없이 다양한 건축 양식 가운데 한 가지를 골라 집을 살 수 있다. 이 집 대부분은 텔레비전 스튜디오보다 크다.

닉슨 옆에 앉아 있던 흐루시초프는 격분하여 두 주먹을 불끈 쥐고 소리쳤다. "아니야! 아니야!Nyet! Nyet!" 그리고 전해오는 이야기에 따르면 나시막이 이렇게 덧붙였다고 한다. "가서 니 할미하고나 붙어먹어라Ëb'tvoyu babushky."

2

그러나 닉슨의 말은 거짓말이 아니었다. 그가 연설을 하기 전 200년 동안 서방 국가들은 생활수준에서 역사상 가장 빠르고, 가장 급진적인 변화를 목격했다.

중세와 근대 초기 유럽 인구 대다수는 농민 계급에 속해 있었다. 그들은 기난했고, 영양 상태가 부실했고, 수위와 공포에 시달렸고, 마흔 살 생일을 맞이하기 전에 고통을 겪다가 죽곤 했다. 평생 일을 해도 그들의 손에 남는 가장 값비싼 소유물은 암소나 염소나 항아리에 불과했다. 기근은 늘 가까이에 있었고 병은 어디에나 만연했다. 구루병, 궤양, 결핵, 나병, 농양, 괴저, 종양, 아구창 등은 흔하디흔했다.

3

그러다가 18세기 초 영국에서 서양의 위대한 변화가 시작되었다. 새로운 농경 기술(윤작, 과학적 품종 개량과 토질 강화) 덕분에 농작물 생산은 급격히 늘었다. 1700년부터 1820년까지 영국의 농업 생산성이 두 배로 늘면서, 여기서 생겨난 자본과 인력이 도시로 흘러들어 산업과 교역에 투입되었다. 증기기관과 면 역직기(力織機)의 발명으로 노동 관행과 사회적 기대가 바뀌었다. 도시 규모가 급격히 팽창했다. 1800년에 영국 제도에서 인구가 10만이 넘는 도시는 런던 하나뿐이었다. 1891년에는 그런 도시가 23개로 늘었다. 전에는 엘리트나 이용하던 물자와 용역을 누구나 사용할 수 있게 되었다. 사치품은 일반 용품이 되었으며, 일반용품은 생활필수품이 되었다. 1745년에 영국 남부를 여행했던 대니얼 디포는 손님을 유혹하는 진열장과 다양한 제품을 갖춘 새로운 대형 상점의 개장을 목격했다. 역사의 오랜 기간 동안 유행은 한번 시작되면 수십 년 동안 변함이 없이 유지되었지만, 이제 매년 특정한 양식을 구분할 수 있게 되었다(영국에서는 1753년에 여자들에게 자주색이 유행했지만, 1754년에는 분홍색 무늬가 있는 하얀 아마포, 1755년에는 자색이 도는 회색이 유행을 했다).

영국의 소비자 혁명은 19세기까지 이어지며 더 확장되었다. 유럽과 미국 전역에 거대한 새 백화점이 문을 열었다. 파리의 봉 마르셰와 오 프랭탕, 런던의 셀프리지와 휘틀리, 뉴욕의 메이시가 이때 생겼다.

백화점은 예전에는 왕가에서나 볼 수 있었던 물자를 보통 사람들에게 제공했다. 1902년 시카고에서 새로운 12층짜리 마셜 필드 백화점이 문을 열었을 때 개장식에서 지배인 고든 셀프리지는 이렇게 설명했다. "우리는 보통 사람들을 위해 이 위대한 시설을 세웠습니다. 따라서 이곳은 그들의 상점, 그들의 도심의 가정, 그들이 물건을 구매하는 본부가 될 것입니다." 그곳은 단지 '으스대는 부자들'을 위한 곳이 아니라는 이야기였다.

수많은 과학기술 발명품이 일상생활을 바꾸었으며, 이에 따라 정신적 지평에도 변화가 왔다. 내년도 작년과 똑같을 것(똑같이 나쁠 것)이라고 예상하던 순환론적인 낡은 세계관은 사라지고, 인류는 매년 완벽한 상태를 향해 진보한다는 세계관이 자리를 잡았다. 그 발명품 가운데 몇 가지만 예를 들어보겠다.

콘플레이크는 1895년에 J. H. 켈로그가 특허를 냈다. 자신의 요양소에 입원한 사람들에게 주던 곡물 혼합물이 굳었다가 얇은 조각으로 깨지는 것을 보고 착안한 것이다.

깡통따개는 1870년에 특허를 얻었다.

옷핀은 1849년에 발명되었다.

재봉틀은 1851년에 I. M. 싱어가 개발했다. 기성복은 1860년대부터 일반화되기 시작했으며, 기계로 만든 속옷은 1870년대에 나왔다.

타자기는 1867년에 발명되었다(타자로 친 첫 원고는 1883년

봉 마르셰 백화점(중앙계단), 파리, 1880.

마크 트웨인의 《미시시피 강변 생활Life on the Mississippi》이었다).

가공식품 1860년대에 영국의 크로스 앤드 블랙웰은 1년에 2만 7,000갤런의 케첩을 생산했다. 1880년대 초에 화학자 앨프리드 버드는 달걀 없는 커스터드 가루를 발명했다. 블랑망주 가루는 1870년대에 발명되었고, 젤리 크리스털은 1890년대에 발명되었다.

조명 스테아르산(酸)을 이용한 양초는 1830년대부터 사용되면서 훨씬 수명이 짧은 수지 양초를 대체했다.

위생 1846년에 돌턴은 유약을 바른 도자기관을 만들어 대도시 하수 시설에 혁명을 일으켰다. 1870년대 말에는 유럽과 미국에 공중 화장실이 나타나기 시작했다. 조지 제닝스가 1884년에 발명한 유명한 '받침내 난시(좌변기)'는 수세(水洗) 능력으로 사람들을 깜짝 놀라게 했다. 광고에서 표현한 대로 "2갤런의 물로 사과 열 일과 납작한 해면을 씻어내렸다".

전화는 1863년에 알렉산더 그레이엄 벨이 발명했다.

드라이클리닝은 1849년 파리의 재단사 졸리-벨랭이 발명했다. 그는 실수로 테레빈유를 식탁보에 쏟았는데, 그 부분의 얼룩이 말끔하게 씻겨나간 것을 보았다. 퍼스의 풀라스는 1866년부터 영국 제도 어디에서나 우편으로 이틀 안에 드라이클리닝을 해주는 서비스를 제공했으며, 석유와 벤젠을 섞어 졸리-벨랭의 세탁액을 개선하기도 했다.

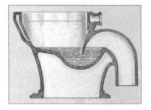

조지 제닝스, 받침대 단지, 1884.

4

20세기에 물질적 진보 속도는 더 빨라졌다. J. B. 프리슬리는
《영국 여행*English Journey*》(1934)에서 새로운 영국이 형성되
고 있다고 말했다. 간선도로와 방갈로가 생기고, 보통 노동자
들이 타블로이드판 신문을 읽고, 라디오를 듣고, 여가 시간에
쇼핑을 하고, 매년 수입이 늘기를 기대했다. "새로운 영국에서

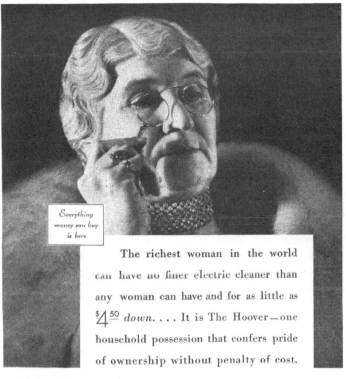

The richest woman in the world
can have no finer electric cleaner than
any woman can have and for as little as
$4 $\underline{50}$ *down*. . . . It is The Hoover — one
household possession that confers pride
of ownership without penalty of cost.

The new and exclusive Hoover Hedlite
makes cleaning easy in darkest corners.

Of no other cleaner can this be said: More homes—
mansions or cottages—are cleaned by Hoovers
than by any other cleaner. . . . *Hoover is the oldest
maker of electric cleaners and the largest. More
than 3,000,000 Hoovers have been sold.* . . . *The
Hoover is unique* due to its exclusive, patented
cleaning principle, Positive Agitation. By gently
beating the rug, The Hoover dislodges even the
most deeply embedded grit so injurious to rugs,
and removes it along with lint, hair, litter and
dust. . . . It is recommended by leading rug manu-
facturers for the cleaning and care of floor cover-
ings. . . . *The Hoover* is not only more efficient at
the start, but is kept efficient by its sturdier con-
struction. . . . *The Hoover, complete with Dusting
Tools or Dustette, may be bought* on as low a down

payment and with as small an outlay per month
as the cheapest machine, yet a Hoover brings
you many more years of cleaning service. . . .
The Hoover is sold and endorsed by the leading
merchants of the country. Open your door with
confidence to their bonded and trustworthy rep-
resentatives. . . . The Hoover man will be glad
to leave any of the three new Hoovers for a
no-obligation home trial. *The Hoover Co. Fac-
tories: North Canton, Ohio; Hamilton, Ontario.*

The HOOVER
It Beats . . . as it Sweeps . . . as it Cleans

"세상에서 가장 돈이 많은 여자라도 어느 여자나 4달러 50센트라는 싼 값으로 살 수 있는 이 전기청소
기보다 나은 것을 살 수는 없습니다 (…) 큰 비용 부담 없이 소유의 자부심을 느끼게 해주는 가정용
품을 파는 곳 — 바로 후버입니다."

민주저인 소비자 혁명: 후버 광고, 1933년 2월.

는 보통 사람들이 처음으로 과거의 주인님과 마님만큼 잘살게
되었다."

조지 오웰은 《사자와 유니콘*The Lion and the Unicorn*》
(1941)에서 서양의 물질적 혁명의 비슷한 면을 스케치했다.
"문명화된 나라의 거의 모든 국민이 이제 좋은 도로, 세균 없
는 물, 경찰의 보호, 무료 도서관, 똑같은 무료 교육을 누리고
있다. 부자와 빈자가 똑같은 책을 읽는 경우도 많아졌으며, 똑
같은 영화를 보고 똑같은 라디오 프로그램을 듣는다. 값싼 옷
과 주택의 개선으로 생활 방식의 차이도 많이 줄어들었다. 미
래 영국의 맹아를 찾을 곳은 경공업 지역과 간선도로변이다.
슬라우, 대그넘, 바닛, 레치워스, 헤이스 등 대도시 외곽의 모
든 곳에서 낡은 패턴은 점차 새로운 것으로 바뀌고 있다. 유리
와 벽돌로 이루어진 그 새롭고 드넓은 광야에서는 통조림 음
식, 《픽처 포스트*Picture Post*》, 라디오, 내연기관을 중심으로
다소 불안하고 교양 없는 생활이 이루어지고 있다."

프랭클린 D. 루스벨트는 미국 사회의 장점을 소비에트에
가르쳐주려면 무슨 책을 주는 것이 좋겠느냐는 질문을 받자 시
어스 백화점의 카탈로그를 가리켰다.

제2차 세계대전에 뒤이은 경제 팽창에서 서방, 특히 미국의
소비자들은 지구상에서 가장 큰 특권을 누렸지만, 동시에 가장
괴로운 사람들이 되었다.

시어스 백화점 카탈로그, 1934년 봄.

미국 전역에서 쇼핑몰의 발전으로 새로운 갈망들이 생겨났
다. 시민들은 기후가 통제되는 환경에서 어느 때고 쇼핑을 할
수 있었다. 1950년에 미네소타에서 사우스데일 몰이 문을 열
었을 때 그 광고는 이러했다. '사우스데일에서는 매일이 최고

안드레아스 거스키, 〈99센트〉, 2000.

의 쇼핑 날입니다.'

  1970년대에 이르자 미국인들은 일터와 타지마할 외에는 다른 어느 곳보다 쇼핑몰에서 많은 시간을 보내게 되었다.

평등, 기대, 선망

1

서양 문명 2,000년의 장점은 이제 익숙하다. 무엇보다도 부, 식량, 과학 지식, 소비 물자, 신체적 안전, 기대 수명, 경제적 기회 등이 증가했다는 사실을 꼽을 수 있을 것이다. 그러나 이런 인상적인 물질적 발전이 닉슨의 소비에트 연설에서는 언급되지 않은 현상을 수반한다는 곤혹스러운 사실은 그렇게 분명하게 드러나지 않는다. 이 현상이란 서구의 보통 시민에게 지위로 인한 불안의 수준이 높아졌다는 것이다. 즉 자리, 성취, 수입을 놓고 걱정이 늘어났다는 뜻이다.

실제적 궁핍은 급격하게 줄어들었지만, 역설적이게도 궁핍감과 궁핍에 대한 공포는 사라지지 않았고 외려 늘어나기까지 했다. 중세 유럽에서 변덕스러운 땅을 경작하던 조상은 도저히 상상도 하지 못할 부와 가능성의 축복을 받은 사람들이 놀랍게도 자신이 모자란 존재이고 자신의 소유도 충분치 못하다는 느낌에 시달리게 된 것이다.

2

그러나 어떤 것이 충분하다고 판단하는 심리를 생각해보면 이런 박탈감도 그렇게 이상할 것은 없다. 어떤 것—예를 들어 부나 존중—의 적절한 수준은 결코 독립적으로 결정되지 않는다. 그것은 준거집단(準據集團), 즉 우리와 같다고 여기는 사람들의 조건과 우리의 조건을 비교하여 결정된다. 우리가 가진 것은 그 자체만으로 평가할 수도 없고, 중세 조상의 생활과 비교하여 판단할 수도 없다. 역사적 맥락에서 우리가 놀라운 번영을 이룩했다고 강조하는 소리를 들어봤자 전혀 감동을 느낄 수 없다. 오직 우리가 함께 자라고, 함께 일하고, 친구로 사귀고, 공적인 영역에서 동일시하는 사람들만큼 가졌을 때, 또는 그보다 약간 더 가졌을 때만 우리는 운이 좋다고 생각한다.

설사 웃풍이 심하고 비위생적인 오두막에 살면서 크고 따뜻한 성에 사는 귀족의 지배에 시달린다 해도, 우리와 동등한 사람들이 우리와 똑같이 사는 것을 본다면 우리의 조건은 정상이라고 생각할 것이다. 물론 괴로운 조건이기는 하지만, 여기에서 질투심이 생겨나는 일은 드물다는 것이다. 그러나 쾌적한 집에 살며 편안한 일자리로 출퇴근한다 해도 경솔하게 동창회에 나갔다가 옛 친구 몇 명(이들보다 더 강력한 준거집단은 없다)이 아주 매력적인 일에서 나오는 수입으로 우리 집보다 더 큰 집에 살고 있다는 사실을 알게 된다면, 집으로 돌아오는 길에 나는 왜 이리 불행하냐는 생각에 시달려 정신을 못 가누기 십상일 것이다.

우리가 현재의 모습이 아닌 다른 모습일 수도 있다는 느낌 — 우리가 동등하다고 여기는 사람들이 우리보다 나은 모습을 보일 때 받는 그 느낌 — 이야말로 불안과 울화의 원천이다. 키 작은 사람이라 해도 고만고만한 사람들 사이에 살면, 키 때문에 쓸데없이 괴로워하지는 않는다(그림 1).

그림 1

하지만 이 집단의 다른 사람들의 키가 약간이라도 더 자라면, 갑자기 불안에 빠지고 불만족과 질투심을 느끼게 된다. 그렇다고 해서 우리 키가 1밀리미터라도 줄어든 것이 아닌데 말이다(그림 2).

그림 2

우리가 매일 마주치는 수많은 불평등을 고려할 때 질투의 가장 두드러진 특징은 우리가 모두를 질투하지는 않는다는 사실이라고 할 수 있다. 엄청난 축복을 누리며 살아도 전혀 마음이 쓰이지 않는 사람들이 있는가 하면, 우리보다 약간 더 나을 뿐인데도 끔찍한 괴로움에 시달리게 만드는 사람들도 있다. 우리는 우리 자신이 같다고 느끼는 사람들만 질투한다. 우리의 준거집단에 속한 사람들만 선망한다는 것이다. 가장 견디기 힘든 성공은 가까운 친구들의 성공이다.

3

데이비드 흄은 《인성론 *A Treatise on Human Nature*》(에든버러, 1739)에서 이렇게 말했다.

"질투심을 일으키는 것은 우리의 다른 사람들 사이의 커다란 불균형이 아니라 오히려 근접 상태다. 일반 병사는 상사나 상병에게 느끼는 것과 비교하면 장군에게는 질투심을 전혀 느끼지 않는다고 말할 수 있다. 뛰어난 작가 역시 평범한 삼류작가보다는 자신에게 좀 더 접근한 작가들로부터 질투를 더 받는다. 불균형이 심하면 관계가 형성되지 않으며, 그 결과 우리에게서 먼 것과 우리 자신을 비교하지 않게 되거나 그런 비교의 결과로부터 영향을 받지 않게 된다."

4

우리가 동등하다고 여겨 우리 자신과 비교하는 사람이 늘어날수록 질투할 사람도 늘어난다.

18세기와 19세기의 위대한 정치 혁명과 소비자 혁명은 인류의 물질적 운명을 크게 개선시키는 동시에 심리적 고뇌도 안겨주었다. 그 중심에 자리 잡은 특별하고 새로운 이상, 즉 모든 인간은 날 때부터 평등하며 누구나 무엇이든 이룰 수 있는 무한한 힘을 가지고 있다는 믿음 때문이다.

사실 역사상 대부분의 기간에는 그 반대되는 가정이 영향력을 행사했다. 불평등과 낮은 기대 수준이 정상적이고 지혜로운 것이었다. 극소수만이 부와 충족을 갈망했다. 다수는 자신이 착취를 당하며 체념 속에 살아갈 운명임을 잘 알고 있었다.

"어떤 사람들은 날 때부터 자유롭고 어떤 사람들은 날 때부터 노예이며, 날 때부터 노예인 사람들에게는 노예제도가 편리하고 정당하다." 아리스토텔레스는 《정치*Politica*》(기원전 350)에서 그렇게 말했으며, 그리스와 로마의 거의 모든 사상가와 지도자가 이런 입장을 지지했다. 고대 세계에서 노예와 노동계급은 보통 이성이 없는 피조물로 간주했으며, 그 결과 가축이 밭을 가는 것이 당연하듯이 비참한 생활을 하는 것이 당연하고 어울린다고 여겼다. 당시 엘리트가 그들에게도 권리와 갈망이 있다는 이야기를 들었다면, 망치와 낫의 정신 상태나 행복수준

위계를 바라보는 중세의 관점: 자코벨로 데 피오레, 〈천국의 동정녀 대관식〉, 1438.

을 연구하겠다는 말만큼이나 터무니없다고 여겼을 것이다.

불평등이 당연하다거나 고칠 수 없는 것이라는 관념을 억압당하는 사람들 자신이 가지고 있는 경우도 많았다. 로마제국 말기에 기독교 가르침이 전파되면서 자신이 받는 불평등한 대접을 변화 불가능한 자연 질서의 한 부분으로 해석하라고 가르치는 종교가 많은 사람을 흡수했다. 그리스도의 가르침의 평등주의적 원리들에도 불구하고, 지상의 사회 구조를 개혁하여 구성원들이 땅의 부를 좀 더 공평하게 나누어갖자고 주장하는 기독교 정치 이론가는 거의 없었다. 인간은 신 앞에서는 평등할지 몰라도, 이것이 현실에서 평등을 추구할 이유가 되지는 못했다.

이런 이론가들에게 훌륭한 기독교 사회란 엄격하게 계층화된 절대군주제였다. 이것이 하늘의 왕국의 질서를 반영한다고 믿었다. 신이 천사로부터 가장 작은 두꺼비에게 이르기까지 모든 피조물에게 절대 권력을 휘두르듯이, 신이 임명한 지상의 통치자는 사회 구석구석을 다스린다고 생각한 것이다. 이 사회에서 신은 귀족에서부터 농장의 일꾼에 이르기까지 모든 사람에게 어울리는 자리를 주었다. 중세 영국의 귀족에게 이런 위계에서 그의 아래에 있는 사람들을 대하는 태도를 가리키며 '속물근성'이라고 비난해보았자 아무런 소용이 없었을 것이다. 차별행위를 조롱하는 이런 경멸적인 용어는 사람들을 좀 더 평등하게 바라보게 된 다음에 나타났다.

잉글랜드의 15세기 법학자 존 포티스큐 경은 중세 내내 당연시되어 온 관념을 이런 식으로 되풀이하고 있다. "최고의 천사로부터 최하의 천사에 이르기까지 어느 한쪽에는 우월하면서 동시에 다른 한쪽에는 열등하지 않은 천사는 없다. 마찬가지로 인간에서부터 가장 천한 벌레에 이르기까지 어떤 피조물에게는 우월하고 다른 피조물에게는 열등하지 않은 피조물도 없다." 왜 어떤 사람은 땅을 갈아야 할 운명이고 어떤 사람은 연회장에서 잔치를 즐길 운명이냐고 문제제기를 하는 것은 지배적인 이데올로기의 관점에서 보자면 창조주의 의지에 도전하는 행위였다.

유명한 기독교 저술가 솔즈베리의 존은 《여러 정치가들 *Policraticus*》(1159)에서 사회를 신체에 비유했다. 물론 이러한 유추는 불평등 체계는 자연스러운 것이라고 정당화하는 데 이용되었다. 존의 설명에 따르면 국가의 모든 기관은 인간 신체의 여러 기관에 비유할 수 있다. 통치자는 머리이고, 의회는 심장이며, 법원은 허리이고, 관리와 판사는 눈, 귀, 혀이며, 재무 담당자들은 배와 내장이고, 군대는 손이며, 농민과 노동자는 발이다. 이 이미지에 따르면 사회의 모든 사람에게는 바꿀 수 없는 역할이 할당되어 있으며, 농민이 영주의 저택에 살면서 정부의 일에 대해 발언을 하는 것은 발가락이 눈이 되겠다고 하는 것만큼이나 해괴망측한 일이었다.

5

17세기 중반에 들어서야 정치적 사고가 평등주의적인 방향으로 조금씩 나아가기 시작했다.

토머스 홉스는 《리바이어던*Leviathan*》(1651)에서 개인은 사회의 탄생 전부터 존재했으며, 오직 자신의 유익을 위해 이 사회에 합류한 것이고, 보호를 대가로 타고난 권리를 내주기로 동의한 것이라고 주장했다. 수십 년 뒤 존 로크가 《통치론*Two Treatises of Government*》(1689)에서 되풀이하게 된 지적의 맹아적인 형태였다. 로크의 주장에 따르면 신은 아담에게 이 땅을 다스릴 "개인적 지배권"을 준 것이 아니라, "인류 전체"에게 그 권리를 주어 모든 사람이 누릴 수 있게 했다. 통치자들은 민중의 도구이며 전체의 이익을 추구할 때만 복종을 받을 수 있다. 놀라운 근대적 사고가 탄생한 것이다. 정부는 자신이 통치하는 모든 사람에게 번영과 행복을 누릴 기회를 제공할 수 있을 때에만 정당성을 얻는다는 주장이었다.

정치적 평등과 사회적, 경제적 기회를 요구하는 목소리는 150년 동안 허공에 맴돌다 마침내 1776년 미국 독립전쟁에서 극적이고 구체적인 표현을 발견했다. 이 전쟁은 사회가 지위를 부여하는 기초를 바꾸는 데 서양 역사상 다른 어느 사건보다 (그 뒤에 이어진 프랑스 혁명보다도) 큰 기여를 했다. 결국 가문의 연조와 명성에 기초하여 지위가 주어지던—따라서 자기 발전의 기회가 제한되었던— 세습 귀족 계급 사회는 각 세대의 성취(주로 경제적 성취)에 따라 지위가 부여되는 역동적인 경제 중심 사회로 이동했다.

1791년 지리학자 제디디아 모스는 뉴잉글랜드 이야기를 하면서 그곳에서 "사람들은 자신이 적어도 이웃만큼은 훌륭하다고 생각하며, 모든 인류가 동등한 권리를 가지고 있다고, 또는 가져야 한다고 믿는다"고 기록했다. 미국의 예절은 민주적인 방향으로 발전했다. 하인은 고용주를 '주인님'이나 '마님'이라고 부르지 않았다. '귀하'나 '각하' 같은 존칭은 금지되었다. 미국의 모든 주는 장자 상속권을 폐지하고, 딸과 미망인에게도 똑같은 소유권을 부여했다. 의사이자 역사가인 데이비드 램지는 1778년 7월 4일에 읽은 《미국 독립의 장점에 관한 연설 *Oration on the Advantages of American Independence*》에서 혁명의 목표는 "계급과 조건에 관계없이 모든 사람에게 공직의 기회를 부여하는" 사회를 창조하는 것이라고 말한 다음 이렇게 덧붙였다. "설사 가장 가난한 사람의 아들이라 해도 국가의 고삐를 쥘 수 있다. 그가 그런 중요한 자리를 감당할 능력이 있느냐가 문제다." 토머스 제퍼슨은 자서전에서 자신은 평생 특권만 누릴 뿐 어리석기 짝이 없는 낡은 귀족 계급을 대체할 "덕과 재능을 갖춘 귀족 계급을 위한 문"을 열기 위해 노력해 왔다고 술회했다.

월트 휘트먼은 《풀잎*Leaves of Grass*》(1855)에서 미국의 위대함은 곧 맹종이 없는 평등이라고 말했다. "미합중국의 정신은 그 행정부나 입법부에 있는 것도 아니요, 대사나 작가나 대학이나 교회나 응접실에 있는 것도 아니요, 심지어 신문이나 발명가에게 있는 것도 아니요 (…) 언제나 보통 사람들에게 있다 (…) 자신보다 우월한 사람 앞에 서는 것이 어떤 느낌인지 전혀 알지 못하는 사람들만이 가질 수 있는 분위기 (…) 그들이 참여하는 무시무시한 의미를 지닌 선거, 그들이 대통령 앞에서 모자를 벗는 것이 아니라 대통령이 그들 앞에서 모자를 벗는다는 사실〔이 미국의 정신을 보여준다〕……."

6

그러나 소비자 혁명과 민주적 혁명에 감탄하는 사람이라도 그들이 창조한 근대적인 평등사회가 부딪힌 문제에 주목하지 않을 수 없다. 알렉시스 드 토크빌은 이 문제를 처음으로 깊이 생각해본 사람으로 꼽힌다.

1830년대의 어린 미국을 돌아본 이 프랑스의 법률가이자 역사가는 새로운 공화국 국민의 영혼을 잠식하는 예상치 못했던 병을 분별해냈다. 미국인은 많은 것을 소유했지만 이런 부에도 불구하고 계속 더 많은 것을 요구했으며, 자신에게 없는 것을 가진 사람을 볼 때마다 괴로워했다. 토크빌은 《미국의 민주주의Democracy in America》(1835)의 '왜 미국인은 번영 속에서도 그렇게 불안을 느끼는가'라는 제목의 장에서 불만과 높은 기대, 선망과 평등의 관계를 끈질기게 분석한다.

"출생과 운에 따른 모든 특권을 폐지했을 때, 모든 사람이 직업 선택의 자유를 누릴 때, 야망이 큰 사람은 위대한 일을 쉽게 시작할 수 있다고 생각할 것이며, 자신이 비범한 운명을 타고났다고 느낄 것이다. 그러나 이것은 경험을 통해 금세 교정되고 마는 망상이다. 불평등이 사회의 일반 법칙일 때는 아무리 불평등한 측면이라도 사람들 눈길을 끌지 못한다. 그러나 모든 것이 대체로 평등해지면 약간의 차이라도 눈에 띄고 만다. (…) 그래서 풍요롭게 살아가는 민주사회의 구성원이 종종 묘한 우울증에 시달리고, 평온하고 느긋한 환경에서도 삶에 대한 혐오에 사로잡히는 것이다. 프랑스에서는 자살률 증가를 걱정하고 있다. 미국에서는 자살은 드문 대신 광증이 다른 어느 곳보다 흔하다고 한다."

토크빌은 귀족 사회의 제약을 잘 아는 사람이었기 때문에 1776년이나 1789년 이전 상황으로 돌아가고 싶은 마음은 없었다. 그는 근대 서양의 주민이 중세 유럽의 낮은 계급보다 훨씬 나은 생활을 한다는 사실을 알았다. 그럼에도 중세의 궁핍한 계급은 근대의 후손이 결코 누리지 못할 정신적 평온을 누렸다고 보았다.

"귀족 계급의 지원을 받는 왕이 나라를 다스렸을 때 사회는 그 참상에도 불구하고 오늘날에는 맛보기 어려운 몇 가지 행복을 누렸다. 민중은 자신이 속한 사회적 신분 외에 다른 가능성은 생각해본 적이 없기 때문에, 자신의 지도자와 동등해지기를 기대한 적이 없기 때문에, 자신의 권리에 의문을 제기하지 않았다. 그들은 엄혹한 환경에서 살아갔지만 반감을 품지도 모욕감을 느끼지도 않았다. 그저 신이 정해준 불가피한 고난이라고 생각했다. 농노는 자신의 열등한 위치가 불변의 자연 질서의 결과라고 여겼다. 그 결과 운을 불평등하게 타고난 여러 계급 사이에 일종의 친선 관계가 확립되었다. 사회는 불평등했지만, 그것 때문에 인간의 영혼이 타락하지는 않았다."

그러나 민주주의는 기대를 가로막는 모든 장벽을 철거해버렸다. 공동체의 모든 구성원은 물질적 평등을 성취할 수단이 없는데도 이론적으로는 평등하다고 느꼈다. 토크빌은 말한다. "미국에서는 아무리 가난한 사람이라도 부자의 쾌락에 희망과 질시가 섞인 눈길을 던졌다." 가난한 시민은 부자 시민을 가까운 거리에서 관찰했으며, 언젠가는 그들의 뒤를 쫓을 수 있을 것이라고 믿었다. 물론 그들의 생각이 늘 틀린 것은 아니었다. 초라한 배경에서 태어났지만 큰 부를 일군 사람도 많았다. 그러나 예외가 규칙이 될 수는 없었다. 미국에도 여전히 최하층 빈민이 있었다. 그러나 귀족 사회의 가난한 사람들과는 달리 미국의 가난한 사람들은 자신의 삶이 기대를 배신했다고 생각했다.

토크빌은 귀족사회와 민주사회는 구성원들의 빈곤 개념이 다르다며, 이 점은 하인이 주인을 대하는 태도에서 특히 분명하게 나타난다고 주장했다. 귀족사회에서 하인은 선뜻 자신의 운명을 받아들이는 경우가 많았다. 따라서 이런 하인들은, 토크빌의 표현을 빌리면, "드높은 생각, 강한 자부심과 자존심"을 가질 수도 있었다. 그러나 민주사회에서는 언론과 여론이 하인들도 사회의 정상에 올라설 수 있다고, 그들 역시 산업가나 판사나 과학자나 대통령이 될 수 있다고 무자비하게 부추겼다. 이렇게 무제한의 기회가 있는 것처럼 느껴지면 처음에는 특히 젊은 하인들 사이에 명랑한 분위기가 조성될 수도 있다. 실제로 그들 가운데 가장 재능이 뛰어나거나 운이 좋은 사람은 목표를 이룰 수도 있을 것이다. 그러나 시간이 지나면서 다수는 상승에 실패한다. 토크빌은 그들의 분위기가 어두워지는 것을 보았다. 그들은 울화 때문에 생기를 잃고, 자신과 주인에 대한 증오심을 키워갔다.

거의 모든 서구 사회에서 18세기까지 유지되면서 극히 드문 경우를 제외하고는 사회적 이동의 희망을 전혀 받아들여주지 않았던 엄격한 계급체제, 솔즈베리의 존과 존 포티스큐가 찬양했던 체제는 여러 가지 면에서 분명히 정의롭지 못했다. 그러나 이 체제는 가장 밑바닥 계급에 속하는 사람들에게 한 가지 주목할 만한 자유를 주었다. 사회의 많은 사람들의 성취를 비교 기준으로 삼을 필요가 없는 자유였다. 덕분에 그들은 열등감에 시달리지 않고 살아갈 수 있었다.

7

토크빌이 미국 여행을 하고 나서 몇십 년 뒤 사회 구성원에게 무제한의 기대를 갖게 하는 사회에서 생기는 문제를 심리적인 각도에서 탐사한 사람은 미국인 윌리엄 제임스였다.

　제임스는 우리가 하는 모든 일에서 성공을 거두어야만 우리 자신에게 만족하는 것은 아니라고 생각했다. 또 어떤 일에서 실패한다고 해서 반드시 수모를 느끼는 것은 아니다. 우리의 자존심과 가치관을 걸고 어떤 일을 했는데 그 일을 이루지 못했을 경우에만 수모를 느낀다. 무엇을 승리로 해석하느냐, 무엇을 실패로 간주하느냐를 결정하는 것은 우리의 목표다. 하버드의 심리학 교수인 제임스는 훌륭한 심리학자가 되는 것에 자신의 자존심을 걸었다. 따라서 만일 다른 사람들이 그보다 심리학을 더 많이 안다면, 그 자신도 인정하듯이, 그는 질투와 수치를 느낄 것이다. 그러나 그는 고대 그리스어를 배우는 일을 과제로 삼은 적이 없기 때문에 자신은 《향연*Symposium*》의 첫

줄을 가지고 헤매는데 누구는 그것을 전부 번역할 수 있다 해도 괴로워하지 않았다.

"시도가 없으면 실패도 없고, 실패가 없으면 수모도 없다. 따라서 이 세계에서 자존심은 전적으로 자신이 무엇이 되도록 또 무슨 일을 하도록 스스로를 **밀어붙이느냐**에 달려 있다. 이 것은 우리가 상상하는 자기 자신의 잠재력에 대한 실제 성취 비율에 의해 결정된다.

$$자존심 = \frac{이룬 \ 것}{내세운 \ 것}$$ "

제임스의 방정식은 우리의 기대 수준이 높아지면 수모를 당할 위험도 높아진다는 것을 보여준다. 우리가 무엇을 정상이라고 생각하느냐에 따라 우리의 행복이 결정된다. 한때 유명했던 배우, 몰락한 정치가, 그리고 토크빌의 말을 따르자면, 성공하지 못한 미국인이 겪는 고통에 비길 만한 것을 찾기는 힘들 것이다.

이 방정식은 우리의 자존심을 높일 수 있는 두 가지 방법도 암시한다. 하나는 더 많은 성취를 거두기 위해 노력하는 것이고, 또 하나는 성취하고 싶은 일의 수를 줄이는 것이다. 제임스는 두 번째 방법의 장점을 지적한다.

"요구를 버리는 것은 그것을 충족시키는 것만큼이나 행복하고 마음 편한 일이다. 어떤 영역에서 자신이 아무것도 아니라는 사실이 있는 그대로 받아들여지면 마음이 묘하게 편해진다. 젊거나 늘씬해지려고 애쓰기를 포기하는 날은 얼마나 즐거운가. 우리는 말한다. '다행이야! 그런 환상들은 이제 사라졌어.' 자아에 더해지는 모든 것은 자랑거리일 뿐만 아니라 부담이기도 하다."

8

자존심에는 안타까운 일이지만, 서양 사회는 요구를 버리는데, 가난이나 무명은커녕 나이나 비만을 받아들이는 데도 도움이 되지 않는다. 사회의 분위기 때문에 사람들은 그들의 조상은 생각도 못했던 행동이나 소유에 우리 자신을 거는 방향으로 밀려간다. 제임스의 방정식에 따르면 이 사회는 요구를 잔뜩 늘여놓는 바람에 적절한 자존심을 얻는 것이 거의 불가능하다.

기대의 좌절에 따르는 위험은 내세에 대한 믿음이 사라지면서 더 심각해졌다. 지상에서 일어나는 일이 영원한 삶의 짧은 서곡에 불과하다고 믿을 수 있는 사람들은 다른 사람들의 성공이 영원한 삶을 배경으로 보면 순간적인 현상에 불과하다는 생각으로 질투심으로 흐르는 마음을 다독일 것이다.

그러나 내세에 대한 믿음이 과학적으로 성립할 수 없는 유치한 아편에 불과하다고 해석해버린다면, 성공하고 자신을 실현하고자 하는 압박은 더욱 강해질 수밖에 없다. 그렇게 할 수 있는 기회는 단 한 번이고, 그것도 무시무시할 정도로 짧은 시간 내에 이루어내야 하기 때문이다. 이제 지상의 성취는 다른 세계에서 실현해야 하는 일의 서곡이 아니라, 자신의 모든 것의 총합이 된다.

삶은 불가피하게 고난일 수밖에 없다는 확고한 믿음은 수백 년 동안 인류의 중요한 자산이었으며, 울화로 치닫는 마음을 막아주는 보루였다. 그러나 이 믿음은 근대적 세계관이 배양한 기대 때문에 잔인하게 훼손되어버렸다. 성 아우구스티누스는 《신국De Civitate Dei》(427)에서 위로해주는 말투로 불행은 삶의 움직일 수 없는 본질이며, "비참한 인간 상황"의 일부라고 말하면서, "이 비참한 삶에서 인간이 자신만의 힘으로 기쁨을 이룰 수 있다고 주장하는 모든 이론"을 경멸했다. 아우구스티누스의 영향을 받은 프랑스의 시인 외스타슈 데샹(1338~1410년경)은 지상의 삶에 대해 이렇게 썼다.

> 애도와 유혹의 시간,
> 눈물의 시절, 질투와 고통의 시절,
> 무기력과 저주의 시간…….
> Temps de doleur et de temptacion,

Aages de plour, d'envie et de tourment,

Temps de langour et de dampnacion…….

한 살짜리 아들이 죽었다는 말을 듣자 부르고뉴의 선량공
필리프(1396~1467)는 근대 이전 시대의 많은 목소리들을 대변
하는 듯한 말투로 이렇게 대꾸했다. "만일 신께서 나를 그렇게
일찍 죽게 하셨다면 나는 행운이라고 생각했을 것이다."

9

그러나 근대는 염세주의에 그렇게 관대하지도 친절하지도 않
았다.

19세기 초부터 서양의 서점들은 자수성가한 영웅들의 자서
전이나 아직 자수성가하지 못한 사람들을 겨냥한 조언집, 인격
을 일괄적으로 개조할 수 있고 금세 엄청난 부와 큰 행복을 얻
을 수 있다고 주장하는 교훈담으로 독자들에게 영감을 주었고,
또 의도와는 달리 그들을 슬프게 했다.

벤저민 프랭클린의 《자서전Autobiography》(1790년에 죽을
때까지 미완성이었다)이 아마 이런 장르의 효시일 것이다. 이
《자서전》은 보스턴의 양초 제조공의 열일곱 자식 가운데 하나
로 태어난 무일푼의 젊은이가 오로지 자신의 지혜를 이용해 큰

재산을 모으고, 지상에서 가장 중요한 사람들의 우정과 존경을 얻게 되는 과정을 보여준다. 프랭클린의 자기 개선의 삶과 그 삶에서 끌어낸 어록("일찍 자고 일찍 일어나면 건강해지고 부유해지고 지혜로워진다", "노력이 없으면 얻는 것도 없다")은 19세기 서양 독자들을 교화하기 위해 마련된 방대한 문헌 가운데 자리 잡게 되었다. 이 범주에는 윌리엄 매슈즈의 《출세하기 *Getting On in the World*》(1874), 윌리엄 메이허의 《부자가 되는 길*On the Road to Riches*》(1876), 에드윈 T. 프리들리의 《인생 성공의 비결*The Secret of Success in Life*》(1881), 리먼 애벗의 《성공하는 방법*How to Succeed*》(1882), 윌리엄 스피어의 《성공의 법칙*The Law of Success*》(1885), 새뮤얼 팰로스의 《젊은이들이 성공하려 할 때 생기는 문제와 그 해법*The Problem of Success for Young Men and How to Solve It*》(1903) 등이 포함된다.

이런 출판 경향은 지금도 수그러들지 않았다. 앤서니 로빈스(《네 안에 잠든 거인을 깨워라*Awaken the Giant Within*》(1991))는 이렇게 설명한다. "이제 당신은 학교에 가겠다고 결심을 할 수도 있고, 춤이나 노래를 배우겠다고 결심을 할 수도 있고, 당신 살림을 관리하겠다고 결심할 수도 있고, 헬리콥터 조종을 배우겠다고 결심할 수도 있다. (…) 진심으로 결심을 하면 어떤 일이라도 할 수 있다. 따라서 현재 당신이 맺고 있는 관계가 마음에 들지 않는다면, 이제 그것을 바꾸겠다고 결심하라. 지금 하는 일이 마음에 들지 않으면, 그것을 바꾸어라."

로빈스는 바꿀 수 있다는 증거로 자신이 살아온 이야기를 제시했다. 그는 변변치 않은 불행한 환경에서 엄청난 노력을 했다. 이십대 초반에는 수위로 일하면서 작고 더러운 아파트에 살았다. 여자 친구도 없어 저녁이면 집에서 닐 다이아몬드의 노래를 들으며 시간을 때웠다. 체중도 정상보다 20킬로그램이나 더 나갔다. 그러다가 어느 날 갑자기 자신의 삶을 혁명적으로 바꾸겠다고 결심하고, 그렇게 할 수 있는 '힘'을 자신의 마음에서 발견했다.

"나는 [이 힘을] 이용하여 다시 나의 신체적 행복을 통제하게 되었으며, 20킬로그램의 불필요한 살을 영원히 없애버렸다. 이를 통해 나는 내가 꿈꾸던 여자의 마음을 사로잡게 되었으며, 그녀와 결혼하여 내가 바라던 가족을 이루게 되었다. 나는 이 힘을 이용하여 간신히 생계만 유지하던 수준에서 1년에 백만 달러가 넘는 수입을 올리게 되었다. 그 덕분에 나는 좁아터진 아파트(부엌이 없었기 때문에 욕조에서 설거지를 해야 했다)에서 지금 내 가족이 사는 집, 델 마 캐슬로 이사했다."

로빈스의 모범을 따르지 않을 이유는 없다. 로빈스도 말하듯이 "우리 모두가 꿈을 성취할 수 있는" 민주적이고 자본주의적인 사회에 살고 있다면 말이다.

"자신의 정신적, 감정적, 신체적, 경제적 운명을 즉시 틀어쥐는 방법."

앤서니 로빈스, 《네 안에 잠든 거인을 깨워라》, 1991.

10

매스미디어의 발전도 기대를 높이는 데 기여를 했다. 영국《데일리 메일*Daily Mail*》의 설립자인 앨프리드 함스워스는 1896년에 신문사를 세우면서 자신의 이상적인 독자는 "1년에 백 파운드를 벌지만" 그럼에도 "내일은 천 파운드짜리 남자"가 될 것이라는 꿈에 이끌리는 보통사람이라고 솔직하게 말했다. 반면 미국에서는《레이디스 홈 저널*Ladies' Home Journal*》(1883년에 창간),《코스모폴리탄*Cosmopolitan*》(1886),《먼시즈*Munsey's*》(1889),《보그*Vogue*》(1892) 등이 사람들의 상상의 영역에 사치스러운 생활을 끌어들였다. 예를 들어 19세기 말 미국《보그》의 독자는 아메리카 컵 요트 경기 뒤에 존 제이커브 애스터의 요트인 누마할 호에 누가 탔는지, 기숙사 학교에서 유행에 민감한 어린 소녀들은 어떤 옷을 입는지, 뉴포트와 사우샘프턴에서 가장 멋진 파티를 여는 사람은 누구인지, 저녁 식사에서 캐비어와 함께 무엇을 내놓으면 좋은지(답은 감자와 사우어크림이다) 듣게 되었다.

라디오, 영화, 텔레비전의 발달로 높은 지위에 있는 사람들의 삶을 살피고 그들과 연관을 맺을 기회는 점점 많아졌다. 1930년대에 미국인은 매주 1억 5,000만 시간을 영화에 소비했으며, 라디오를 듣는 데는 거의 10억 시간을 소비했다. 1946년에는 미국 가구 가운데 0.02퍼센트가 텔레비전을 소유했으나,

2000년에는 이 수치가 98퍼센트로 증가했다.

새로운 미디어는 그 내용만이 아니라, 거기에 덧붙여진 광고를 통해 청중의 마음에 갈망을 심었다. 미국에서 1830년대에 아마추어적인 방식으로 시작된 광고가 1900년에는 1년에 5억 달러 규모의 사업이 되었다. 그 해에 나이아가라 폭포 한쪽에 거대한 코카콜라 간판이 섰으며, 골짜기 위에는 메넨 화장분 광고가 걸렸다.

11

근대 사회의 옹호자들이 회의적인 사람들에게 자신의 입장을 강조하는 일은 어렵지 않았다. 근대 사회가 그 구성원들을 위해 만들어낼 수 있는 엄청난 부를 가리키기만 하면 되었다.

애덤 스미스는 《국부론*Inquiry into the Nature and Causes of the Wealth of Nations*》(1776)에서 비꼬는 듯한 어조로 근대 사회가 이루어낸, 경외감을 불러일으킬 정도의 생산성과 원시적인 사냥과 채집 사회의 형편없는 자원을 비교했다. 스미스의 이야기에 따르면 원시 사회는 극심한 궁핍에 시달렸다. 추수를 해도 양식이 충분히 나오는 일이 드물었으며, 기본적인 물자도 부족하여 심각한 위기가 닥치면 아이, 노령자, 가난한 사람들은 "짐승의 밥"이 되곤 했다. 그러나 스미스가 "노동의 분업"

이라고 묘사하는 혁신적인 생산 방식 때문에 근대 사회는 모든 구성원을 먹여 살릴 수 있었다. 따라서 낭만적이거나 무지한 사람이 아니면 누구도 다른 사회에서 살기를 바라지 않는다. "[근대 사회에서는] 아무리 지위가 낮고 가난한 노동자라 해도 근면하게 일하고 절약을 하기만 하면, 과거의 어떤 야만인이 얻을 수 있었던 것보다 많은 생활필수품을 손에 넣고 편리한 생활을 즐길 수 있다."

12

그러나 스미스보다 22년 전에 장-자크 루소는 날카롭고 기묘하지만 섬뜩할 정도로 설득력 있는 목소리로 놀랍게도 야만인을 옹호하고 나섰다. 그는 《인간 불평등 기원론Discours sur l'origine et les fondements de l'inégalité parmi le hommes》(1754)에서 다들 야만인과 근대의 노동자 가운데 노동자가 더 낫다고 생각하는 것 같은데 그것이 과연 정말일까 하고 물었다.

　루소의 주장은 부에 대한 명제를 중심으로 이루어졌다. 루소에 따르면 부는 많은 것을 소유하는 것과는 관련이 없었다. 부란 우리가 **갈망**하는 것을 소유하는 것이다. 부는 절대적인 것이 아니다. 부는 욕망에 따라 달라지는 상대적인 것이다. 우리가 얻을 수 없는 뭔가를 가지려 할 때마다 우리는 가진 재산에 관계없이 가난해진다. 우리가 가진 것에 만족할 때마다 우리는 실제로 소유한 것이 아무리 적더라도 부자가 될 수 있다.

루소는 사람을 부자로 만드는 방법은 두 가지라고 생각했다. 더 많은 돈을 주거나 욕망을 억제하는 것이다. 근대 사회는 첫 번째 방법에서는 엄청난 성공을 거두었지만, 욕망에 줄기차게 부채질을 하여 자신의 가장 뛰어난 성취의 한 부분을 스스로 부정하고 있다. 부유하다고 느끼는 가장 효과적인 방법은 돈을 벌려고 노력하는 것이 아닐지도 모른다. 우리와 같다고 여겼지만 우리보다 더 큰 부자가 된 사람과 실제로나 감정적으로나 거리를 두면 된다. 더 큰 물고기가 되려고 노력하는 대신, 옆에 있어도 우리 자신의 크기를 의식하며 괴로울 일이 없는 작은 벗들을 주위에 모으는 데 에너지를 집중하면 된다.

발전한 사회는 역사적으로 볼 때 전보다 높아진 소득을 제공하기 때문에 우리를 더 부유하게 해준 것처럼 보인다. 그러나 결과를 놓고 볼 때 우리를 더 궁핍하게 만든 것인지도 모른다. 무제한의 기대를 갖게 하여 우리가 원하는 것과 얻을 수 있는 것, 우리의 현재의 모습과 달라졌을 수도 있는 모습 사이에 늘 간격이 유지되기 때문이다. 이런 사회에서 우리는 원시의 야만인보다 더 심한 궁핍을 느낄 수도 있다. 비록 받아들이기 쉽지 않은 지점까지 밀고 나간 이야기이기는 하지만, 루소는 머리 위에 지붕이 있고, 배를 채울 과일 몇 알과 견과가 있고,

저녁에 "어설픈 악기"를 연주하거나 "날카로운 돌을 사용하여 낚시용 카누를 만들" 수만 있다면 부족함이 없을 것이라고 덧붙였다.

루소가 원시인과 근대인의 행복 수준을 비교하는 것을 보면 윌리엄 제임스가 행복의 수준을 결정할 때 기대의 역할을 강조한 것이 떠오른다. 우리는 적은 것을 기대하면 적은 것으로 행복할 수도 있다. 반면 모든 것을 기대하도록 학습을 받으면 많은 것을 가지고도 비참할 수 있다.

루소의 벌거벗은 야만인은 가진 것이 거의 없었다. 그러나 타지마할에 사는 후손들과는 달리 그들은 아주 적은 것을 갈망하는 데서 오는 큰 부는 누릴 수 있었다.

13

우리는 조상보다 훨씬 더 많은 것을 기대한다. 그 대가는 우리가 현재의 모습과 달라질 수 있는데도 실제로는 달라지지 못하는 데서 오는 끊임없는 불안이다.

IV
—
능력주의

실패에 관한 유용한 옛이야기 세 가지

1

사회적 위계에서 낮은 지위를 차지하는 것은 물질적 관점에서 보지면 즐겁기 어려운 노릇이지만, 언제 어디서나 그렇게 심리적으로 고통스러웠던 것은 아니다. 가난이 자존심에 미치는 영향은 공동체가 가난을 해석하고 설명하는 방식에 결정적으로 좌우된다.

서양이 2,000년간 물질적으로 진보했다는 사실은 논란의 여지가 없다. 그러나 근대에 들어 왜 사람이 가난하고, 무엇이 사람의 사회적 가치를 결정하느냐를 설명하는 방식에는 응보의 관점이 강력하게 개입하게 되었고, 그 결과 낮은 지위에 처한 사람은 점차 감정적으로 견디기 힘든 처지에 놓이게 되었다. 이러한 흐름은 낮은 지위를 가지고 있거나 얻는 데 불안을 느끼는 네 번째 이유가 될 수 있다.

〈세계의 이미지〉에 나오는 사회의 세 계급인
성직자, 귀족, 농민, 13세기.

2

예수가 전도를 시작한 서기 약 30년부터 20세기 후반에 이르
기까지 서양 사회에서 가장 낮은 지위에 처한 사람들은 자신들
의 의미에 대하여 세 가지 이야기를 들을 수 있었다. 이 이야기
들은 그것을 믿을 수만 있다면 듣는 사람의 마음을 위로해주고
불안을 덜어주었을 것이다.

가난은 가난한 사람들 책임이 아니며
가난한 사람은 사회에서 가장 쓸모가 크다

서양에서 중세나 근대 이전에 살던 사람에게 사회가 부자와 빈자로, 농민과 귀족으로 나뉘는 기초가 무엇이냐고 묻는다면, 이 질문은 아주 이상하게 들렸을 것이다. 신이 그렇게 나누어 놓은 것이기 때문이다.

그러나 세 계급─농민, 성직자, 귀족─으로 이루어진 계급 구조에 대한 확고한 믿음과 더불어 이 세 계급이 서로 의지하고 있다는 생각이 강하게 자리 잡고 있었다. 따라서 가장 가난한 계급의 가치도 높게 평가되었다. 상호의존 이론에 따르면 농민은 귀족이나 성직자와 똑같이 중요했으며, 따라서 존엄성도 똑같았다. 농민의 삶은 힘들지 몰라도(물론 변함없이 힘들었다), 그들이 없으면 다른 두 계급이 곧 허우적거리게 된다는 사실 역시 잘 알려져 있었다. 솔즈베리의 존이 가난한 사람들을 두 발에, 부자를 머리에 비유한 것이 기분 나쁠

성시집(聖詩集) 달력에 나오는 추수하는 농부, 잉글랜드, 1250~1275년경.

수 있지만, 그래도 이 모욕적인 비유는 부자에게 걸어 다니려면 발을 존중해야 하듯이 생존을 유지하려면 가난한 사람들을 대접해야 한다는 사실을 일깨워주기도 했다.

이런 생색을 내는 태도는 실제적인 면에서 그보다 더 큰 도움이 되는 가족주의를 동반하기 마련이었다. 가난한 사람들이 자식과 같다면 자식을 사랑하는 부모처럼 행동하는 것이 부자의 책무였다. 따라서 중세의 예술과 문학에는 생색을 내는 태도이기는 하지만 그래도 관대한 태도로 농민을 찬양하는 이야기가 여러 군데서 발견된다. 예수가 목수였다는 사실도 중요한

림뷔르흐 형제, 봉건시대 장원에서 일하는 농민, 1400~1416.

역할을 했다.

엔섬 수도원장 앨프릭은 《대화집 *Colloquy*》(1015년경)에서 사회에서 가장 중요한 구성원은 단연 농부라면서, 귀족이나 성직자 없이는 살아갈 수 있지만 먹을 것을 대주는 농부가 없으면 살아갈 수 없기 때문이라고 이유를 달았다. 1036년 캉브레의 주교 제라르는 한 설교에서 농부의 일은 지루하고 고되지만 지적으로 그보다 위에 있는 사람들의 모든 일을 가능하게 해준다고 말했다. 따라서 선한 사람들은 농민을 존경해야 했다. 뉘른베르크의 한스 로젠플뤼트는 그런 사상에 감동을 받아 "고귀한 농부"를 찬양하는 글을 쓴 많은 시인 가운데 한 사람이었다. 그는 〈농부 찬가 *Der Bauern Lob*〉(1450년경)라는 시에서 신의 피조물 가운데 농민만큼 고귀한 존재는 없다고 읊었다.

쟁기를 휘두를 때는 종종 고되기 짝이 없으나
그것으로 영주, 읍민, 장인 등 온 세상 사람을 먹여 살린다.
만일 농부가 없다면 우리 삶은 처량하기 짝이 없을 것이다.

이런다고 해서 농민이 쟁기로 갈아야 하는 땅이 부드러워지지는 않았을 것이다. 그러나 그 바탕에 깔린 태도까지 고려한다면, 농민은 이런 시들의 도움을 얻어 자신의 존엄성을 흔쾌히 받아들였을 것이라고 짐작해볼 수 있다.

두 번째 이야기
낮은 지위에 도덕적 의미는 없다

상당히 유용한 이야기가 또 하나 있는데, 이것은 성경에서
좀 더 직접적으로 파생된 것이다. 기독교의 관점에서 볼 때 부
나 가난은 도덕적 가치를 정확히 말해주는 척도가 아니다. 예
수는 가장 높은 인간이고 가장 축복받은 인간이었지만 지상에
서 그는 가난했으며 의로움과 세속적 지위 사이의 단순한 동일
시를 받아들이지 않았다.

기독교가 돈에 관한 중립적 입장으로부터 벗어난다 해도 그
것은 가난한 사람들에게 유리한 쪽이었다. 기독교의 논리에서
모든 선의 원천은 자신이 신에게 의존한다는 사실을 인정하는
것이었기 때문이다. 신의 은혜 없이 만족스러운 삶을 살 수도
있다는 믿음을 부추기는 모든 것은 악이며, 따라서 돈은 그것
이 제공하는 세속적인 쾌락과 자유의 느낌 때문에 수상쩍게 여
겨질 수밖에 없었다.

반면 가난한 사람들은 곤경 때문에 자연스럽게 신의 도움에
의지할 수밖에 없었다. 마음을 달래주는 신약의 이야기에서 가
난한 사람들은 부자가 바늘구멍을 통과하는 데 실패하는 장면
을 목격하며, 자신이 땅을 상속받을 것이라는 말을 들으며, 천
국의 문을 가장 먼저 통과하게 될 것이라는 약속을 얻는다.

세 번째 이야기

부자는 죄가 많고 부패했으며
가난한 사람들을 강탈하여 부를 쌓았다

 가난과 낮은 사회적 지위가 주는 충격을 완화하는 데 이용되는 세 번째 이야기가 있다. 대략 1754년부터 1989년 사이에 가장 큰 영향력을 행사했던 이 이야기는 가난한 사람들에게 부자들이 도둑질을 하는 부패한 사람들이며, 미덕과 재능보다는 약탈과 기만을 통해 특권을 얻었다고 가르쳤다. 나아가서 가난한 사람은 아무리 재능과 의욕이 있어도 개인적으로 자신의 운명을 개선할 수 없도록 특권층이 사회를 조작해놓았다는 것이다. 그들에게 유일한 희망은 집단적인 사회적 항거, 그리고 혁명이었다.

 장-자크 루소는 최초로 이런 이야기를 한 사람으로 꼽힌다. 그는 권력자들이 처음부터 강탈로 자신의 위치를 차지하고 유지해왔다고 주장했다. "처음으로 문명사회를 세운 사람들은 땅에 울타리를 친 다음 이게 내 땅이야 하는 생각을 했던 사람들, 또 다른 사람들이 순진하게 그 말을 믿어준다는 것을 알게 된 사람들이었다. 만일 누군가 그 말뚝을 뽑아버리거나 도랑을 메우고 사람들에게 다음과 같이 외쳤다면 인류는 수많은 범죄와 전쟁과 살인, 엄청난 비극과 공포를 겪지 않아도 되었을 것이다. '이 사기꾼의 말을 듣지 마라. 땅의 열매가 모든 사람의 소유이고 땅은 누구의 소유도 아니라는 사실을 잊는다면 우리는 파멸할 것이다!'"(《인간 불평등 기원론》(1754)).

100년 뒤 카를 마르크스는 이 이야기에 다시 생명을 불어넣어, 다듬지 않은 사회적 항거의 외침이었던 루소의 주장을 과학적으로 보이는 발판 위에 올려놓았다. 마르크스가 보기에 자본주의 체제 내에는 본래부터 착취의 역학이 자리 잡고 있었다. 모든 고용주는 노동자의 생산물을 팔아 얻는 돈보다 싼 값으로 노동자를 고용하며, 그 차액을 "이윤"으로 자기 호주머니에 챙기려고 노력하기 때문이다. 자본주의 언론에서는 이런 이윤을 고용주의 "모험"과 "경영"에 대한 보답이라고 찬양하지만, 마르크스는 이런 말이 도둑질을 완곡하게 표현한 것에 지나지 않는다고 생각했다.

마르크스는 주인 계급은 처음부터 가난한 사람들을 부당하게 지배해왔으며, 부르주아지는 그 최신 형태일 뿐이라고 비난했다. 부르주아지가 겉으로는 아무리 인간적으로 보여도, 그 문명화된 겉모습 밑에는 무자비함이 자리 잡고 있다는 이야기였다. 《자본론*Das Kapital*》 1권(1887)에서 마르크스는 노동자의 목소리로 부르주아지에게 말했다. "당신은 모범적 시민일 수도 있고, 동물 학대 예방 협회의 회원일 수도 있고, 거기에 청정한 향기까지 풍길 수도 있지만, 당신은 결국 가슴에 심장이 없는 생물이다." 이런 무정함의 증거는 19세기 공장, 빵가게, 조선소, 호텔, 사무실에서 찾아볼 수 있었다. 노동자들은 병에 걸렸고, 암이나 호흡기 질환으로 죽어나갔고, 열심히 일을 해도 정상적인 가족생활을 누릴 수 없었고, 자신의 지위를 지적으로 이해해볼 만한 시간을 가질 수 없었고, 안정감 없이 불안하게 살아야 했다. "자본주의 생산은 그 인색함에도 불구하고 인간 재료만큼은 철저하게 낭비한다." 따라서 마르크스는 인간 재료에게 그 주인에 대항하여 일어서서 자신의 채무를 당당하게 받아내라고 촉구했다. 《공산당 선언*Das Kommunistische Manifest*》(1848)은 이렇게 우렁차게 외치고 있다. "지배계급들이 공산주의 혁명 앞에서 부들부들 떨게 하라. 프롤레타리아에게 잃을 것은 사슬밖에 없으며, 얻을 것은 온 세상이나. **만국의 노동자여 단결하라!**"

《공산당 선언》 발표 직전 마르크스의 동료 프리드리히 엥겔스는 맨체스터로 가서 산업 혁명으로 탄생한 새로운 도시에 사는 가난한 사람들의 참상을 직접 묘사했다. 《영국 노동계급의 조건*Die Lage der arbeitenden Klasse in England*》(1845)은 사회가 계급으로 분열된 이유에 관하여 마르크스와 똑같은 관점을 보여준다. 부자들이 부유한 것은 똑똑하거나 적극적이거나 부지런해서가 아니라 교활하고 비열하기 때문이다. 가난한 사람들이 가난한 것은 게으르거나 술에 절어 살거나 우둔해서가 아니라, 눈을 뜨지 못한 채 주인에게 학대당하기 때문이다. 엥겔스의 이야기에 묘사된 부르주아지가 자기 이익을 극단으로 추구하는 모습은 충격적이다. "그들을 움직이는 것은 오직 금전적 이득뿐이다. 한번은 한 부르주아와 함께 맨체스터에 가서 건강에 나쁜 형편없는 건물과 노동계급 거주지의 끔찍한 상황을 놓고 이야기를 하면서 이렇게 엉망으로 지은 도시는 본 적이 없다고 말했다. 그 사람은 조용히 끝까지 듣다가 모퉁이에서 헤어지기 직전에 말했다. '그래도 이곳에서는 많은 돈을 벌 수 있지요. 안녕히 가십시오.' 영국 부르주아는 돈만 벌 수 있다면 노동자가 굶건 말건 아무런 상관을 하지 않는다. 삶의 모든 조건은 돈으로 측정하며, 돈을 벌지 못하는 것은 의미도 없고, 비실용적이고, 이상주의적인 헛소리일 뿐이라고 여긴다."

1840년대 맨체스터 빈민가의 생활이 쾌적하지는 않았겠지만, 그곳 주민은 자신이 그곳에서 살게 된 주된 이유가 고용주의 극악한 행위와 경제 체제 특유의 부패(가난한 사람이 혼자서 이에 대항하려 해보았자 소용없는 일이다)라는 말을 들으면 도덕적 우월감이 샘솟아 기운이 났을 것이고 자신의 초라한 조건에 대한 부끄러움도 사그라졌을 것이다.

3

이 세 가지 이야기는 서기 30년부터 1989년까지 각기 다른 방식으로 낮은 지위에 있는 사람들을 위로했다. 물론 이런 이야기만 있는 것은 아니었지만, 많은 사람들이 귀를 기울인 가장 설득력 있는 이야기는 그것들이었다. 이 이야기들은 좋은 운을 타고나지 못한 사람들에게 기운을 북돋는 세 가지 메시지를 전달했다. 첫째, 그들이 사회에서 진정으로 부를 창조하는 사람들이며, 따라서 존중을 받을 자격이 있다는 것. 둘째, 세상의 지위는 신이 보기에 아무런 도덕적 가치가 없다는 것. 셋째, 부자는 파렴치하며, 정당한 프롤레타리아 혁명이 일어나면 서글픈 종말을 맞이할 수밖에 없기 때문에 어차피 존중할 가치가 없다는 것.

불안을 일으키는 새로운 성공 이야기 세 가지

1

안타깝게도 18세기 중반 무렵부터 괴로운 이야기 세 가지가
생겨나 꾸준히 영향력을 늘여가면서 앞의 이야기들에 도전하
게 되었다.

　이 이야기들은 사회 전체의 중대한 물질적 개선을 배경으
로 등장했다. 그러나 심리적 수준에서 보자면 이 이야기들 때
문에 실제로 낮은 지위를 견디기가 더 어려워졌고, 그런 자리
에 놓이게 될 것이라고 예상하는 것만으로도 근심이 깊어지게
되었다.

첫 번째 이야기
빈자가 아니라 부자가 쓸모있다

　1015년경 엔섬의 수도원장 앨프릭은 동트기 전에 일어나 땅
을 갈고 수확물을 거두어들이는 가난한 사람들이 부를 창조한

다고 강조했다. 이 일이 워낙 중요하기 때문에 위계에서는 그들보다 위에 있는 사람들도 모두 그들을 존중해야 했다. 이렇게 보통 일꾼들을 칭송한 사람은 이 수도원장만이 아니었다. 수백 년 동안 정통적인 경제학 이론들은 일하는 계급들이 사회의 부를 창조한다고 이야기해왔다. 부자들은 사치와 방탕으로 자원을 낭비할 뿐이었다.

누가 국부를 창조하느냐 하는 문제에 대한 이러한 분석은 별다른 공격을 받지 않고 오랫동안 유지되었으나 1723년 봄, 런던의 의사 버나드 맨드빌은 운문으로 쓴 소책자 《벌의 우화*The Fable of the Bees*》를 발표했고, 이것이 부자와 빈자를 바라보는 방법을 결정적으로 바꾸는 데 기여했다. 맨드빌은 수백 년 동안 전해오던 경제적 사고와는 반대로 사회에서 쓸모있는 사람은 부자라고 주장했다. 부자들이 지출을 하기 때문에 그들 밑의 모든 사람이 고용되는 것이며, 따라서 부자들이야말로 사회에서 가장 약한 사람들의 생존을 돕는다는 것이 그 이유였다. 부자가 없다면 빈자는 곧 무덤에 드러눕게 될 터였다. 맨드빌은 부자가 빈자보다 **훌륭하다**고 주장한 것이 아니었다. 오히려 부자가 허영심 많고, 잔인하고, 변덕스럽다고 조롱하면서 쾌재를 부르는 느낌마저 준다. 그들의 욕망은 한계를 모르며, 그들은 칭찬을 얻고 싶어 하지만 행복이 물질적 획득에서 오는 것이 아니라는 사실은 이해하지 못한다. 그럼에도 큰 부를 추구하여 그것을 얻는 일은 열심히 해도 별 보람이 없는 노동자들의 일보다 사회에 훨씬 더 도움이 된다. 사람의 가치를 판단할 때는 그들의 영혼을 볼 것이 아니라(기독교 도덕주의자들은 흔히 그렇게 하지만), 그들이 다른 사람들에게 끼치는 영향을 보아야 한다. 이런 새로운 기준으로 판단할 때 돈을 모으고(상업, 산업, 농업에서) 그 많은 부분을 소비하는(터무니없는 사치품에 쓴다거나, 불필요한 창고나 시골의 대저택을 짓는 데 쓴다거나) 사람들이 가난한 사람들보다 훨씬 더 유익한 일을 하는 것이다. 맨드빌의 책의 부제가 말해주듯이 이것은 "사적인 악덕, 공적인 유익 Private Vices, Public Benefits"의 문제였다. "육욕을 추구하는 궁정인은 사치의 한계를 모르며, 변덕스러운 매춘부는 매주 새로운 유행을 만들어내며, 통 큰 난봉꾼과 낭비벽이 있는 상속자[는 가난한 사람들을 가장 효과적으로 돕는다]. 수많은 이웃에게 폐를 끼치면서 가장 불필요한 제품을 발명하는 사람이 옳든 그르든 사회에는 가장 좋은 친구다. 나라에서 허세와 사치를 일거에 추방해버린다면, 포목상, 실내 장식업자, 재단사를 비롯한 많은 사람들이 반년 안에 굶어죽을 것이다."

맨드빌의 주장은 처음에는 사람들에게 충격을 주었다(그의 의도대로였다). 그러나 18세기와 그 이후 거의 모든 위대한 경제학자와 정치 사상가들의 마음은 사로잡았다. 흄은 《사치론 Of Luxury》(1752)에서 부의 추구와 불필요한 물자에 대한 지출을 옹호하는 맨드빌의 주장을 되풀이하면서, 가난한 사람들의 일이 아니라 그러한 것이 부를 창조하기 때문이라고 이유를 댔다. "사치품에 대한 요구가 없는 나라에서는 사람들이 나태에 빠지고, 삶의 즐거움을 잃어버리며, 결국 공중에게도 도움을 주지 못한다. 그들은 함대와 군대를 유지하거나 먹여 살릴 수 없다."

24년 뒤 흄의 동포 애덤 스미스는 《국부론》(1776)에서 이 이론을 더 깊이 파고들었는데, 이 책은 부자의 쓸모를 가장 재미있게 옹호한 책이라고 할 만하다. 스미스는 우선 많은 돈이 반드시 행복을 가져다주는 것은 아님을 인정한다. "부를 얻은 사람은 늘 그 전만큼, 가끔은 그 전보다 더 큰 불안, 두려움, 슬픔에 사로잡힌다." 그는 "쓸데없는 물건이나 자질구레한 장신구"를 쫓느라 평생을 보내는 어리석은 사람들을 비꼬기도 한다. 그러나 동시에 스미스는 그런 사람이 많다는 점에 매우 감사한다. 문명 전체, 그리고 사회의 복지는 불필요한 자본을 축적하고 자신의 부를 자랑하고자 하는 사람들의 욕망과 능력에 달려 있기 때문이다. "처음에 사람들이 땅을 경작하고, 집을 짓고, 도시와 국가를 건설하고, 인간 생활을 고상하고 아름답게 꾸밀 모든 과학 예술을 발명한 것, 지구의 얼굴 전체를 완전히 바꾸고, 자연의 거친 숲을 쾌적하고 비옥한 평야로 바꾸어 놓고, 길도 없는 황량한 바다를 생계에 이용할 새로운 자원으로 만든 것"도 바로 이런 욕망과 능력 때문이었다.

과거의 경제 이론에서 부자는 한정된 재물인 국부에서 너무 많은 몫을 챙겨간다고 비난을 받았다. 스미스는 "막대한 재산"을 가진 사람을 "사회의 해충으로, 괴물로, 작은 물고기를 모두 삼켜버리는 큰 물고기"로 보고 싶은 유혹이 생기는 것은 사실이라고 인정했다. 그러나 부는 한정된 것이 아니다. 부는 기업가와 상인의 노력과 야심을 통하여 늘어날 수 있다. 큰 물고기는 작은 물고기를 잡아먹기는커녕 돈을 소비하고 일자리를 제공하여 그들을 돕는다. 큰 물고기가 오만하고 상스러울지는 모르지만, 그들의 악덕은 시장의 작용을 통해 미덕으로 바뀐다. 스미스는 이 점을 자본주의 경제학에서 가장 유명한 구절을 통해 설명해놓았다. "그들은 이기심과 탐욕을 타고났지만, 그들은 오직 자신의 편리만 추구하지만, 그들이 고용하는 사람들의 노동으로부터 그들이 유일하게 원하는 것은 자신의 무한한 욕망의 만족뿐이지만, 결국 부자들은 모든 개선의 산물을 빈자들과 나누어 가진다. 그들은 보이지 않는 손에 이끌려 마치 땅을 모든 사람이 균등하게 나누어 가지기라도 한 것처럼 생활필수품을 고르게 분배하며, 그 결과 의도와 관계없이, 자신도 모르는 사이에 사회의 이익을 증진하고 종의 증식 수단을 제공한다."

스미스에 따르면, 부유한 사람들이 교역을 하고 산업을 발전시킬 충분한 기회를 얻는 사회에서는 "모든 것이 대량으로 생산되어 잘나고 게으른 사람들의 엄청난 낭비 욕구를 충족시킬 뿐 아니라 장인과 농민이 요구하는 것까지도 풍부하게 공급해줄 수 있다."

이것은 부자들이 예상도 못하던 즐거운 이야기였다. 그들은 기독교 초기부터 경제 이론에서 악당 취급을 당하다가 이제 영웅으로 새롭게 묘사되고 있었기 때문이다. 부자들은 그들 밑의 모든 사회계급을 돕는다는 명예를 누리게 되었다. 그들은 가난한 사람들에게 집을 주고 배고픈 사람들에게 먹을 것을 주었으며, 그들 뒤에서 헤엄치는 작은 물고기들을 먹여 살렸다. 그들은 심지어 개인적으로는 남들에게 불쾌하게 굴면서도 그런 일을 할 수 있었다. 탐욕이 크면 클수록 좋았다.

그러나 가난한 사람들에게는 영 마음에 안 드는 이야기였다. 부자들은 국가의 번영을 주도해 나가는 반면, 빈자들은 유순하게 기능적인 역할만 맡았으며, 심지어 지나친 숫자 때문에, 또 복지와 자선에 의존한다는 점 때문에 자원을 고갈시킨다는 비난을 당할 수도 있었다. 이미 물질적 궁핍이라는 짐을 지고 있던 가난한 사람들은 새로운 경제 이야기 때문에 부유한 계급에 속한 사람들의 암묵적 비난까지 받아야 할 운명에 처했다. 이제 시인이 농부의 고귀함을 찬양하는 시를 쓰는 것도 어울리지 않는 일이 되어버렸다.

두 번째 이야기
지위에는 도덕적 의미가 있다

전통적인 기독교 사고의 중심에는 지위에 도덕적 의미가 없다는 주장이 자리 잡고 있었다. 예수는 가장 높은 사람이었지만 목수였다. 빌라도는 제국의 중요한 관리였지만 죄인이었다. 따라서 사회적 위계에서 차지하는 자리가 진정한 자질을 반영한다는 주장은 힘을 잃을 수밖에 없었다. 똑똑하고, 상냥하고, 지략이 풍부하고, 재치 있고, 창의적인 사람도 사무실 바닥 청소를 하며 살아갈 수 있다. 나약하고, 타락하고, 퇴폐적이고, 가학적이고, 어리석은 사람도 나라를 다스리는 자리에 앉아 있을 수 있다.

계급과 가치가 일치하지 않는다는 주장에는 반박을 하기 힘들다. 수백 년 동안 자리는 재능보다는 혈연에 따라 분배되었기 때문이다. 그 결과 서양 사회는 통치할 자격이 없는 왕, 장원을 관리할 능력이 없는 영주, 전투의 기본 원리도 모르는 사령관, 주인보다 똑똑한 농민, 마님보다 아는 것이 많은 하녀로 가득 차게 되었다.

이런 상황이 변함없이 지속되다가 18세기 중반 세습 원리에 의문을 제기하는 목소리가 들리기 시작했다. 지능에 관계없이 무조건 아들에게 사업을 물려주는 것이 정말 현명한 일인가?

왕의 자식들이 언제나 나라를 운영하는 데 최고 적임자인가? 세습 원리의 어리석음을 강조하기 위해, 오래전부터 능력 위주의 제도가 자리를 잡아 심지어 세습적 특권의 헌신적인 지지자들조차 인정을 할 수밖에 없는 삶의 영역, 즉 문단과 비교가 이루어졌다. 책을 고를 때 중요한 것은 저자의 아버지가 문인인가 또는 부자인가보다는 책이 좋으냐 나쁘냐 하는 것이었다. 재능 있는 아버지가 성공을 보장해주는 것도 아니고, 불명예스러운 아버지가 실패의 원인이 되는 것도 아니다. 그렇다면 이런 판단 방법을 정계나 재계에서 사람을 임명할 때도 적용하면 안 될까?

토머스 페인은 《인간의 권리 *The Rights of Man*》(1791)에서 이렇게 말한다. "문학과 과학에 세습제를 적용하면 이 두 분야가 얼마나 우스꽝스러울까 생각하며 혼자 웃음을 짓곤 한다. 그러면서 이런 생각을 정부에도 적용시켜본다. 세습적인 통치사는 세습적인 작가만큼이나 모순적이다. 호메로스나 유클리드에게 자식이 있었는지는 잘 모르겠다. 하지만 설사 있었다 해도, 그들이 완성시키지 못한 작품을 아들이 완성하는 일은 결코 없었을 것이라고 장담할 수 있다."

나폴레옹도 페인과 생각이 같아, 통치 초기부터 '개방적 인재 등용carrières ouvertes aux talents'이라고 이름 붙인 제도를 시행하여, 서양에서는 이 방면에서 가장 앞선 지도자로 꼽히게 되었다. 그는 세인트헬레나에서 생을 마감하기 직전에 이렇게 말했다. "나는 장군들 대부분을 진흙에서de la boue 건졌다. 나는 재능을 발견하면 보답을 했다." 이것은 허풍이 아니다. 나폴레옹 시대에 프랑스에서는 봉건적 특권이 사라졌으며, 레지옹 도뇌르 훈위가 수여되기 시작했다. 이 훈위는 사회계급과 관계없이 누구나 받을 수 있었다. 교육제도도 개혁되었다. 고등학교 격인 리세lycée는 모두에게 개방되었으며, 과학 대학 격인 폴리테크니크는 1794년에 설립되어 가난한 학생들에게 국가 장학금을 지급했다(폴리테크니크 초기에는 학생의 반이 농민과 장인의 아들이었다). 나폴레옹의 고위 관료 다수가 출신이 비천했다. 그의 내무장관들, 과학 고문과 원로원 의원들이 그런 예였다. 나폴레옹의 말에 따르면, 세습 귀족은 "나라의 저주요, 바보요, 세습 멍청이들!"이었다.

나폴레옹의 몰락 이후에도 그의 사상은 사라지지 않고 유럽과 미국의 영향력 있는 사람들을 설득해갔다. 랄프 왈도 에머슨은 "모든 사람이 저마다 부리고 쓸 수 있는 힘을 타고났으므로 그 힘에 맞게 각자 마땅히 가야 할 자리에 가는 것"을 보고 싶다고 말했다. 토머스 칼라일은 부자의 자식들은 돈을 낭비하고 빈자의 자식들은 교육도 받지 못하는 것에 분개했다. "게으른 귀족에 대해서, 잉글랜드의 땅의 소유자들에 대해서 무슨 말을 할까? 그들이 하는 일이라고는 잉글랜드가 낸 세를 마음껏 소비하고 잉글랜드의 자고 사냥이나 하는 것인데." 칼라일은 평생 아무런 일도 하지 않고 누구에게도 도움을 주지 않는 사람들, 특권을 거저 물려받아 어떤 분야에서도 자신을 증명할 필요가 없는 사람들을 통렬히 비난했다. "사치스러운 집에 들어앉아 어떤 일도 할 필요 없고, 궁핍, 위험, 곤경으로부터도 보호를 받는다. 그는 여러 편리한 장치를 갖추어놓고 가만히 앉아 다른 사람들에게 일을 시킨다. 그러면서 그런 사람이 스스로 귀족, 그러니까 **고귀한** 사람이라고 부른다? 우리 아버지가 나를 위해 일을 했소, 우리 아버지가 나를 위해 도박에서 이겼소, 그는 그렇게 말한다. 그런데도 이런 자에게 남이 준비해준 식사를 하고 창밖으로 몸을 던지지 않는 것 외에는 아무런 과제를 주지 않는 것이 이 땅의 법칙이자 우주의 법칙으로 여겨지다니!"

19세기의 많은 개혁가들과 마찬가지로 칼라일이 원하던 것은 모두가 경제적으로 평등한 세상이 아니라 엘리트와 가난한 사람들이 능력에 따라 불평등한 세상이었다. 칼라일은 말한다. "유럽은 진정한 귀족제를 요구한다. 다만 이것은 재능의 귀족제가 되어야 한다. 가짜 귀족제는 지탱될 수 없다." 칼라일이 원하던 것은—당시에는 아직 이 말이 쓰이지 않았지만—능력주의 사회였다.

능력주의 사회라는 새로운 이데올로기는 대안이 될 만한 다른 두 가지 사회 조직 개념과 경쟁했다. 하나는 사람들에게 물자를 분배하는 데 완전한 평등을 요구하는 평등주의 원리였다. 또 하나는 작위와 자리(그리고 자고 사냥)가 부자들에게서 그 자식에게로 자동으로 옮겨가야 한다고 믿는 세습 원리였다. 능력주의자들은 상당한 불평등을 받아들일 용의가 있다는 점에서 과거의 귀족과 생각이 같았으며, 처음 일정 기간에는 기회의 완전한 평등이 이루어져야 한다고 주장한다는 점에서는 급진적인 평등주의자들과 생각이 같았다. 만일 모든 사람이 똑같은 교육을 받고 똑같은 직업 선택 기회를 가진다면, 수입과 위신에서 차이가 나는 것은 개인의 재능과 약점에 비추어 정당화될 수 있다고 본 것이다. 따라서 수입을 평등하게 만들 필요는 없었다. 특권은 능력을 따라가고, 곤궁도 마찬가지였다.

19세기와 20세기의 사회법에서는 능력주의 원리가 승리를 거두었다. 비록 속도나 진지성에서는 차이가 있지만, 서양의 모든 정부가 평등한 기회를 장려했다. 수입에 관계없이 모든 국민에게 훌륭한 중등교육, 나아가서 많은 경우 대학교육까지 제공해야 한다는 주장이 널리 받아들여지게 되었다. 미국이 1824년에 처음으로 진정한 공립 고등학교를 세워 앞장을 섰다. 남북전쟁 시기에 미국에는 그런 고등학교가 300개 있었다. 1890년에는 2,500개로 늘어났다. 1920년대에는 SAT(학력평가 시험) 제도가 개발되면서 대학교육이 능력주의 노선을 따라 개혁된다. 이 제도를 만든 하버드 대학 총장 제임스 코넌트와 정부교육평가부장 헨리 촌시는 과학적으로 입증된 능력주의적 시험을 개발하여 모든 학생의 지능을 공정하고 냉정하게 평가하고, 이것으로 대학 입학에서 학벌, 인종차별, 속물주의를 끝내는 것을 목표로 삼았다. 미국 학생들은 이제 아버지가 누구고 어떤 옷을 입었느냐에 따라 평가되는 것이 아니라 그들의 진정한 가치에 따라 등급이 매겨졌다. 이 가치란, 코넌트와 촌시가 이해하는 바에 따르면, 다음과 같은 문제를 풀 수 있는 능력을 의미했나.

다음 네 단어 가운데 반의어를 골라라.
obdurate   spurious   ductile   recondite

또는 이런 문제였다.

첫 단어와 같은 의미를 가지고 있는 단어는 무엇인가. 답은 없을 수도 있고, 하나일 수도 있고, 둘 다일 수도 있다.
impregnable   terile   vacuous
nominal   exorbitant   didactic

이런 문제 풀이에서 성공을 거둔 사람들은 능력이 있는 사람이었고, 나중에도 컨트리클럽 회원권을 얻고 월스트리트의 회사에 일자리를 구할 자격이 있었다. 코넌트의 말을 빌리면 SAT는 "새로운 유형의 사회적 도구로, 세대로 사용하면 계급이 없는 나라를 유지하는 수단이 될 수 있다······ 즉 사회적 유연성을 되찾을 수단, 미국의 이상에 좀 더 가까이 다가갈 수단이 될 수 있다."

이 미국적 이상에 물론 평등은 포함되지 않으며, 단지 초기의 엄격하게 관리되는 평등한 기회만 있을 뿐이다. 만일 모든 사람에게 학교에 가고 대학에 입학하고 단어 목록 가운데서 반의어를 찾을 기회를 똑같이 부여한다면, 그 뒤에 미국인들 사이에서 등장하는 귀족제는 어떤 것이든 정당하다는 것이었다.

세계인권선언이 발표된 해인 1948년에 그 스물여섯 번째 조항은 적어도 유럽의 많은 지역과 미국에서는 이미 현실이 되어 있었다. "모든 사람은 교육을 받을 권리가 있다. 교육, 특히 기초 단계의 기본 교육은 무료로 이루어져야 한다. 초등교육은 의무교육이어야 한다. 기술과 직업 교육은 모든 사람에게 개방되어야 하며, 고등 교육은 능력에 기초하여 모든 사람에게 평등하게 제공되어야 한다."

이런 교육 개혁과 더불어 일터에서 평등한 기회를 장려하는 법이 제정되었다. 영국에서 능력주의 정책의 이정표가 되는 사건은 1870년 경쟁시험을 통한 공무원 선발 제도의 도입이었다. 수백 년 동안 공무원 자리는 귀족의 가난하고 우둔한 친척이 도맡았으며, 그 결과 제국에 재앙에 가까운 피해를 주었다. 19세기 중반에 이르자 이 자고 사냥이나 하는 예의바른 바보들을 유지하는 비용이 너무 늘어나, 정부 관료인 스태퍼드 노스코트 경과 찰스 트레블리언 경은 다른 선발 제도를 연구하는 일을 위임받게 되었다. 트레블리언은 공무원 제도를 몇 달 연구한 뒤 《더 타임스*The Times*》에 보낸 편지에서 이렇게 설명했다. "우리의 고위 귀족은 자신의 가족 가운데 갈데없는 사람들을 부양하기 위한 수단으로 공무원 제도를 이용하는 데 익숙하다. 공무원제도는 마치 고아원 같은 시설이 되어, 다른 공개적인 직업에 진출할 힘이 없는 사람들이 공중의 희생으로 평생 명목상의 자리를 보장받을 수 있는 곳이 되었다."

70년 뒤에도 조지 오웰은 《사자와 유니콘》(1941)에서 여전히 족벌주의의 폐해를 비판한다. 오웰은 영국에는 혁명, 그러나 "붉은 깃발과 시가전"이 없는 혁명이 필요하다고 말했다. 이 혁명을 통해 자격이 있는 사람들에게로 "권력이 근본적으로 이동"해야 한다는 것이다. "필요한 것은 보통사람들이 비능률, 계급 특권, 연장자 통치에 의식적으로, 공개적으로 저항하는 일이다. 우리 국민 생활의 전반에서 우리는 특권에 대항하여 싸워야 하며, 멍청한 공립학교 학생이 똑똑한 기술자를 부릴 위치에 있다는 관념에 대항하여 싸워야 한다. 그들 가운데도 **개별적**으로 보면 재능이 있고 정직한 사람들이 있지만, 부유한 계급의 권력 자체는 깨뜨려야 한다. 영국은 진정한 자기 모습을 찾아야 한다."

선진국에서는 멍청이를 능력 있는 사람으로 대체하는 것이 고용 개혁의 주요한 목표가 되었다. 미국에서는 특히 기회의 평등을 강력하게 추구했다. 1961년 3월 존 F. 케네디 대통령은 취임 두 달도 안 되어 '기회 균등 위원회'를 수립하고, 정부 부서와 사기업에서 모든 형태의 고용차별을 철폐하는 임무를 맡겼다. 그 뒤로 평등급여법(1963), 시민권법(1964), 평등고용기회법(1964), 고령자법(1965), 고용연령차별금지법(1967), 균등신용기회법(1976), 장애인법(1990) 등 관련법들이 줄줄이 제정되었다. 이런 법들이 자리를 잡자 많은 사람들이 나이, 피부색, 성별과 관계없이 누구에게나 성공의 공정한 기회가 보장된다고 믿게 되었다.

철저한 능력 위주 체제를 향한 진전은 느리고, 또 가끔 우연에 좌우되고 아직은 불완전하지만, 19세기 중반부터 특히 미국과 영국에서는 빈자와 부자의 상대적 미덕에 대한 대중의 인식에 영향을 주기 시작했다. 공평한 면접과 시험에 따라 일과 보상을 나누어준다면, 많은 기독교 사상가들이 주장했던 것과는 달리 세속적 지위가 내적 자질과 완전히 분리된 것도 아니며, 또 루소와 마르크스가 주장했던 것과는 달리 부유하고 권세 있는 자들이 반드시 부패한 수단으로 그러한 지위에 올라간 것도 아니라고 말할 수 있었기 때문이다. 자고 사냥꾼들이 공직에서 밀려나고 대신 노동계급의 똑똑한 자식들이 그 자리를 채우게 되자, SAT 시험이 아이비리그 대학에서 동해안 부자들의 멍청한 아들딸을 몰아내고 그 자리에 가게 주인의 열심히 공부하는 자식을 채우게 되자, 지위가 전적으로 부정한 체제의 결과라고 우기기 힘들게 된 것이다.

능력과 세속적 지위 사이에 신뢰할 만한 관련이 있다는 믿음이 늘어나면서 돈에도 새로운 도덕적 가치가 부여되었다. 부가 혈연과 연줄을 따라 세대에서 세대로 내려가던 때에는 돈이 부자 부모에게 태어났다는 것 외에 어떠한 미덕도 증명할 수 없다는 사실이 당연시되었다. 그러나 자신의 시능과 능력만을 기초로 위엄 있고 보수 많은 일자리를 얻을 수 있는 능력주의 사회에서는 이제 부가 품성의 온당한 지표로 여겨질 수도 있었다. 부자는 단지 더 부유할 뿐 아니라, 더 **낫다**고도 말할 수 있게 된 것이다.

이에 따라 19세기에 특히 미국에서 많은 기독교 사상가들이 돈에 대한 견해를 바꾸었다. 미국의 신교 교파들은 신이 신자들에게 세속적으로나 영적으로나 성공적인 삶을 살라고 요구한다고 주장했다. 이 세계에서 모은 재산은 내세에서 좋은 자리를 얻을 자격이 있다는 증거였다. 이러한 태도는 토머스 P. 헌트

목사가 1836년에 낸 베스트셀러《부에 대하여: 부자가 되는 것이 모든 사람의 의무라는 사실은 성경이 증명한다*The Book of Wealth: In Which it is Proved from the Bible that it is the Duty of Every Man to Become Rich*》에도 반영되어 있다. 존 D. 록펠러는 부끄러움 없이 주님이 자신을 부자로 만들었다고 말했으며, 매사추세츠의 감독파 감독 윌리엄 로런스는 1892년에 이렇게 주장했다. "결국 부는 도덕적인 인간에게만 찾아온다. 시편 저자와 마찬가지로 가끔 악한 자가 번창하는 것을 보기도 하나, 그것은 가끔일 뿐이다. 경건한 삶에는 부가 따른다."

능력주의 사회의 이상 덕분에 다수가 자신을 실현할 기회를 얻었다. 수백 년 동안 부동의 계급 제도 내에 억눌려 있던 재능 있고 똑똑한 개인들이 이제 전체적으로 평평해진 운동장에서 자유롭게 자신의 재능을 표현할 수 있게 되었다. 출신, 성별, 인종, 연령은 개인의 발전에서 넘을 수 없는 장애가 되지 않았다. 보상의 분배에 마침내 정의의 요소가 들어오게 된 것이다.

그러나 이 이야기는 낮은 지위에 있는 사람들에게는 불가피하게 어두운 면을 드러낸다. 성공을 거둔 사람이 그럴 만한 자격이 있다면, 실패한 사람 역시 그럴 만해서 실패했다는 이야기가 되기 때문이다. 능력주의 시대를 맞아 정의는 부만이 아니라 빈곤의 분배에도 관여하게 된 것이다. 낮은 지위는 이제 안타까운 것이 아니라, 그래 마땅한 것처럼 보이게 되었다.

경제적인 능력주의 사회에서 상속이나 다른 유리한 조건 없이 경제적으로 성공을 거둔 개인은 과거 아버지에게서 돈과 저택을 물려받았던 귀족은 결코 경험할 수 없었던 개인적 성낭성의 요소를 확보했다. 그러나 동시에 경제적 실패는 과거에 삶의 모든 기회를 박탈당했던 농민은 다행스럽게도 겪을 필요가 없었던 수치감과 연결되었다.

훌륭하고, 똑똑하고, 유능한데도 왜 여전히 가난한가 하는 문제는 새로운 능력주의 시대에 성공을 거두지 못한 사람들이 답을 해야 하는(자기 자신과 남들에게) 더 모질고 괴로운 문제가 되었다.

세 번째 이야기
가난한 사람들은 죄가 많고 부패했으며
어리석음 때문에 가난한 것이다

19세기와 20세기에는 가난한 사람들 대신 그 문제에 답을 하고자 했던 사람들이 부족하지 않았다. 그러나 한창 목소리를 높이던 어떤 사람들에게는 가난한 사람들이 자신의 어리석음과 타락 때문에 그런 자리에 있다는 것이 분명해 보였다(또 과학적으로 입증할 수 있는 사실이었다).

경제적 능력주의의 등장과 더불어 어떤 영역에서는 가난한 사람들이 이제 '불운하다'고 묘사되는 것이 아니라 '실패자'라고 묘사되었다. 따라서 빈자들은 이제 부자들의 자선과 죄책감의 대상이 아니었으며, 자수성가한 강건한 개인들의 눈에는 오히려 경멸의 대상이 되었다. 자수성가한 사람들은 자신의 저택에 부끄러움을 느끼지 않았으며, 그들이 떠나온 가난한 무리를 가엾게 여기는 척하며 악어의 눈물을 흘리지 않았다.

부와 가난의 분배가 정의롭게 이루어진다는 생각을 19세기의 사회진화론 철학보다 분명하게 표현한 사상은 없을 것이다. 사회진화론자들은 모든 인간이 처음에는 돈, 일자리, 존경이라는 빈약한 자원을 놓고 공정한 경쟁을 한다고 주장했다. 이 경쟁에서 일부는 우위를 차지하는데, 그것은 부당한 이점이나 운 때문이 아니라 그들이 뒤처진 사람들보다 본질적으로 나은 데가 있기 때문이다. 부자는 도덕적 관점에서는 그들보다 더 낫지 않다. 그러나 천성적으로 더 낫다. 그들은 더 힘이 세며, 그들의 씨는 더 강하며, 그들의 정신은 더 빈틈없다. 그들은 인간의 정글에서 생물학적 원리—19세기가 맹종했던 새로운 신 같은 개념이었다—에 따라 다른 사람들을 누르고 승리할 운명을 타고난 호랑이들이었다. 부자는 생물학적 원리가 원해서 부자가 된 것이고, 빈자 역시 생물학적 원리가 원했기 때문에 빈자가 된 것이다.

나아가서 사회진화론자들은 가난한 사람들의 고난과 이른

죽음이 사회 전체에 유익하며, 따라서 정부가 개입해서 막으면 안 된다고 주장했다. 약자는 자연의 실수이며, 재생산을 하여 나머지 사람들을 오염시키기 전에 소멸하도록 허용해야 한다는 논리였다. 동물의 왕국이 기형으로 태어난 짐승을 포기하듯이, 인간 세계도 그래야 한다는 것이다. 짓밟힌 자는 자비를 베풀지 말고 죽게 놔두는 것이 인간이 할 수 있는 가장 친절한 행동이었다.

영국의 사회진화론자 허버트 스펜서는 《사회 통계학Social Statics》(1851)에서 생물학적 원리 자체가 자비라는 개념과는 양립할 수 없다고 주장했다. "과부와 고아가 죽기 살기로 안간힘을 쓰도록 내버려두는 것은 마음이 편치 않다. 그럼에도 그 일을 개별적으로 보지 않고 보편적 인류의 이익과 연결시켜보면, 그런 가혹한 불행도 은혜가 넘치는 일로 보이게 된다. 병든 부모의 자녀를 일찍 무덤으로 보내는 것과 똑같은 은혜다. (…) 자연 질서에 따라 사회는 병약하고, 저능하고, 느리고, 우유부단하고, 신의 없는 구성원을 끊임없이 배설하고 있다. 그들이 살 만큼 완전하다면 살 것이고, 그럴 경우에는 그들이 사는 것이 좋은 일이다. 만일 그들이 살 만큼 완전하지 않다면 죽을 것이고, 그럴 경우에는 그들이 죽는 것이 최선이다."

미국의 재계와 언론을 지배하던 자수성가한 금권주의자들 가운데는 스펜서의 교의를 적극적으로 환영하는 사람들이 많았다. 사회진화론은 그들에게 그들 가운데 다수가 이미 수상쩍게 생각하던 것, 경제적으로 그들에게 해를 주던 것, 즉 노동조합, 마르크스주의, 사회주의에 반박할 수 있는 막강해 보이는 과학적 논거를 제공했다. 스펜서는 1882년 의기양양하게 미국을 돌며 재계 지도자들에게 연설을 할 때, 그들을 인간 정글의 최고의 동물에 비유하여 아첨을 하면서, 약한 형제들에게 자선을 하거나 죄책감을 느낄 필요가 전혀 없다고 강조했다.

심지어 사회진화론의 관점에 직접 동의하지 않는 많은 사람들도 이 철학의 핵심적인 가정 하나는 지지했다. 가난한 사람들에게 복지를 제공하는 것이 불필요하고 어쩌면 잘못된 것일 수도 있다는 생각이었다. 모든 사람이 자신의 노력으로 성공할 힘이 있다면, 하층 계급들을 지원하는 정치적 행동은 그저 실패에 보상을 해주는 일일 뿐이라는 것이었다.

스코틀랜드의 의사 새뮤얼 스마일스는 《자조Self-help》(1859)에서 궁핍한 젊은이들에게 높은 목표를 세우고, 공부하고, 신중하게 돈을 쓰라고 권한 뒤, 그들이 그렇게 하도록 돕는 정부는 비난했다. "사람들 대신 일을 해주면 그들에게서 스스로 그 일을 할 동기와 필요를 빼앗게 된다. 법을 인간 발전의 동인으로 보는 것은 지나친 과대평가다. 아무리 엄중한 법이라도 게으른 사람을 부지런하게 만들 수 없고, 낭비벽이 심한 사람을 검소하게 만들 수 없고, 주정뱅이가 술을 끊게 만들 수 없다."

스코틀랜드계 미국인 거부 앤드류 카네기 역시 자선행위를 하기는 했지만 속으로는 복지에 대해서 비관적인 생각을 가졌다. 그는 《자서전*Autobiography*》(1920)에서 이렇게 말했다. "이른바 자선행위에 쓰는 1,000달러 가운데 950달러는 차라리 바다에 버리는 것이 낫다. 자선으로 먹여 살리는 주정뱅이 부랑자 또는 무익한 게으름뱅이 하나하나가 이웃을 부도덕하게 감염시킨다. 열심히 일하는 근면한 사람에게 그의 요구를 충족시킬 수 있는 더 쉬운 길이 있다고 가르치는 것은 전혀 도움이 되지 않는다. 감정은 적을수록 좋다. 자선 행위로는 개인이든 인류든 나아질 수가 없다. 드문 예외를 제외하면 도움을 받을 자격이 있는 사람은 오히려 도움을 요구하지 않는다. 진정으로 귀한 사람은 결코 그것을 요구하지 않는다."

능력주의 사회의 비옥한 귀퉁이에서 움트는 더 가혹한 의견들에 따르면, 사회적 위계는 단계마다 거기에 속한 사람의 자질을 엄격하게 반영한다고도 한다. 따라서 훌륭한 사람들이 성공하고 게으름뱅이가 실패할 조건은 이미 굳어져 있는 셈이고, 결국 자선, 복지, 재분배 장치, 단순한 동정의 필요성은 약해질 수밖에 없다.

자수성가한 산업가이자 세계 최고의 부자 앤드루 카네기, 1835～1919.

2

마이클 영은 《능력주의의 등장*The Rise of the Meritocracy*》(런던, 1958)에서 이렇게 말했다.

"오늘날 사람들은 아무리 비천하다 해도 자신에게 모든 기회가 열려 있음을 안다. (…) 만일 되풀이하여 '바보'라는 낙인이 찍히면 허세를 부릴 수가 없다. (…) 이제는 자신이 열등한 지위에 있다는 사실을 인식해야 하지 않을까? 과거와는 달리 기회를 박탈당해서가 아니라 **실제로 열등**하기 때문에 말이다."

3

능력주의 체제에서는 가난이나 고통에 수치라는 고통까지 더해진다.

V

— 불확실성

불확실한 요인들

1

전통사회에서 높은 지위에 오르는 것은 대단히 어려웠기마, 그 지위를 잃는 것 또한 어려워 행복할 지경이었다. 영수를 그만두는 까닭, 그보다 험악한 결과가 예상되기는 하지만, 일꾼을 그만두는 것만큼이가 어니워나. 주요한 것은 살면서 자신의 능력을 발휘해 성취하는 것보니도 태어날 때 갖는, 신분이있가 중요한 것은 내가 무엇을 하느냐가 아니고 내가 누구냐는 거이었다.

근대 사회의 위대한 야망은 이러한 방정식의 신체적인 여건을 제도화하고, 세습 특권과 세습 비특권을 없애 개인적 성취가 지위를 결정하게 만드는 것이었다. 이 개인적 성취란 주로 경제적 성취를 의미했다. 이제 지위는 세대에서 세대로 내려오는 변하지 않는 신분보다는 급속하게 움직이는 무자비한 경제 내에서 거두는 성과에 달려 있다.

상게의 특성 때문에 지위를 얻으려는 노력은 그 결과가 불확실할 수밖에 없다, 미래를 생각해보면 우리는 동료나 경쟁자 때문에 좌절할 수도 있고, 자신에게 선택한 목표를 이룰 재능이 없다는 사실을 발견할 수도 있고, 굽이치는 시장의 파도 속에서 재수 없는 흐름에 말려들 수도 있다. 게다가 우리의 실패는 동료의 성공 가능성 때문에 더 심각해 보일 수도 있다.

불안은 현대의 야망의 하녀다. 생계를 유지하고 남들로부터 존경을 받으려면 적어도 다섯 가지 예측 불가능한 요인이 뜻대로 따라주어야 하는데, 이것은 사회적 위계 내에서 자신이 바라는 자리를 얻거나 유지할 수 있을 것이라고 확신하지 못하는 다섯 가지 이유가 되기도 한다.

1. 변덕스러운 재능

지위가 성취에 의존한다면 성공에 일반적으로 필요한 것은 재능과 그 재능을 믿을 만하게 통제할 수 있는 능력이다. 그러나 대부분의 활동에서 재능은 우리 마음대로 부리는 것이 불가능하다. 재능은 한 동안 우리 손안에 있는 것처럼 보이다가도 아무 말도 없이 사라져 그간의 성공마저 물거품으로 만들곤 한다. 우리는 최고의 능력을 우리 마음대로 전면에 내세울 수 없다. 우리는 가끔씩만 재능을 보여줄 뿐, 평소에는 그런 재능의 소유자답지 못하게 구는 경우가 많기 때문에 우리의 성취의 많은 부분은 외적인 힘이 준 선물처럼 보일 수도 있다. 변덕스럽게 나타나거나 사라지는 그 힘에 의해 우리의 인생 경로와 경제적 능력이 결정되는 셈이다.

고대 그리스인은 우리와 변덕스러운 재능 사이의 괴로운 관계를 뮤즈라는 선명한 이미지로 표현했다. 그리스 신화에 따르면 뮤즈는 9명인데, 그들은 각각 특수한 재능을 통제하거나 자기 멋대로 나누어 준다. 서사시, 역사, 연애시, 음악, 비극, 찬가, 춤, 희극, 천문학을 담당하는 뮤즈가 다 따로 있는 것이다. 이 가운데 어느 분야에서 성공을 거두었든 그 사람은 자신의 재능이 진정한 자기 것이 결코 아니며, 이 예민한 신들의 마음이 바뀌면 한 방에 날아갈 수도 있다는 사실을 늘 기억하고 있어야 했다.

그리스의 뮤즈들이 활동하는 영역은 물론 현대의 관심사를 거의 반영하지 못한다. 그럼에도 이 신화적인 개념은 우리가 성취 능력을 스스로 통제할 수 없으며, 그래서 미래와 관련하여 주도적으로 나설 수 없는 불안한 처지에 있다는 사실을 여전히 절묘한 이미지로 포착해내고 있다.

2. 운

우리의 지위는 '운'이라는 말로 느슨하게 얽어 넣을 수 있는 어떤 범위의 우호적 조건들에 의존하고 있다. 우리가 적당한 시기에 적당한 기술을 갖추고 적당한 일자리에서 일하게 되는 것은 운 때문일 수 있다. 또 반대로 이런 유리한 상황에 들어갈 수 없는 것은 불운 때문일 수 있다.

그러나 우리 삶의 결과를 운으로 설명하는 것은 안타깝게도 받아들여지지 않게 되었다. 기술이 지금처럼 발달하지 않았던 시절, 신의 힘과 자연의 예측 불가능한 변덕을 존중하던 시절에는 자신이든 남이든 사태의 흐름을 제어할 수 없다는 관념이 널리 퍼져 있었다. 그래서 외적인 힘에 감사를 하기도 했고 책임을 돌리기도 했다. 사람들은 악마, 도깨비, 귀신, 신의 역할을 자주 언급했다. 예를 들어 《베오울프Beowulf》(1100년경) 이야기에서는 어디를 펼쳐 보든 인간의 성공이 기독교적 신의 의지에 좌우된다는 이야기를 듣게 된다. 베오울프는 그렌델의 어머니를 물리친 상황을 묘사하면서 "만일 신이 나를 지켜주지 않았다면 싸움은 바로 끝나버렸을 것"이라고 말한다.

그러나 환경의 움직임을 통제하고 예측하는 인간의 힘이 성장하면서 운이나 수호신이라는 관념은 힘을 잃었다. 지금도 말로는 운이 출세를 좌우하는 데 어떤 역할을 한다고 말하기도 하지만, 실질적인 면에서 사람에 대한 평가는 스스로 자신의 이력에 책임을 질 수 있다는 관점에서 진행되고 있다. 승리를 '행운' 덕으로 돌리는 것은 지나치게(또 심지어 수상쩍을 정도로) 겸손하게 보일 수도 있다. 이 맥락에서 이보다 더 중요한 것은 패배를 불운 탓으로 돌리는 것이 궁색해 보인다는 점이다. 승자는 운을 만든다. 이것이 현대의 주문(呪文)이다. 아마 이 말을 들으면 고대 로마의 행운의 여신의 숭배자나 《베오울프》의 신앙심 깊은 영웅들은 어리둥절했을 것이다.

우리의 지위의 문제를 우연적 요소들에 맡긴다는 것은 불안한 일이다. 그러나 합리적 통제라는 관념에 완전히 물들어, '불운'이 실패를 설명하는 그럴듯한 이유가 될 수 있다는 관념을 폐기해버린 세상에 산다는 것은 더 힘든 일이다.

3. 고용주

삶의 조건의 예측 불가능성은 우리의 지위 문제가 고용주에게 달려 있기 때문에 더욱 심각해진다.

1907년 미국에서는 《3에이커와 자유Three Acres and Liberty》라는 책이 독서 대중의 상상력을 사로잡았다. 저자인 볼턴 홀은 먼저 다른 사람을 위해 일해야만 하는 상황의 어색함을 이야기한 뒤, 독자에게 사무실이나 공장을 떠나 미국 중부에서 농지 3에이커를 적당한 가격에 사라고 권했다. 이 정도 면적이면 금세 4인 가족이 먹고살 만한 농작물을 재배하고 소박하지만 편안한 집을 유지할 수 있으니, 아첨과 협상으로 동료나 상사와 어쩔 수 없이 어울려 살아가는 생활에서 해방될 수 있다는 이야기였다. 이 책에는 채소를 재배하는 방법, 온실을 만드는 방법, 과수원을 배치하는 방법, 가축을 사는 방법 (홀은 우유와 치즈를 얻는 데는 소 한 마리면 족하며, 닭보다는 오리가 영양가가 높다고 구체적으로 이야기한다) 등이 자세히 나온다. 《3에이커와 자유》는 19세기 중반 이후 유럽과 미국 사상에서 점점 자주 들려오게 된 메시지를 전하고 있다. 행복한 삶을 영위하려면 고용주에 대한 의존에서 벗어나 자신을 위해, 자신만의 속도로, 자신의 행복을 위해 일해야 한다는 것이다.

이 메시지가 이 시기 이후로 자주 들리게 되었다면, 그것은 이 시기에 처음으로 다수의 사람들이 자신의 농장이나 소규모 가족 사업을 떠나 다른 사람으로부터 임금을 받는 대가로 지능과 힘을 팔게 되었기 때문일 것이다. 1800년에는 미국 노동력 가운데 20퍼센트가 다른 사람에게 고용되어 있었다. 1900년에는 그 수치가 50퍼센트로 늘었다. 2000년에는 90퍼센트가 되었다. 고용주들 역시 점점 대규모로 노동자를 고용했다. 1800년에 미국 노동자 가운데 500명 이상이 일하는 사업장에 고용된 숫자는 1퍼센트 이하였다. 2000년에 이 비율은 55퍼센트로 늘어났다.

잉글랜드는 공유지가 줄어들면서 소농의 나라에서 임금 노동자의 나라로 넘어가는 속도가 빨라졌다. 과거에는 인구의 일부가 공유지에서 자신이 먹을 농작물을 재배하고 소나 거위 같은 가축을 놓아 길러 먹고살 수 있었다. 18세기 이후 막강한 지주들은 잉글랜드의 '개방된' 들판 대부분을 담과 산울타리로 막아버렸다. 1724년부터 1815년 사이에 150만 에이커 가량의 땅이 이런 식으로 폐쇄되었다. 전통적인 마르크스주의 분석 (많은 역사가들이 강하게 이의를 제기했지만 그럼에도 중요한 의미가 있는 분석이다)에서 이 인클로저 운동은 근대의 산업 프롤레타리아의 탄생을 알린다. 근대의 산업 프롤레타리아란 자신이 가진 자원으로 먹고살 수 없어 불리한 조건으로 돈을 받고 자기 자신을 고용주에게 팔 수밖에 없는 사람들의 집단으로 정의된다.

피고용자가 되는 고통에는 고용 기간의 불확실성만 아니라 수많은 작업 관행과 역학에서 오는 모욕감도 포함된다. 대부분의 사업체가 피라미드 구조를 갖추고 있으며, 피고용자로 이루어진 넓은 밑변은 관리자들로 이루어진 좁은 꼭짓점에 굴복할 수밖에 없다. 이런 상황에서 누가 보상을 받고 누가 뒤처지느냐 하는 문제는 작업장을 억압적인 분위기로 이끄는 요인이 되며, 이런 불확실성을 바탕으로 불안이 자라나게 된다. 사실 대부분의 영역에서 성취를 객관적으로 평가하기는 어렵기 때문에, 승진이나 그 반대로 가는 길은 일의 결과와 필연적인 관련이 없는 것처럼 보인다. 조직의 피라미드를 성공적으로 기어올라가는 능반가는 자신이 맡은 일에서 최고라기보다는, 문명화된 삶에서는 지침을 얻기 힘든 여러 가지 음침한 정치적 기술에 가장 숙달된 사람들이다.

근대의 사업체와 궁정은 겉으로 보기에는 차이가 많다. 그러나 15세기에서 17세기까지 프랑스와 이탈리아의 궁정에서 생활했던 명민한 귀족들의 글을 읽어보면 근대의 사업체에서 생존하는 비결을 터득하는 데 큰 도움을 얻을 수 있을지도 모른다. 이들은 은퇴한 뒤 자신들의 생각을 신랄한 경구 스타일로 정리해두었는데, 이런 냉소적인 글들은 우리가 남들에 대하여 믿고 싶어 하는 것들을 계속 흔들어댄다. 마키아벨리(Machiavelli, 1469~1527), 구이차르디니(Guicciardini, 1483~1540), 라로슈푸코(La Rochefoucauld, 1613~1680), 라브뤼예르(La Bruyère, 1645~1696)가 쓴 글들은 노동자들이 출세를 하려고 할 때 공식적인 정규적 역할 외에 어떤 책략을 구사해야 하는지 보여준다.

동료를 조심해야 한다

"사람은 거짓되고, 음험하고, 기만적이고, 교활하고, 자신의 이익에는 탐욕스럽고 남의 이익에는 둔감하므로, 적게 믿고 그보다 더 적게 신뢰한다면 잘못될 일이 없을 것이다."_ 구이차르디니

"우리는 언젠가 친구가 될지도 모른다고 생각하며 적과 함께 살아야 하고, 언제 원수가 될지 모른다고 생각하며 친구와 함께 살아야 한다."_ 라브뤼예르

거짓말을 하고 과장해야 한다

"세상은 장점 자체보다는 장점의 표시에 보답을 하는 경우가 더 많다." _ 라로슈푸코

"중요한 일을 하게 되면 반드시 실패는 감추고 성공은 과장하라. 이것은 속임수이지만, 사실보다는 다른 사람들의 의견에 당신 운명이 걸려 있는 경우가 많기 때문에 늘 일이 잘 풀리고 있다는 인상을 주는 것이 좋다." _ 구이차르디니

"녕신은 정직한 사람이다. 주군의 총애를 받는 신하들의 비위를 맞추지도 않고 그들의 미움을 사도 상관 안 한다. 그저 당신의 주군과 의무를 사랑하며 살 뿐이다. 그래, 그래서 당신이 망한 것이다." _ 라브뤼예르

무서워야 한다

"사랑의 대상이 되는 것보다 공포의 대상이 되는 것이 훨씬 더 안 전하다. 사랑은 감사의 유대에 의해 유지되지만, 사람은 지나치게 이해에 얽매여 있기 때문에 자신에게 유리한 기회가 생기기만 하면 이 유대를 끊어버린다. 그러나 공포는 벌에 대한 두려움으로 유지되며 이것은 늘 효과적이다." _ 마키아벨리

"다수는 착하지도 않고 지혜롭지도 않으므로, 친절보다는 엄격함에 익지해야 한다." _ 구이차르디니

물론 이런 궁정인들로부터 외유내강의 지혜를 빌려 암초 많은 해안선을 지나가듯이 동료들 사이를 항해해 갈 수도 있을 것이다. 그러나 이렇게 살아야 한다고 생각하면 마음이 편치는 않을 것이다. 사무실이나 작업장에서 일을 하다 보면 3에이커와 오리 대여섯 마리와 자유의 유혹을 쉽게 이해할 수 있다.

4. 고용주의 이익

고용의 안정성은 조직 내의 정치만이 아니라 회사가 시장에서 계속 이윤을 내는 능력에도 달려 있다. 시장은 본래 생산자들이 자신의 경쟁력이나 가격 우위를 장기간 지키기 어려운 곳이다. 많은 노동자들이 치열한 경쟁으로 인해 녹아내리는 부빙(浮氷) 위에 서 있는 듯한 불안감을 느낀다. 그것은 회사가 이윤을 개선하는 가장 효과적이고 빠른 방법이 언제나 피고용자 숫자를 대폭 줄이는 것이기 때문이다.

자금 압박에 시달리는 회사는 임금 수준이 높은 나라의 노동자들을 쫓아내고 대신 임금 수준이 낮은 먼 땅의 노동자들을 고용하고 싶다는 유혹에 저항하기가 어렵다. 또 경쟁자와 합병하여 수익성을 개선하고 싶은 유혹을 느낄 수도 있는데, 그렇게 하면 중복되는 노동력을 대량 쳐내야 한다. 또는 노동자들을 대체할 로봇을 개발할 수도 있다. 자동현금인출기(ATM)는

1968년에 개발되었으며, 다음 해에 맨해튼의 케미컬 뱅크 지사의 벽에 구멍을 뚫고 처음 설치되었다. 10년 뒤 세상의 ATM 숫자는 5만 대로 늘어났으며, 2000년에는 백만 대로 늘어났다. 그러나 과학기술적으로는 아무리 뛰어난 성과라 해도 은행의 출납원이 ATM에 찬사를 보내기는 힘든 노릇이다. 수치가 증명하듯이, ATM 한 대는 무려 37명의 은행 출납계원 일을 한다 (게다가 병이 드는 일도 없다). 미국에서는 1980년에서 1995년 사이에 일반인을 상대하는 은행 업무에 종사하던 노동자들 가운데 반 정도인 50만 명이 일자리를 잃었다. 여기에는 이 광택이 나는 능률적인 기계의 발명도 한몫을 했을 것이다.

피고용자들은 또 시장에 새롭고 더 나은 제품을 내놓아야 한다는 회사의 압박감이 어떤 결과를 낳을지도 걱정해야 한다. 역사의 오랜 기간 동안 물자와 용역의 수명은 그것을 생산하고 소비하는 인간의 수명보다 길었다. 일본의 기모노와 진바오리[1]는 400년 동안 변하지 않았다. 18세기 중국 사람들은 16세기의 조상들이 입던 옷을 그대로 입고 다녔다. 1300년에서 1660년 사이에 북유럽에서 쟁기의 설계는 전혀 바뀌지 않았다. 이런 안정된 상황 때문에 장인과 일꾼들은 자신이 죽은 뒤에도 자신이 하던 일은 계속될 것이라고 안심했을 것이다. 그러나 제품

---

1 옛날 진중(陣中)에서 갑옷 위에 걸쳐 입던 겉옷.

수명은 19세기 중반부터 급속하게 짧아져, 자신이 하는 일이 장기간 그대로 유지될 것이라는 일꾼의 신념도 무너졌다.

새로운 제품과 용역의 손에 낡은 것이 금방 밀려나는 현상은 경제의 거의 모든 영역에서 나타난다. 철도가 발명된 뒤 운하가 밀려났고, 제트 엔진이 도입된 뒤 여객선이 밀려났고, 자동차가 개발된 뒤 말이 밀려났고, 개인용 컴퓨터가 탄생한 뒤 타자기가 밀려났다.

시장은 변화에 목을 매달고 있기 때문에 제품 개발에 드는 비용이 너무 올라가, 단 하나의 제품이 시장에 성공적으로 진입하느냐 못하느냐가 회사의 생존을 좌우하는 상황이 발생하기도 한다. 회사는 한판 크게 딴 뒤에도 슬그머니 물러나는 것이 아니라 누가 총이라도 들이댄 듯 가슴을 두근거리며 회사 자산과 종업원들의 생계를 걸고 계속 모험을 해야 하는 도박사처럼 행동하기도 한다. 이들은 몇 판, 아니 심지어 단 한 번의 베팅으로 엄청나지만 위태로운 부를 모으기도 하고 파멸의 길로 들어서기도 한다.

5. 세계 경제

회사와 종업원들의 생존은 경제 전체의 성적 때문에 위태로운 지경에 처하기도 한다.

19세기 초 이후 서양 경제의 역사는 싱장과 후퇴를 주기적으로 반복해왔다. 보통 4, 5년 팽창하면 그 뒤에 1, 2년 수축이 발생했고, 이따금씩 수축 기간이 5, 6년이나 지속되기도 했다. 국부(國富)의 증감을 묘사한 그래프는 뾰족뾰족한 산맥의 윤곽을 닮았다. 그래프가 밑으로 꺼질 때마다 유서 깊은 회사들이 파산하고, 노동자들이 해고당하고, 공장이 문을 닫고, 주식이 휴지가 되었다. 이런 사건들을 경제생활에서 부자연스러운, 또 어쩌면 언젠가는 피할 수도 있는 부분이라고 생각하고 싶은 유혹이 들기도 한다. 그러나 정부와 중앙은행의 노력에도 불구하고 이런 교란을 예방할 수 있는 방법은 거의 없는 것으로 보인다.

주기마다 나타나는 현상은 비슷하다. 경제가 급속히 성장하면 회사들은 미래에 예상되는 수요에 대처하기 위해 생산 능력을 확대한다. 그러면 자산 가격의 상승과 더불어 생산 비용도 올라간다. 특히 주식과 소유지의 가격이 상승하는데, 이것은 부분적으로는 투기꾼들 때문이기도 하다. 이 시점에서는 대출 비용이 낮기 때문에 회사들은 자본집약적인 공장과 사무실에 투자를 한다. 수요와 산출이 둔화되기 시작하지만, 소비율은 계속 올라간다. 저축이 낮아지고 개인과 상용 대출도 늘어난다. 국내 수요를 충족시키려고 수입은 증가하고 수출은 줄어들어, 국제수지의 적자가 생긴다. 이제 경제는 난조를 보인다. 투자도 지나치고, 소비도 지나치고, 대출도 지나치고, 대부도 지나치다. 여기에서부터 경제는 불황으로 미끄러져 들어가기 시작한다. 효율이 낮은 생산 능력을 이용하면서 자금 공급과 투기는 늘어나기 때문에 물가는 상승한다. 비싸고 얻기도 힘든 신용 때문에 해결하지 못한 부채 비용은 증가한다. 호황 때 과도하게 평가되었던 자산은 가치가 하락한다. 채무자는 돈을 갚지 못하고 담보 대출도 쉽지 않다. 소득, 투자, 소비는 줄어든다. 회사와 기업가들은 곤궁에 빠지거나 파산한다. 실업률은 늘어난다. 신뢰가 사라지면서 대부와 소비는 계속 하락한다. 이전의 활황기에 이루어진 장기 투자가 이제야 가동되기 시작하여 공급은 늘어나지만 수요는 줄면서 물가는 하락한다. 회사와 개인은 낮아진 가격에 자산을 팔 수밖에 없어 위기는 깊어진다. 잠재적 구매자는 시장이 바닥을 칠 때까지 구매를 미루어 회복은 더 지연된다.

이렇게 보면 경제 환경의 진정한 위협에 대한 반응으로는 히스테리보다 지속적인 불안이 더 잘 어울릴 것 같기도 하다.

2

우리가 실패에 대한 생각 때문에 괴로워하는 것은 성공을 해야만 세상이 우리에게 호의를 보여준다고 믿기 때문이다. 가족의 유대, 우정, 성적인 매력 때문에 가끔 물질적 동기가 부차적인

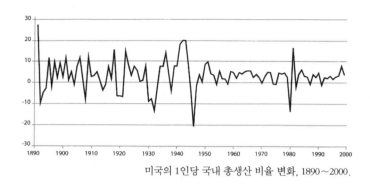

미국의 1인당 국내 총생산 비율 변화, 1890~2000.

것이 되기도 하지만, 그런 것들이 자신의 요구를 온전히 충족
시켜 줄 것이라고 믿는 사람은 무모한 낙관주의자일 것이다.
인간은 웃어줄 만한 확실한 이유가 없으면 좀처럼 웃어주지 않
는 법이다.

3

애덤 스미스는 《국부론》(에든버러, 1776)에서 이렇게 말했다.
  "사람은 언제나 동포의 도움을 얻을 일이 있다. [그러나] 동
포의 자비로운 마음에만 기대서는 도움을 얻을 수 없다. 오히
려 그들의 자기애를 자극하면 설득할 가능성이 높다. (…) 우
리가 저녁을 먹게 되는 것은 정육점 주인이나, 양조장 주인이
나 빵가게 주인이 자비로운 마음을 가졌기 때문이 아니라 자신

의 이익에 관심을 가지기 때문이다. 우리는 그들의 인간성이
아니라 자기애에 호소해야 한다."

4

어떤 주장에 따르면 정육점 주인이나 양조장 주인이나 빵가게
주인이 늘 그렇게 무자비한 것은 아니다. 그들도 한때는 돈으
로 대가를 받아서가 아니라 상대의 태도가 싹싹해서 또는 친척
이 아는 사람이라서 먹을 것을 내주었을지도 모른다. 이 주장
에 따르면 경제적 자기애가 늘 세상을 독점적으로 지배했던 것
은 아니다. 이런 독점적 지배는 최근의 역사적 발전의 결과이
며, 근대와 발전한 자본주의의 산물이다. 이 주장에 따르면 봉
건시대에는 경제적인 자기애와 비물질적인 고려가 균형을 이
루고 있었다. 일꾼은 고용주의 확대가족의 구성원으로 여겨지
기도 했고, 고용주는 그들에게 어느 정도 의리와 감사를 보여
주기도 했다. 기독교적 가르침도 약하고 굶주린 사람들에게 관
심을 가지는 분위기를 육성하는 데 한몫했다. 따라서 어려운
상황에서는 그런 사람들을 돌보아야 한다는 데 암묵적 합의가
이루어져 있었다.

　　그러나 이 주장에 따르면 이런 가족적이고 공동체적인 관계
는 18세기 후반에 부르주아지가 권력을 잡으면서 파괴되었다.

자본과 과학기술을 부리는 능력으로 엄청난 권력을 잡은 부르주아 계급은 오직 부에만 관심을 가졌다. 감상을 배제하는 공리주의적 부르주아 계급은 종업원을 탐욕스러운 목적을 달성하기 위한 수단으로만 여겼으며, 그들의 가족을 배려하지 않았고, 아픈 사람이나 늙은 사람이나 눈을 말똥말똥 뜨고 있는 어린 아이의 요구에 흔들리지 않았다. 또 사람들은 대도시로 몰려들었으며, 이곳에서는 경쟁적이고 바쁜 분위기 때문에 이웃간 정이 파괴되었다. 약한 자들에게는 더욱 안타까운 일이지만 기독교는 이세 권력의 지렛대를 쥐고 있는 사람들의 상상력을 휘어잡지 못했으며, 그와 더불어 가난한 사람에 대한 존중과 공동체적 분위기는 사라져버렸다.

이런 주장의 가장 강력한 옹호자인 카를 마르크스는 《공산당 선언》(1848)에서 몽상적이고 묵시록적인 산문으로 경제적 관심의 승리를 이렇게 묘사했다. "부르주아지는 (…) 인간을 '타고난 상전'과 연결시켜 주던 얼룩덜룩한 봉건적 끈을 무자비하게 두 동강 내버렸고, 인간과 인간 사이에 벌거벗은 자기 이익, 무정한 '현금 지불' 외에 다른 아무런 유대도 남겨두지 않았다. 부르주아지는 종교적 열정, 기사도적 열의, 속물적인 감상주의의 드높은 환희를 이기적인 계산의 차가운 물에 담가버렸다. 부르주아지는 개인적 가치를 녹여 교환가치를 만들어냈다."

임마누엘 칸트는 《도덕 형이상학의 기초Grundlegung zur

Metaphysik der Sitten》(1785)에서 다른 사람들에게 도덕적으로 행동하려면 다른 사람들을 자신의 부나 명예를 위한 "수단"으로 이용하지 말고 "그들 자신"을 존중할 필요가 있다고 주장했다. 마르크스는 칸트를 참조하여 부르주아지와 그들의 새로운 과학인 경제학이 대규모로 "부도덕"을 자행한다고 비난했다. "[경제학은] 노동자를 오직 일하는 동물로만 본다. 가장 기본적인 신체적 요구만 남은 짐승으로 여기는 것이다." 마르크스에 따르면 피고용자들에게 지급되는 임금은 "바퀴가 계속 굴러가게 하기 위해 치는 기름과 같다. 노동의 진정한 목적은 이제 인간이 아니라 돈이다."

5

마르크스가 역사가로서는 능력이 떨어져 산업화 이전의 과거를 이상화하고 부르주아지를 지나치게 혹평했는지도 모르겠다. 그러나 그의 이론은 고용자와 피고용자 사이의 피할 수 없는 갈등을 포착하고 극화했다는 점에서 여전히 가치가 있다.

지역마다 다르고 방식이나 관리에는 차이가 있겠지만 상업적 조직의 근본적 원리는 다음과 같은 단순하고 건조한 방정식으로 표현할 수 있다.

$$투입 \qquad 산출$$
$$원료 + 노동 + 기계 = 제품 + 이윤$$

모든 상업조직은 원료, 노동, 기계를 가장 싼 값에 모은 다음 그것을 결합하여 제품을 만들어 가능한 가장 높은 값으로 팔려고 한다. 경제적 관점에서 보자면 방정식의 투입 부분에 들어가는 요소 사이에는 아무런 차이가 없다. 모두가 상품이며, 합리적인 조직은 이윤을 내기 위해 이들을 값싸게 구하여 능률적으로 처리하려 할 것이다.

그럼에도 곤혹스럽게도 "노동"과 다른 요소들 사이에는 한 가지 차이가 있다. 재래 경제학에는 이 점을 표현할 또는 중시할 수단이 없었지만, 그림에도 이것은 세상에 불가피하게 존재하는 차이다. 즉 노동자는 고통을 느낀다는 것이다.

생산 라인 가동 비용이 엄청나게 비싸지면 가동을 중단하기도 하는데, 이때 기계는 자신의 불행한 운명을 한탄하지 않는다. 석탄 사용을 중단하고 천연가스를 사용해도 도태된 에너지 자원은 절벽에서 뛰어내리지 않는다. 그러나 노동자는 자신의 가격이나 존재를 줄이려는 시도에 감정으로 대응하는 습관이 있다. 노동자는 화장실에 들어가 흐느끼기도 하고, 실적 미달에 대한 두려움을 술로 달래기도 하며, 해고를 당하느니 차라리 죽음을 택하기도 한다.

이런 감정적인 반응을 보면 지위를 부여하는 격투장 내에 공존하는 두 가지 요구가 드러난다. 하나는 사업의 일차적 목적은 이윤의 실현이라고 규정하는 **경제적 요구**다. 또 하나는 피고용자가 경제적 안정, 존경, 종신직을 갈망하도록 이끄는 **인간적 요구**다.

이 두 가지 요구가 오랜 기간 이렇다 할 마찰 없이 공존할 수도 있지만, 이 둘 사이에서 진지하게 어느 한쪽을 택해야 하는 상황이 오면 상업적 체제의 논리 때문에 언제나 경제적 요구가 선택된다. 이 사실을 잘 알기 때문에 임금에 의존하는 모든 노동자의 삶에서는 불안이 떠날 수가 없다.

노동과 자본 사이의 투쟁은 적어도 선진국에서는 이제 마르크스의 시절처럼 맹렬하지 않다. 그러나 노동 조건의 향상과 고용 입법에도 불구하고, 노동자들은 여전히 자신의 행복이나 경제적 복지가 부차적으로 취급될 수밖에 없는 과정에서 도구 노릇을 하고 있다.

고용자와 피고용자 사이에 어떤 동지애가 이룩된다 해도, 노동자가 어떤 선의를 보여주고 아무리 오랜 세월 일에 헌신한다 해도, 노동자들은 자신의 지위가 평생 보장되지 않는다는 것, 그 지위가 자신의 성과와 자신이 속한 조직의 경제적 성공에 의존한다는 것, 따라서 자신은 이윤을 얻기 위한 수단일 뿐이지 감정적인 수준에서 변함없이 갈망하는 바와는 달리 결코 그 자체로 목적일 수 없다는 것을 잘 알고 있다. 따라서 늘 불안하게 살아갈 수밖에 없다.

6

고용의 이런 불안정이 문제가 되는 것은 돈 때문만은 아니다. 다시 처음 이야기한 주제로 돌아가 본다면 그것은 사랑 때문이기도 하다. 다른 무엇보다도 일을 기준으로 남들이 우리를 존중하고 배려하는 수준이 결정되는 것이다. 무슨 일을 하느냐 하는 질문에 우리가 어떤 대답을 하느냐에 따라 사람들은 우리를 대접하는 방식을 결정한다. 이것은 우리가 새로운 사람을 만났을 때 맨 처음에 대답해야 하는 질문이기도 하다.

우리의 행복을 위해서는 안타까운 일이지만, 이 질문에 대하여 당당하게 대답을 할 수 있는 능력을 우리 자신이 마음대로 할 수 있는 경우는 드물다. 그것은 경제학자가 그리는 그래프의 상승과 하강에 달려 있으며, 시장에서 벌어지는 경쟁에 달려 있으며, 운과 영감의 변덕에 달려 있다. 그러나 사랑에 대한 우리의 요구에는 변함이 없어, 유아 시절과 비교해봐도 줄어든 것 없이 꾸준하고 집요하다. 그래서 우리의 요구와 세상의 불확실한 조건 사이의 불균형은 지위에 대한 불안을 끈질기게 들쑤시는 다섯 번째 이유가 되는 것이다.

해법

I
—
철학

명예와 약점

1

1834년 함부르크에서 잘생긴 젊은 육군 장교 트라우트만스도르프 남작은 같은 장교인 롭 남작에게 결투를 신청했다. 롭이 트라우트만스도르프의 콧수염이 빈약하고 생기가 없다면서, 이것은 그의 수염만의 특징이 아닌 것이라고 암시하는 시를 써서 친구들에게 돌렸기 때문이다. 두 남작 사이에 이런 다툼이 일어난 것은 둘이 모두 폴란드 장군의 미망인으로 잿빛이 섞인 녹색 눈이 매력인 로도이스카 백작부인에게 연정을 품고 있었기 때문이다. 두 남자는 평화적인 방법으로 이견을 해소할 수 없었기 때문에 3월의 이른 아침에 함부르크 교외의 들판에서 만났다. 둘 다 검을 들고 있었으며, 둘 다 아직 서른 살 생일을 맞이하기 전이었으며, 둘 다 이 싸움으로 사망했다.

이것은 예외적인 사건이 아니었다. 르네상스 시대 이탈리아에서 처음 시작되었을 때부터 제1차 세계대전 무렵 자취를 감출 때까지 결투의 관행 때문에 유럽인 수십만이 목숨을 잃었다. 17세기에는 스페인에서만 5,000명이 죽었다. 스페인을 찾는 사람들은 괜히 지역민의 명예를 건드려 무덤으로 가는 일이 없도록 조심하라는 말을 들었다. "스페인에서는 매일 결투가 벌어진다." 칼데론의 연극에 나오는 한 인물은 그렇게 말했다. 셔베리의 허버트 경의 말에 따르면, 1608년 프랑스에서 "결투에서 다른 사람을 죽여보지 못한 사람은 바라볼 가치가 없다고 여겼다". 잉글랜드에서는 "검을 쥐어보지" 않은 자는 신사가 아니라는 생각이 널리 퍼져 있었다.

객관적으로 보아도 중요한 일 때문에 결투가 벌어지는 경우도 있기는 하지만, 대부분은 작은, 심지어 사소하다고 할 수 있는 명예 문제 때문이었다. 1678년 파리에서는 어떤 사람이 자신의 아파트를 천박하다고 묘사한 사람을 죽였다. 1702년 피렌체에서는 단테를 이해하지 못한다고 비난했다는 이유로 한 문인이 사촌의 목숨을 빼앗았다. 오를레앙 공작 필립의 섭정기 프랑스에서는 근위대 장교 두 사람이 앙고라 고양이의 소유권을 놓고 튈르리 부두에서 싸웠다.

2

결투는 우리의 지위는 우리가 알아서 할 일, 우리가 결정할 문제이지 다른 사람들의 변덕스러운 판단에 좌우될 문제는 아니라고 믿지 못하기 때문에 벌어진다. 결투하는 사람은 다른 사람들이 자신을 이렇게 생각하느냐에 맞추어 자신을 바라본다. 주위 사람들이 악하거나 수치스럽다고, 겁쟁이이거나 실패자라고, 바보이거나 나약한 사람이라고 생각하면 자신의 눈에도 자신이 마음에 들지 않는다. 그의 자기 이미지는 다른 사람들의 눈에 좌우되기 때문에 사람들 마음에 자신에 대한 좋지 않은 생각이 자리 잡는 꼴을 보느니 차라리 총을 맞거나 칼에 찔려 죽는 쪽을 택한다.

어느 사회에서나 지위, 더 구체적으로 말하면 '명예'의 유지는 모든 성인 남성의 일차적 과제가 되었다. 전통적인 그리스 촌락 사회에서 명예는 티메time라고 불렀다. 이슬람 사회에서는 샤라프sharaf라고 불렀고, 힌두인은 이차트izzat라고 불렀다. 어느 경우에나 명예를 지키기 위해서는 당연히 폭력도 불사해야 한다고 여겼다. 전통적인 스페인 공동체에서 온라honra(명예)를 얻으려면 남자는 신체적으로 용감하고, 성적으로 강하고, 결혼하기 전에는 여자에게 육식 동물처럼 굴지만 결혼 후에는 충성하고, 경제적으로 가족을 돌보고, 아내에게 권위를 유지하여 아내가 다른 남자와 새롱거리며 농담을 하거나 동침을 하지 못하게 해야 했다. 자신이 규범을 지키지 않는 것도 불명예지만, 다른 사람으로부터 받은 인후리아injuria(모욕)에 충분한 폭력으로 대응하지 못하는 것도 불명예였다. 장터에서 조롱을 당하거나 거리에서 누가 불쾌하게 째려보았을 때 싸움을 걸지 않으면 자신을 모욕한 자의 행동이 옳다고 확인해주는 것이나 다름없었다.

3

명예의 문제에 폭력으로 대응하는 사람들을 비난하는 눈으로 바라볼지 모르지만, 그러는 우리도 그런 사람들의 정신구조의 가장 중요한 측면을 공유하고 있을지 모른다. 다른 사람들의 경멸에 매우 약하다는 것이다. 우리의 자존심 역시 다른 사람들이 부여하는 가치에 의해 결정된다는 점에서 우리도 성질 급하게 결투에 나서는 사람들과 다를 바 없을지 모른다. 결투란 지위의 문제에 대한 보편적인 예민한 감정적 대응을 보여주는 하나의 사례, 이제는 다행스럽게도 과거가 되어버린 역사적 사례일 뿐이다.

　무엇이 중요한가를 판단하려고 할 때, 다른 사람들로부터 우호적인 시선을 받고 싶은 강렬한 요구는 과거와 다름없이 우리 생각을 지배한다. 스페인어로 데스온라도deshonrado ─ '불명예를 당한 자'라는 뜻이지만 그 현대적인 함의는 섬뜩할 정도로 강한 경멸이 담긴 말인 '패배자'로 담아낼 수 있을 것이다 ─ 가 되는 것에 대한 두려움은 칼데론이나 로페 데 베가의 비극에 나오는 인물들만이 아니라 우리도 괴롭힐 수 있다.

지위를 부정당할 때, 예를 들어 일에서 어떤 목표에 이르지 못하거나 가족을 부양하지 못할 때 우리는 온라, 티메, 샤라프, 이자트를 잃어버린 전통적인 공동체의 구성원과 똑같이 괴로움에 시달릴 수 있다.

철학과 약점의 극복

"다른 사람들의 머리는 진정한 행복이 자리를 잡기에는 너무 초라한 곳이다."

_ 쇼펜하우어, 《소품과 단편집*Parerga und Paralipomena*》(1851)

"자연은 나에게 '가난해지지 말라'고 말하지 않았다. 또 '부자가 되라'고 말하지도 않았다. 자연은 나에게 '독립적으로 살라'고 간청할 뿐이다."

_ 샹포르, 《격언집*Maximes et Pensées*》(1795)

"나를 부유하게 하는 것은 사회에서 내가 차지하는 자리가 아니라 나의 판단이다. 판단은 내가 가지고 다닐 수 있다. (…) 판단만이 나의 것이며, 누구도 나에게서 떼어낼 수 없다."_ 에픽테토스, 《어록*Discourses*》(100년경)

1

기원전 5세기 초 그리스 반도에 보통 사람들과는 달리 지위로 인한 불안에 시달리지 않는 사람들이 나타났다. 이들 가운데는 턱수염을 기른 사람이 많았다. 이 철학자들은 사회에서 차지하는 낮은 지위로 인한 심리적, 물질적 결과에 괴로워하지 않으면서, 모욕이나 비난이나 빈곤 앞에서도 늘 차분했다. 소크라테스는 아테네 거리에 금과 보식을 잔뜩 매단 행렬이 지나가자 이렇게 소리쳤다. "봐라, 내가 원치 않는 것들이 얼마나 많은지." 알렉산드로스 대제는 코린트를 지나가다가 철학자 디오게네스를 찾아갔다. 디오게네스는 누더기를 입고 나무 밑에 앉아 있었으며, 무일푼의 신세였다. 세상에서 가장 큰 권력을 손에 쥔 알렉산드로스는 자신이 해줄 일이 없겠느냐고 물었다. "있소." 철학자는 대답했다. "옆으로 좀 비켜주시오. 해를 가리고 있잖소." 알렉산드로스의 병사들은 경악했다. 알렉산드로스는 성질이 급하기로 유명한 사람이었기 때문이다. 그러나 알렉산드로스는 웃음을 터뜨리며, 만일 자신이 알렉산드로스가 아니라면 분명히 디오게네스 같은 사람이 되었을 것이라고 말했다. 안티스테네스는 아테네의 많은 사람들이 그를 찬양하기 시작했다는 이야기를 듣더니 이렇게 말했다. "이런, 내가 뭘 잘못했지?" 엠페도클레스도 다른 사람들의 지성에 의심을 품었다. 그는 환한 대낮에 등을 켜들고 돌아다니기도 했다.

"나는 정신이 똑바로 박힌 사람을 찾고 있다." 소크라테스가 장터에서 모욕을 당하는 것을 본 행인이 물었다. "그렇게 욕을 듣고도 괜찮습니까?" 소크라테스는 대답했다. "안 괜찮으면? 당나귀가 나를 걷어찼다고 내가 화를 내야 옳겠소?"

2

그렇다고 이 철학자들이 친절과 조롱, 성공과 실패를 구분할 줄 몰랐던 것은 아니다. 그들은 이 방정식 가운데 어두운 반쪽에 대응하는 방법을 찾아냈을 뿐이다. 이 방법은 전통적인 명예 규범과 아무런 관계가 없었다. 이 철학자들은 남들이 우리를 보는 눈으로 우리 자신을 보아야 한다고 생각하지도 않았고, 모욕은 근거가 있든 없든 우리에게 수치를 준다고 생각하지도 않았다.

명예 관계

다른 사람들의 생각　　　　　　　　　　**자기 이미지**

너는 불명예스럽다　　 ⟶ 　　나는 불명예스럽다

철학은 외부의 의견과 관계를 맺는 방식에 새로운 요소를 도입한다. 상자를 하나 떠올리면 좋을 것이다. 긍정적이든 부정적이든 다른 사람들의 인식은 모두 이 상자에 먼저 들어가서 평가를 받아야 한다. 만일 그것이 참이면 더 강한 힘으로 우리에게 나아온다. 만일 거짓이면, 웃음을 터뜨리거나 어깨를 으쓱하고 털어버리는 것으로 우리에게 아무런 해도 주지 못하고 사라져버린다. 철학자들은 이 상자를 '이성'이라고 불렀다.

지적인 양심

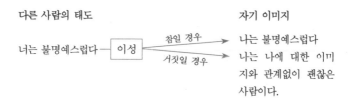

이성의 규칙에 따르면 주어진 결론은 타당성 있는 최초의 전제에서 출발하여 일련의 논리적 사고를 거쳐 도출되었을 경우에만, 오직 그런 경우에만 참으로 간주된다. 철학자들은 수학이 훌륭한 사고의 모범이라고 생각하여 윤리적인 생활에서도 수학의 객관적 확실성에 준하는 것을 찾기 시작했다. 철학자들은 우리의 지위가 장터의 감정이나 변덕에 휘둘리는 것이 아니라 지적인 양심에 의지하여 안정을 얻을 수 있는데, 이것은 이성 덕분이라고 보았다. 이성적으로 검토해보았을 때 공동체로부터 불공정한 대접을 받은 것이라면 공동체의 판단에 흔

들릴 필요가 없다고 말한다. 망상에 사로잡혀 2 더하기 2는 5 라고 주장하는 사람들이 우리에게 무슨 말을 한다 한들 흔들릴 필요가 있겠냐는 것이다.

로마 제국이라는 불안정한 세계에서 살아가던 황제이자 철학자 마르쿠스 아우렐리우스는 《명상록》(167)에서 다른 사람들이 자신의 성품이나 업적에 대하여 하는 말 때문에 영향을 받아서는 안 되며, 먼저 이성으로 그런 말을 검토해야 한다고 강조한다. "〔품위는〕 다른 사람의 증언에 좌우되지 않는다." 철학자 황제는 그런 주장으로 명예에 기초하여 사람을 평가하던 당시 사회의 통념에 도전한다. "칭찬을 받으면 **더 나아지는가?** 에메랄드가 칭찬을 받지 못한다고 **더 나빠진다더냐?** 금, 상아, 작은 꽃 한 송이는 어떤가?" 마르쿠스는 칭찬을 받고 싶다는 유혹에 빠지지 말고, 모욕을 당했다고 괴로워 움츠러들지 말고, 자신이 스스로에 대해 알고 있는 것에서 출발하여 자신을 파악하라고 권한다. "다른 사람들이 나를 경멸하는가? 경멸하라고 해라. 나는 경멸을 받을 행동이나 말을 하지 않도록 조심할 뿐이다."

3

그렇다고 해서 다른 사람들의 비난이나 질책이 무조건 근거 없다고 생각해서는 안 된다. 우리의 가치 평가를 지적인 양심에 맡기는 것은 무조건적 사랑을 기대하는 것과는 다르다. 우리가 무슨 짓을 하든, 어떤 결점이 있든 우리를 높이 평가하는 부모나 연인과는 달리 철학자는 사랑에 계속 기준을 적용한다. 다만 세상이 흔히 적용하는 변덕스럽고 비합리적인 기준이 아닐 뿐이다. 지적인 양심이 오히려 우리 자신에게 더 가혹해질 것을 요구하는 경우도 있다. 철학은 성공과 실패의 위계를 완전히 거부하는 것이 아니라 판단 과정을 재구성할 뿐이다. 따라서 철학은 주류의 가치 체계에서는 어떤 사람이 부당하게 모욕을 당하는 반면 어떤 사람은 부당하게 존경을 받을 수도 있다고 인정한다. 이런 불의가 벌어질 경우, 우리는 철학의 도움을 받아 우리가 다른 사람들의 칭찬이라는 후광 없이도 사랑받을 만한 존재가 될 수 있다는 신념을 고수할 수 있다.

4

마찬가지로 철학은 불안도 종류에 따라 쓸모가 있다는 사실을 부정하지 않는다. 불안 때문에 잠 못 이루며 성공을 거둔 불면증 환자들이 오래전부터 강조해왔듯이 생존에 가장 적합한 사람은 불안에 떠는 사람일 수도 있다.

불안 덕분에 안전을 도모하기도 하고 능력을 계발하기도 한다는 점에서 그 가치를 인정한다면, 이런 점과 관련하여 다른 감정들의 쓸모도 생각해볼 수 있다. 우리는 어떤 상태가 되거나 어떤 것을 소유하면 불행해질 수도 있다는 사실을 뻔히 알면서도 그런 상태나 소유를 선망할 수 있다. 또 우리의 진정한 요구와 관련이 없는 야망을 갖게 될 수도 있다. 우리 감정은 그냥 내버려두면 우리를 건강과 미덕으로 이끌어주기도 하지만, 방종, 분노, 자멸로 몰고 갈 수도 있다. 이렇게 감정은 과녁을 넘어가거나 못 미치기 십상이기 때문에, 철학자들은 이성을 이용하여 감정을 적절한 목표로 이끌라고 충고해왔다. 우리가 원하는 것이 진정으로 우리에게 필요한 것인지, 우리가 두려워하는 것이 진정으로 무서워할 만한 것인지 자문해보라는 것이다.

아리스토텔레스는 《에우데미아 윤리학Etica Eudemia》(기원전 350년경)에서 인간 행동은 제어하지 않고 내버려두면 보통 극단으로 흐르는 오류를 범한다고 예를 들어 설명한 뒤, 지혜로우면서도 침착한 중도(中道)를 이상으로 제시하면서, 이성의 도움을 받아 중도에 이르는 것을 행동의 목표로 삼아야 한다고 말했다.

–	철학적 이상	+
겁	용기	무모함
인색함	관대함	낭비
줏대없음	온화함	격분
촌스러움	재치	익살
무뚝뚝함	**친근함**	**아부**

여기에 이렇게 덧붙일 수도 있을 것이다.

지위에 대한 무감각	의욕	지위로 인한 히스테리

지적인 염세주의

1

우리 행동에 대한 근거 있는 비판에 귀를 기울이고, 우리의 야
망에 대한 불안감 표시에 주의를 하고, 우리의 실패에 대하여
적절한 책임감을 느꼈음에도, 그래도 계속 공동체로부터 낮은
지위가 부여된다면, 우리는 서양 전통의 가장 위대한 철학자
몇 사람이 보여주었던 접근방법을 택하고 싶은 유혹을 느낄 수
도 있다. 우리 주위의 가치체계의 비뚤어진 곳을 있는 그대로
이해하여 지적인 염세주의의 자세를 택할 수도 있다는 것이다.
이것은 자신을 방어하려는 태도나 오만하게 구는 태도와 거리
가 멀다.

2

철학자들은 오래전부터 다른 사람들의 의견을 면밀하게 검토해
보면 서글픈 동시에 묘하게 위안이 되는 사실을 발견하게 된다

고 이야기해왔다. 어떤 문제이든 다수의 의견에는 혼란과 오류가 가득하다는 것이었다. 샹포르는 그의 이전과 이후의 여러 세대의 철학자들의 염세적 내뇌를 반영하여 이 점을 이렇게 간단하게 정리했다. "여론은 모든 의견 가운데 최악의 의견이다."

이렇게 여론에 결함이 있는 것은 공중이 이성으로 자신의 생각을 엄격하게 검토하지 않고, 직관, 감정, 관습에 의존해버리기 때문이다. "모두가 다 가지고 있는 생각, 어디서나 받아들여지는 관념은 어리석은 것이라고 믿어도 좋다. 다수에게 호소력을 가질 수 있는 것이기 때문이다." 샹포르는 그렇게 말하면서 흔히 아첨을 하듯이 상식이라고 부르는 것은 대개 언어도단에 가깝다고 덧붙인다. 단순화와 비논리, 편견과 천박함으로 얼룩져 있기 때문이다. "어디에서나 가장 터무니없는 관습과 가장 어처구니없는 의식들이 '하지만 그것이 전통이야'라는 말로 용인되고 있다. 유럽인이 남아프리카 호텐토트 사람들에게 왜 메누기를 먹고 몸에 붙은 이를 삼키느냐고 물었을 때 그들도 바로 그런 말을 했다. '그것이 전통이오.'"

3

여론의 빈곤을 인정하는 것은 고통스러운 일일지 모르지만, 그럼에도 이 깨달음은 지위로 인한 우리의 불안, 다른 사람들에게 훌륭하게 보이고 싶은 피곤한 욕망, 사랑의 표시를 보고 싶어 안달하는 갈망을 다독이는 데 도움이 된다.

다른 사람들의 인정은 두 가지 이유에서 우리에게 중요하다. 물질적인 면에서 보자면, 공동체로부터 무시당할 경우 신체적으로 불편하고 위험할 수 있다. 심리적인 면에서 보자면, 다른 사람들이 우리를 존중하지 않을 경우 스스로에 대한 자신감을 유지할 수 없다.

철학적인 접근방법의 장점은 심리적인 면에서 드러난다. 누가 우리에게 반대하거나 우리를 무시할 때마다 상처를 입는 대신 먼저 그 사람의 그런 행동이 정당한지 검토해보게 되기 때문이다. 비난 가운데도 오직 진실한 비난만이 우리의 자존심을 흔들어놓을 수 있다. 따라서 사람들의 인정을 바라며 자학하는 습관을 버리고 그들의 의견이 과연 귀를 기울일 만한지 자문해보아야 한다. 그러다 보면 우리가 사랑을 구하는 사람들의 정신에 존경할 만한 구석이 거의 없다는 사실을 발견하게 될 때도 있다.

그러면 그들이 우리를 경멸하는 것처럼 우리도 그들을 특별한 악의 없이 경멸하게 될 수도 있다. 이것이 염세적 태도의 출발점이며, 철학사에서는 이런 태도를 뒷받침해주는 예를 수도 없이 찾아볼 수 있다.

4

"다른 사람들의 생각이 피상적이고 하찮다는 것, 그들의 시야가 편협하다는 것, 그들의 감정이 지질하다는 것, 그들의 의견이 빙퉁그러졌다는 것, 그들의 잘못이 수도 없이 많다는 것을 알게 되면 점차 그들의 머릿속에서 무슨 일이 벌어지는지 관심을 갖지 않게 된다. (…) 그러다 보면 다른 사람들의 의견에 많은 가치를 부여하는 것은 그들을 필요 이상으로 존중하는 것임을 알게 된다." 철학적 염세주의의 중요한 모범을 보여준 아르투르 쇼펜하우어의 말이다.

이 철학자는 《소품과 단편집》(1851)에서 다른 사람들의 환심을 사려는 욕망에서 가장 빠르게 벗어나는 방법은 그들의 진정한 성격을 파악하는 것인데, 대부분의 경우 이들의 성격은 지나치게 야만적이고 어리석다고 말했다. "어느 나라에서나 사회의 주된 오락은 카드놀이가 되었다. 그것은 사회의 가치의 타락과 더불어, 모든 사상과 사고의 공공연한 파산을 보여준다." 나아가서 카드놀이를 하는 사람들은 보통 교활하고 부도덕하다. "경멸할 만한 악당coquin méprisable이라는 말은 안타깝게도 이 세상의 아주 많은 사람들에게 적용될 수 있다." 사람들은 악하지 않으면 완전히 바보이기 십상이다. 쇼펜하우어는 볼테르가 한 말을 인용한다. "세상에는 이야기를 나눌 가치도 없는 사람들이 들끓는다La terre est couverte de gens qui ne méritent pas qu'on leur parle."

그런 사람들의 의견을 정말로 진지하게 받아들일 수 있을까? 쇼펜하우어는 묻는다. 정말로 그 사람들의 평가에 따라 우리 자신에 대한 생각을 바꾸어야 할까? 우리의 자존심을 카드놀이 하는 집단에게 내맡기는 것이 분별력 있는 일일까? 이런 사람들이 어떤 사람을 존중한다 해도 그 존중이 얼마나 가치가 있는 일일까? 쇼펜하우어는 이런 식으로 묻는다. "만일 청중이 한두 사람만 빼고는 모두 귀머거리라면 그들의 우렁찬 박수갈채를 받는다 해서 연주가가 기분이 좋을까?"

5

이렇게 인간성을 통찰력 있는 눈으로 바라보는 것이 유용하기는 하지만, 한 가지 불리한 점은 이런 관점을 따를 경우 친구가 줄어든다는 것이다. 쇼펜하우어와 마찬가지로 철학적 염세주의자였던 샹포르는 그런 문제를 넌지시 드러냈다. "도덕적이고 고결한 태도로, 합리성과 진실한 마음을 갖추고, 관습이나 허영이나 격식 같은 상류사회의 소도구 없이 우리를 대하는 사람들만 만나겠다고 결심하는 순간(이렇게 결심할 수밖에 없는 것이 그렇지 않으면 우리는 결국 멍청하고 허약하고 흉물스러운 존재가 되기 때문이다), 그 대가로 우리는 결국 혼자서 살아갈 수밖에 없을 것이다."

쇼펜하우어는 선선히 그 가능성을 받아들였다. "이 세상에서는 외로움이냐 천박함이냐 둘 중의 하나를 선택할 수밖에 없다." 그는 곧이어 모든 젊은이들이 "외로움을 견디는 법"을 배워야 한다고 충고한다. "사람은 다른 사람과 만날 일이 줄어들수록 더 낫게 살 수 있기 때문이다." 분별력 있는 사람의 경우한 동안 다른 사람들과 함께 일하고 살아보면 "학교 선생들이 그들을 둘러싼 아이들의 거칠고 시끄러운 놀이에 별로 끼고 싶어 하지 않는 것처럼 다른 사람들과 자주 어울리고 싶은 마음이 줄어들게 된다"는 것이 쇼펜하우어의 생각이었다.

그러나 사람들을 피하겠다는 결심을 했다고 해서 벗을 사귀고 싶은 욕망이 없다고 오해해서는 안 된다. 이것은 단지 현재만날 수 있는 사람들에 대한 불만을 반영한 것일 뿐이다. 냉소주의자들은 단지 불편할 정도로 기준이 높은 이상주의자들일뿐이다. 샹포르는 이렇게 말한다. "혼자 사는 사람을 두고 사귐을 좋아하지 않는다고 말하는 경우가 가끔 있다. 이것은 밤에 봉디 숲에서 산책하기를 좋아하지 않는 사람한테 산책 나가는 것을 좋아하지 않는다고 말하는 것이나 다름없다."

6

철학자들은 함께 모여 연구를 한 것도 아닌데 입을 모아 외부의 인정이나 비난의 표시보다는 우리 내부의 양심을 따르라고 권했다. 중요한 것은 우리가 어떤 무작위 집단에게 어떻게 **보이느냐**가 아니라 우리가 우리 자신에 대해 무엇을 **알고** 있느냐 하는 것이다. 쇼펜하우어는 이렇게 말한다. "모든 질책은 그것이 과녁에 적중하는 만큼만 피해를 줄 수 있다. 자신이 어떤 질책을 받을 사람이 아니라는 사실을 알고 있는 사람은 자신만만하게 그런 질책을 경멸할 수 있으며 또 실제로 그렇게 한다."

염세주의 철학의 조언에 귀를 기울이려면 우리 지위를 단속하려는 미숙한 노력을 포기해야 한다. 사실 우리의 지위를 단속한다는 것은 불가능한 일이기도 하다. 이론적으로는 우리에 대하여 부정적인 의견을 가진 모든 사람과 결투를 하고, 그들의 목숨을 빼앗아야 하기 때문이다. 대신 우리는 논리에 기초하여 자신의 가치를 느껴야 하는데, 사실 이때 느끼는 만족감이 근거가 더 탄탄하다.

II

예술

머리말

1

예술이 무슨 쓸모가 있을까? 이 문제는 1860년대 영국에서 현안이 되었으며, 많은 논평자들이 이런 답을 내놓았다. 별 쓸모가 없다. 위대한 산업도시를 만들고, 철로를 놓고, 운하를 파고, 제국을 확장하고, 영국을 최고의 나라로 만든 것은 예술이 아니었다. 오히려 예술은 이런 성취들을 가능하게 한 특질들을 약화시키는 것처럼 보였다. 예술과 오래 접하면 유약한 성격, 내성적 태도, 동성애, 통풍, 패배주의에 오염될 위험이 있었다. 버밍엄 출신의 국회의원 존 브라이트는 1865년 연설에서 교양인들을 허세가 가득한 무리라고 묘사하면서, 그들은 오로지 "그리스어와 라틴어라는 두 죽은 언어를 아는 체하여" 이름을 내려 한다고 주장했다. 옥스퍼드의 학자 프레더릭 해리슨 역시 문학, 역사, 회화에 장기간 몰두하여 얻을 수 있는 혜택에 대하여 냉소적인 태도를 보였다. "교양은 새로 나온 책을 비평하는 사람에게는 바람직한 특질이며, 순문학을 하는 사람에게도 잘 어울린다." 해리슨은 일단 그렇게 인정한 다음 이렇게 덧붙인다. "그러나 일상생활이나 정치에 적용할 경우 이것은 편협한 흠잡기, 이기적 편안함의 추구, 우유부단한 행동을 의미한다. 교양인은 살아 있는 인간들 가운데 가장 형편없는 축에 속한다. 뻔한 현학과 양식 결여라는 면에서 어떤 사람도 그와 동급이 될 수 없다. 그에게는 어떤 가정도 비현실적이지 않으며, 어떤 목적도 비실용적이지 않다."

이런 실용적인 정신의 소유자들이 예술의 수많은 결점을 갖춘 대표자를 찾아 고개를 두리번거렸을 때 영국 문단에서 시인이자 비평가인 매슈 아널드만큼 유혹적인 목표물을 찾기는 어려웠을 것이다. 아널드는 옥스퍼드 대학의 시학 교수로 우울한 시들이 담긴 얇은 시집을 여러 권 써서 지식인 무리로부터 찬사를 받았다. 그는 끝에 은이 달린 지팡이를 들고 런던 거리를 걸어다니는 습관이 있었을 뿐 아니라, 음조는 높지만 조용조용한 목소리로 이야기를 했으며, 길게 기른 독특한 구레나룻을 자랑하였고, 머리는 한가운데서 가르마를 탔다. 무엇보다 나쁜 점은 뻔뻔스럽게도 다양한 신문 기고문이나 공개 강연을 통해 예술이야말로 삶에서 가장 중요한 일이라는 암시를 계속 해왔다는 점이었다. 사상 최초로 오전 중에 런던에서 버밍엄까지 갈 수 있게 된 시대, 영국이 세계의 작업장이라는 별명을 얻게 된 시대였음에도! 산업과 군주제의 군건한 지지자였던 《데일리 텔리그라프*Daily Telegraph*》는 격분했다. 이 신문은 아널드에게 "우아한 예레미아"니, "점잔 빼는 종파의 대사제"니 하는 별명을 붙여주었으며, 근면하고 분별력 있는 사람들이 "노래를 암송하고, 민요를 부르고, 에세이를 읽기 위해 작업장을 떠나고 의무를 저버리도록" 유혹한다고 조롱 섞인 목소리로 비난했다.

2

아널드는 이런 조롱을 태연하게 받아들이다가, 1869년에는 어떤 자극을 받았는지 책 한 권 분량으로 체계적인 방어에 나섰다. 그는 여기에서 예술이 무슨 쓸모가 있는지, 인생, 심지어 접는 우산과 증기기관의 발명을 목격한 세대의 인생에서도 예술이 왜 그렇게 중요한 기능을 하는 것인지 이야기했다.

아널드의 《교양과 무질서*Culture and Anarchy*》는 우선 예술에 대한 몇 가지 공격을 인정하는 데서 시작한다. 다수의 눈으로 볼 때 예술은 "인간의 곤궁에 바르는 향기 나는 고약이며, 세련된 무위(無爲)의 정신을 숨 쉬는 종교로, 이 종교의 신자들은 악의 뿌리를 뽑는 일을 거들기를 거부한다. 예술은 종종 실용적이지 못하다거나, 일부 비평가들의 좀 더 친숙한 표현을 빌리면, 구름 잡는 이야기라는 평가를 받기도 한다."

그러나 아널드의 말에 따르면 위대한 예술은 구름 잡는 이야기이기는커녕, 삶의 가장 깊은 긴장과 불안에 해법을 제공하는 매체다. "《데일리 텔리그라프》의 젊은 사자들"에게 예술이 아무리 비실용적으로 보일지 몰라도, 예술은 무엇보다도 존재의 부족한 부분을 해석하고 그 해법을 제시할 수 있다.

위대한 예술가의 작품을 보라. 아널드는 제안한다. 거기에서 (직접적이든 아니든) "인간의 잘못을 없애고, 인간의 혼돈을 정리하고, 인간의 곤궁을 줄이고자 하는 욕망"의 흔적을 발견하게 될 것이다. 모든 위대한 예술가들은 "세상을 자신이 처음 보았을 때보다 더 낫고 더 행복하게 만들고자 하는 갈망"에 사로잡혀 있다. 예술가들이 이런 갈망을 늘 노골적인 정치적 메시지로 표현하는 것은 아니다. 심지어 스스로 그런 갈망을 의식하지 못할 수도 있다. 그러나 그들의 작품에는 현재의 상황에 대한 항의가 나타나기 마련이고, 이에 따라 우리의 시각을 교정하고, 아름다움을 인식하도록 교육하고, 고통을 이해하거나 감수성에 다시 불을 붙이도록 돕고, 감정이입 능력을 길러주고, 슬픔이나 웃음을 통하여 도덕적인 균형을 다시 잡아주려고 노력하기 마련이다. 아널드는 이런 태도의 핵심을 이루는 선언으로 자신의 주장을 마무리한다—예술은 "삶의 비평"이다.

3

이 말을 어떻게 이해해야 할까? 우선 가장 분명한 점은 삶이 비평이 필요한 현상이라는 것이다. 우리는 타락한 피조물로서 늘 가짜 신들을 섬기고, 자신을 이해하지 못하거나 남의 행동을 오해하고, 비생산적인 불안과 욕망에 사로잡히고, 허영과 오류에 빠질 위험에 처해 있다는 것이다. 소설, 시, 희곡, 회화, 영화 등 예술 작품은 은근히 또 재미있게, 익살을 부리기도 하고 근엄한 표정을 짓기도 하면서, 우리에게 우리의 조건을 설명해주는 매체 역할을 한다. 예술작품은 세상을 더 진실하게, 더 현명하게, 더 똑똑하게 이해하는 방법을 안내해준다.

우리가 지위와 그 분배에 접근하는 방법만큼 비평(또는 통찰과 분석)이 필요한 것도 없을 것이다. 따라서 시대를 막론하고 아주 많은 예술가들이 어떤 식으로든 사회가 사람들에게 등급을 부여하는 방식에 문제를 제기하는 작품을 창조한 것도 놀랄 일이 아니다. 예술의 역사는 지위의 체계에 대한 도전, 풍자나 분노가 서려 있기도 하고, 서정적이거나 슬프거나 재미있기도 한 도전으로 가득하다.

예술과 속물근성

1

제인 오스틴은 1813년 봄에 《맨스필드 파크Mansfield Park》를 쓰기 시작하여 이듬해에 출판했다. 소설의 주인공은 패니 프라이스다. 패니는 포츠머스의 찢어지게 가난한 집안 출신의 수줍고 겸손한 처녀인데, 재벌인 숙부 토머스 경과 숙모 버트람 여사로부터 그들의 으리으리한 집인 맨스필드 파크에 와서 그들과 네 자녀와 함께 살라는 권유를 받는다. 부모의 부담을 덜어주라는 배려다.

버트람 부부는 잉글랜드의 한 군(郡)의 계급사회의 정점에 선 사람들로 이웃은 그들에 대한 이야기를 할 때면 경외감을 드러낸다.

이들의 요염한 십대 딸 마리아와 줄리아는 옷을 사 입을 용돈을 푸짐하게 타 쓰고, 말도 한 마리씩 가지고 있다. 그들의 장남 톰은 오만하고 별 생각 없이 무신경한 청년으로, 런던의 여러 클럽에서 죽치면서 샴페인으로 우정에 기름칠을 하고, 아버지가 죽어 세산과 직위를 물려받을 날만 기다린다. 토머스 버트람 경과 그의 가족은 잉글랜드 상층 계급 특유의 자기를 깎아내리는 듯한 예절에 능숙하지만, 실제로는 자신들의 우월한 신분, 나아가 차를 마시고 나서 저녁 식사가 나오기를 기다릴 때까지 고요한 몇 시간 동안 사슴들이 노니는 크고 아름다운 정원의 소유가 자연스럽게 드러내는 모든 격차를 결코 잊지 않는다(다른 사람들이 잊는 것을 허락하지도 않는다).

패니는 버트람 부부와 같은 지붕 아래 살 수는 있지만, 그들과 같은 발판 위에 설 수는 없다. 그녀의 특권은 토머스 경의 재량으로 주어진 것이다. 사촌은 그녀에게 생색을 내고, 이웃은 의심과 동정이 섞인 표정으로 바라보고, 가족 대부분은 그녀를 시녀처럼 여긴다. 함께 있는 것을 좋아하기는 하지만, 오랫동안 그녀의 감성을 배려하며 살아야 할 의무는 없다는 사실을 다행으로 여기는 것이나.

패니가 맨스필드 파크에 도착하기 전 오스틴은 우리에게 이들 가족이 새로운 책임 때문에 불안해하는 소리를 듣게 해준다. "그 아이가 내 가엾은 퍼그[2]를 괴롭히지 않았으면 좋겠는데." 버트람 여사는 그렇게 말한다. 아이들은 패니의 옷이

2 개의 종류

어떨지, 패니가 프랑스어를 할 수 있을지, 잉글랜드의 왕과 왕비의 이름을 알고 있을지 궁금하다. 토머스 버트람 경은 패니의 부모에게 그런 권유를 한 장본인임에도 최악의 상황을 예상한다.

"아마 그 아이의 많은 것이 바뀌기를 바라게 될 것이고, 엄청난 무지, 저열한 의견, 괴롭기 짝이 없는 천박한 예절에도 대비를 해야 할 거야."

그의 처제인 노리스 부인은 패니에게 일찌감치 그녀가 **그들과 같은 부류**가 아니며 앞으로도 결코 같은 부류가 될 수 없다는 사실을 알려야 한다고 말한다. 토머스 경은 이렇게 화답한다.

"우리는 그 아이가 자신이 **버트람 양**이 아님을 기억하게 해주어야 해. 사촌들끼리 좋은 친구가 되는 것을 보고 싶지만, 그래도 똑같을 수는 없지. 지위, 재산, 권리, 상속받을 유산이 다 다르니까."

패니가 도착하자 조경이 이루어진 정원을 갖춘 저택에서 성장하지 못한 사람에 대한 이 가족의 편견은 확인이 되는 듯하다. 줄리아와 마리아는 패니가 좋은 옷이 한 벌뿐이고, 프랑스어를 하지 못하고, 아는 것이 없다는 사실을 알게 된다.

"생각해보세요, 제 사촌은 유럽 지도 하나 제대로 짜맞출 줄 모른다니까요." 줄리아는 이모와 어머니에게 말한다. "러시

아의 큰 강도 모르고, 소아시아는 들어보지도 못했대요. 정말
이상하지 않아요! 이렇게 말도 안 되는 이야기를 들어본 적 있
어요? 있잖아요, 어젯밤에는 아일랜드에 가려면 어느 길로 가
야 하냐고 했더니, 와이트 섬[3]으로 건너가야 한다지 뭐예요."
그러자 노리스 부인이 말한다. "그렇구나, 애야. 하지만 너하
고 네 언니는 놀라운 기억력의 축복을 받았잖니. 네 가엾은 사
촌은 아무것도 가진 것이 없나 보구나. 네가 그 아이를 배려하
고, 그 부족한 부분을 불쌍하게 여겨야지."

그러나 누가 무엇이 부족한지 제인 오스틴이 결정을 내리
는 데는 시간이 좀 더 걸린다. 오스틴은 10년 이상 맨스필드
파크의 복도와 연회장들을 끈질기게 따라다니고, 패니가 정원
을 산책하거나 방에 있을 때 그녀의 말에 귀를 기울이고, 그녀
의 편지를 읽고, 버트람 가족에 대한 그녀의 관찰을 엿듣고,
그녀의 눈과 입의 움직임을 지켜보고, 그녀의 영혼을 응시한
다. 그 과정에서 오스틴은 겉으로 잘 드러나지 않는 드문 덕목
을 간파한다.

줄리아나 마리아와 달리 패니는 젊은 남자에게 큰 집과 작
위가 있느냐 없느냐에 관심이 없다. 그녀는 사촌 톰의 일상적
인 잔혹성과 오만에 상처를 입고, 숙모가 경제적 능력을 기준

3 영국 해협에 있는 섬.

으로 이웃을 재단하는 태도에 움찔한다. 패니의 친척들은 이지역의 일반적인 지위의 위계에서는 매우 높은 자리를 차지하지만, 다른 지위 체제, 즉 작가의 선호에 따른 위계에서는 좋은 자리를 차지하기가 쉽지 않다. 마리아와 그녀의 구혼자 러시워스 씨는 말도, 집도, 유산도 있지만, 제인 오스틴은 두 사람이 어떻게 사랑에 빠졌는지 보았고, 그것을 절대 잊지 않는다.

"러시워스 씨는 처음부터 버트람 양의 미모에 반했으며, 결혼을 하고 싶었기 때문에 곧 자신이 그녀를 사랑한다고 상상했다. 마리아 버트람은 이제 스물한 살이었기 때문에 결혼이 의무라고 생각하기 시작했다. 러시워스 씨와 결혼하면 아버지보다 큰 수입이 생기고 런던에 집을 가질 수 있었기 때문에, 할 수만 있다면 러시워스 씨와 결혼하는 것이 분명한 의무가 되었다."

《명사록Who's Who》이나 《데브릿의 잉글랜드의 최고 가문 안내Debrett's Guide to the Top Families of England》라면 마리아와 러시워스 씨를 높게 평가했을 것이다. 그러나 위와 같은 말을 한 오스틴은 도저히 그들을 높이 평가할 수 없다. 또 독자가 그렇게 평가하도록 내버려두지도 않는다.

소설가는 사회에서 사람들을 바라보는 표준 렌즈, 즉 부와 권력을 크게 확대해 보여주는 렌즈를 인격의 특질을 확대해 보여주는 도덕적 렌즈로 바꾼다.

도덕적 렌즈로 보면 높고 강한 사람은 작아지며, 잊혀져 뒤로 물러나 있던 인물이 오히려 크게 보일 수 있다. 소설의 세계에서 덕의 움직임은 물질적 부와 아무런 관계가 없다. 부자이고 품행이 단정하다고 해서 곧바로 좋은 사람이 되는 것도 아니고, 가난하고 교육을 받지 못했다고 해서 곧바로 나쁜 사람이 되는 것도 아니다. 절름발이에 못생긴 아이, 빈곤한 짐꾼, 다락방의 곱사등이, 지리라고는 눈곱만큼도 모르는 여자 아이가 선할 수도 있다. 물론 패니는 우아한 드레스도 없었고, 돈도 없었고, 프랑스어도 할 줄 몰랐다. 그러나 《맨스필드 파크》의 결말부에서 그녀는 고귀한 영혼의 소유자임이 드러나는 반면, 다른 가족은 작위와 교양에도 불구하고 도덕적 혼란에 빠지게 된다. 토머스 버트람 경은 속물근성 때문에 자녀 교육을 망치며, 딸들은 돈 때문에 결혼을 했다가 감정적인 대가를 치르며, 부인은 심장이 돌처럼 굳는다. 맨스필드 파크의 위계가 거꾸로 뒤집히는 것이다.

그러나 오스틴은 설교사처럼 퉁명스럽게 진정한 위계의 개념을 설파하지 않는다. 그녀는 위대한 소설가 특유의 기예와 유머로 우리가 진정한 위계에 공감하고 그 반대의 위계에 혐오감을 느끼도록 이끈다. 그녀는 자신이 우선적이라고 생각하는 것이 중요한 이유를 **말하는** 것이 아니라, 어서 나머지를 읽기 위해 저녁을 후딱 먹어치울 만큼 마음을 사로잡는 재미있는 이야기의 맥락 안에서 그 이유를 **보여준다**. 《맨스필드 파크》를 읽고 나면 우리는 오스틴이 우리를 끌어냈던 현실 세계로 다시 들어가 그녀가 우리에게 가르쳐준 대로 사람들에게 반응하고, 탐욕이나 오만이나 자만을 간파하여 거기서 물러서고, 우리 자신과 남들 안에 있는 선에 이끌리게 된다.

오스틴은 "아주 가는 붓으로 작업을 하여 많은 노동을 한 뒤에도 별 효과가 나타나지 않는 아주 작은 (5센티미터 폭의) 상아"라는 겸손하면서도 유명한 말로 자신의 예술을 묘사했다. 그러나 그녀의 소설에는 크나큰 야망들이 가득하다. 그녀의 예술은 그녀의 말에 따르면 "한 마을의 서너 가족"에 대한 연구를 통해 우리 삶을 비평하고, 그럼으로써 그 삶을 바꾸려는 시도다.

2

오스틴만 그런 야망을 품었던 것이 아니다. 19세기와 20세기의 거의 모든 위대한 소설에서 우리는 표준적인 사회적 위계에 대한 공격 또는 회의, 그리고 경제적 자산이나 혈통보다는 도덕적 가치에 따른 순위 재배치를 발견하게 된다. 소설의 주인공들 가운데 《데브릿의 잉글랜드의 최고 가문 안내》나 《명사록》에서 높이 평가할 만한 사람은 거의 없다. 첫째가 꼴찌 비슷해지고, 꼴찌가 첫째 비슷해신다. 발자크의 《고리오 영감*Le Père Goriot*》(1834)에서 우리의 공감이 이끌리는 사람은 호화로우 집에 사는 마담 드 뉘싱겐이 아니라 더러운 하숙집에서 근근이 살아가는 이빨 빠진 고리오 영감이다. 하디의 《미천한 주드 *Jude the Obscure*》(1895)에서 우리가 존경하는 사람은 옥스퍼드의 연구원들이 아니라 대학의 석상을 수리하는 가난하고 교육받지 못한 석공이다.

소설은 감추어진 삶의 목격자이기 때문에 지배적인 위계 관념에 상상의 평형추 역할을 할 수 있다. 소설에서는 점심 준비로 바쁜 히녀가 보기 드문 감수성과 도덕적 위엄의 소유자인 반면, 시끄럽게 웃음을 터뜨리는 은쟁 소유자 남작의 마음은 시들고 역거울 수 있다.

그러나 우리는 이런 교훈을 잊는 경향이 있는데, 그것은 다른 사람들 내면의 가장 좋은 부분이 우리의 관심을 끌 만한 외적인 성취로 표현뇌는 경우가 드물기 때문이기도 하다. 조지 엘리엇은 《미들마치 *Middlemarch*》(1872)의 서두에서 눈에 보이는 분명한 공적만을 존중하는 이런 경향을 언급하면서, 그녀의 여주인공의 지위와 아빌라의 성 테레사(1512~1582)의 지위를 비교하는, 언뜻 무모해 보이는 일을 감행한다. 엘리엇의 말에 따르면 성 테레사는 행운과 환경 덕분에, 즉 부유하고 인맥이 좋은 집안 출신이었기 때문에 구체적인 행동으로 자신

인생의 지위 – 소설의 지위

소설	소설에서 높은 지위, 인생에서 낮은 지위	인생에서 높은 지위, 소설에서 낮은 지위
《조지프 앤드루스 *Joseph Andrews*》 (1742) 헨리 필딩	조지프 앤드루스 애덤스 목사	부비 여사 트룰리버 목사
《허영의 시장 *Vanity Fair*》 (1848) 윌리엄 새커리	윌리엄 도빈 아멜리아 세들리	베키 샤프 조스 세들리 조지 오스본 핏 크롤리 경 로든 크롤리
《황량한 집 *Bleak House*》 (1853) 찰스 디킨스	에스터 서머슨 조 버킷	데드록스 부부 차드밴드 씨 젤리비 부인 리처드 카스톤
《흰 옷을 입은 여자 *The Woman in White*》 (1860) 윌키 콜린스	앤 캐서릭 메리언 핼콤	퍼시벌 글라이드 경 포스코 백작 프레더릭 페어라이
《지금 우리가 사는 법 *The Way We Live Now*》 (1875) 앤서니 트롤롭	폴 몬터규 브레거트 씨 존 크럼	오거스터스 멜모트 마리 멜모트 펠릭스 카베리 경 돌리 롱스태프 조지애너 롱스태프 니더데일 경

의 선과 창조성을 실현할 수 있었다.

그녀는 수도원을 17개나 세웠으며, 당대의 가장 독실한 신사들과 교류했으며, 자서전과 더불어 기도와 환상에 대한 많은 논문을 썼으며, 로마 가톨릭 교회의 주요한 성자이자 가장 위대한 신비주의자가 되었다. 세상을 뜰 무렵 테레사의 드높은 지위는 그녀의 훌륭한 인품을 반영한다.

그러나 조지 엘리엇은 계속해서 이 스페인의 성자만큼 똑똑하고 창조적이지만 자신의 잘못과 불리한 사회적 조건 때문에 위대한 행동으로 자신의 특질을 표현하지 못한 사람, 따라서 내적 자아와 비례하지 않는 지위에서 살아갈 수밖에 없었던 사람도 세상에는 많다는 사실을 지적한다.

"영웅적인 삶을 살지 못한 수많은 테레사가 이 땅에 태어났다. 그들은 잘못으로 점철된 삶을 살았으며, 이것은 영적인 숭고함이 이에 부응하지 못하는 빈약한 기회를 만나 빚어낸 결과다."

《미들마치》가 이야기하려고 하는 것도 19세기 전반기에 영국의 한 도시에 살았던 바로 그런 여자 도로시아 브룩의 삶이다. 이 소설에서 엘리엇은 "영적인 숭고함"이라도 "오랫동안 인정받은 행위"와 연결되지 않으면 무시해버리는 세상의 습관을 비판한다.

도로시아도 성 테레사처럼 많은 덕을 갖추었지만 지위의

상징에만 관심을 가지는 세상의 눈에는 그 덕이 보이지 않는다. 도로시아는 병든 성직자와 결혼하지만 남편이 죽은 지 일년 만에 재산을 포기하고 죽은 남편의 사촌(재산도 없고 태생도 좋지 않았다)과 결혼하기 때문에, 사회는 도로시아가 "좋은여자"일 리 없다고 생각하며, 그녀에 대한 험담을 늘어놓고 그녀와 어울리려 하지 않는다. "물론 그녀의 삶을 결정한 그러한 행동들이 이상적으로 아름다웠던 것은 아니다." 엘리엇도 그렇게 인정한다. "그것은 젊고 고귀한 충동이 불완전한 사회적 지위라는 조건에서 분투해 나가며 만들어낸 복합적 결과였다."

그러나 영국 19세기 소설에서 가장 은근하게 감동을 주는 몇 대목에서 엘리엇은 도로시아가 비록 사회적으로 받아들여지지 않는 결혼을 했고 눈에 띄게 이루어놓은 일이 없기는 하지만, 가정에서 우회적인 방식으로 드러난 그녀의 인격이 아빌라의 성 테레사 못지않게 성스럽다는 사실을 인식해야 한다고 말한다.

"그녀의 섬세한 영은 여러 사람 눈에 보이지는 않았지만 훌륭한 결과물들을 내놓았다. 그녀의 본성은 지상에서 위대한 이름을 가지지 않은 통로들을 통해 발현되었다. 그러나 그녀의 존재가 주위 사람들에게 주는 영향은 끝없이 멀리 퍼져나갔다. 세상의 선은 역사적으로 거창하지 않은 행동들 덕분에 확장되기 때문이다. 당신이나 나나 더 나쁜 인생을 살았을 수도 있지만 그래도 그렇지 않았던 것은 반은 드러나지 않은 삶을 충실하게 살아가다 지금은 사람이 찾지 않는 무덤에서 쉬고 있는 사람들 덕이다."

이 구절은 곧 소설 전체의 주제이기도 하다. 예술적 매체는 사람이 찾지 않는 무덤에서 쉬고 있는 모든 드러나지 않은 삶의 가치를 이해하고 평가하는 데 도움을 준다. "예술이 사람의 공감을 확대하지 않는다면 도덕적으로 아무런 일도 하지 않는 것이다." 조지 엘리엇은 그렇게 생각했다.

우리는 제이디 스미스의 《하얀 이White Teeth》(2000)에서 중년의 방글라데시 사람 사마드를 만난다. 그는 인도 레스토랑에 고용된 웨이터다. 그는 상사들에게 홀대를 받으며 새벽 3시까지 일하고, 15펜스를 팁이라고 찔끔거리는 상스러운 손님들의 시중을 들어야 한다. 사마드는 자신의 존엄을 찾는 꿈, 자신의 지위의 물질적이고 심리적인 결과에서 벗어나는 꿈을 꾼다. 그는 자기 내부의 풍요로움을 다른 사람들에게 보여주고 싶은 갈망을 느낀다.

그러나 이것은 손님들 눈에는 보이지 않는다. 그들은 주문을 할 때나 고개를 들 뿐이다(그나마 "고 바이 엘로 사그Go Bye Ello Sag"이나 "치킨 제일 프렛 시 위브 칩스Chicken Jail Fret See wiv Chips"라고 엉터리 발음으로 주문한다[4]). 사마드는 목에 표지판을 두르고 다니는 상상을 한다. 온 세상이 다 볼 수 있게 하얀 플래카드에 큰 글자로 이렇게 적어 놓고 다니는 것이다.

> 나는 웨이터가 아니다. 나는 학생이었고, 과학자였고, 군인이었다. 집사람 이름은 알사나이며, 우리는 런던 동부에 살지만 북부로 이사하고 싶다. 나는 이슬람교도지만 알라가 나를 버렸거나 내가 알라를 버렸다. 어느 쪽인지는 잘 모르겠다. 나한테는 친구 아치가 있고 또 다른 친구들도 있다. 나는 마흔아홉이지만 지금도 여자들이 거리에서 나를 보고 고개를 돌린다. 가끔은.

사마드는 그런 플래카드를 걸지는 못하지만 그에 버금가는 좋은 것을 얻었다고 할 수 있다. 그에게 목소리를 빌려준 소설가가 있기 때문이다. 어떤 의미에서는 이 소설 전체에서 사마드가 하나의 거대한 플래카드로 등장한다고 말할 수 있다. 덕분에 이 소설을 읽은 뒤부터는 별 생각 없이 무관심하게, 별 생각 없이 비인간적인 방식으로 '치킨 제일 프렛 시'를 주문하는

---

4 Go Bye Sag는 Gobhi Aaloo Saag(꽃양배추, 감자, 시금치를 넣은 요리), Chicken Jail Fret See wiv Chips는 Chicken Jalfrézhee with chips(닭에 양파와 양념을 넣고 칩을 곁들인 요리)를 각각 엉터리로 발음한 것.

것이 그래도 약간은 더 어려워진다. 이 소설을 읽으면서 우리의 공감은 확대된다. 어쩌면 이 소설의 이야기는 세상을 향해 다음과 같은 식으로 이야기를 하는 플래카드들의 긴 행렬에 다름 아니라고 할 수 있다.

나는 웨이터, 이혼녀, 간통자, 도둑, 교육받지 못한 사람, 이상한 아이, 살인범, 죄수, 낙제생, 스스로 아무 말도 못하는 소심한 사람이지만, 그렇다고 단지 그런 사람인 것만은 아니다.

3

그림 역시 누가 또 무엇이 중요한가 하는 문제에 대한 세상의 정상적인 이해에 의문을 제기할 수 있다.

장-밥티스트 샤르댕은 1746년에 〈회복기 환자의 식사〉를 그렸다. 가구도 별로 없는 방에는 평범한 옷을 입은 여자가 서서 보이지 않는 환자를 위해 달걀 껍질을 까고 있다. 평범한 사람의 생활 속의 평범한 순간이다. 왜 이런 것을 그릴까? 샤르댕이 살아 있을 때도 그의 비판자들은 회의적인 어조로 그런 질문을 던졌다. 그는 재능 있는 화가였지만 신기하게도 빵조각, 깨진 접시, 칼과 포크, 사과와 배, 나아가서 평범한 부엌과

장-밥티스트 샤르댕, 〈회복기 환자의 식사〉, 1746.

거실에서 자기 할 일을 하는 노동 계급이나 중하층 계급 인물들에 관심을 쏟았다.

프랑스의 미술 아카데미가 규정한 규칙에 따르면 이것은 위대한 화가가 그릴 만한 것이 아니었다. 아카데미는 1648년에 루이 14세가 처음 만들었을 때부터 중요성을 기준으로 여러 장르의 회화의 등급을 정했다. 이 위계의 꼭대기에는 역사화가 자리 잡고 있었다. 고대 그리스나 로마의 고견한 면을 표현하거나 성경의 교훈적 이야기를 묘사하는 그림이었다. 그 다음이 초상화, 그 가운데도 왕이나 왕비의 초상이었다. 세 번째는 풍경화였다. 마지막에야 경멸적으로 '풍속화genre scenes'라고 부르던, 귀족이 아닌 사람들의 가정생활을 그린 그림이 자리를 잡았다. 예술의 위계는 화가의 스튜디오 바깥 세계의 사회적 위계와 직접적으로 일치했다. 바깥 세계는 말을 타고 자신의 소유지를 시찰하는 왕이 수수한 옷을 입고 달걀을 까는 여자보다 우월한 곳이었다.

그러나 샤르댕의 예술은 여자가 집 안에서 하는 일 또는 오후 햇빛에 반짝거리는 낡은 도기를 하찮게 여기는 인생관을 전복해버린다("샤르댕은 배 한 알이 여자만큼 생명으로 가득할 수 있고, 물단지가 보석만큼 아름다울 수 있다는 것을 가르쳐주었다." 마르셀 프루스트는 그렇게 말했다).

회화의 역사에는 샤르댕과 같은 정신을 가진 화가가 몇 명

있다. 이들은 무엇이 중요한가에 대한 우리의 통념을 교정하는 역할을 했다. 웨일스의 화가 토머스 존스도 그런 예다. 그는 1776년부터 1783년까지 이탈리아에서 작업을 했는데, 처음에는 로마, 나중에는 나폴리에서 일을 했다. 존스는 서양회화사에서 종이에 그린 유화 가운데 가장 위대한 두 점이라고 할 수

토머스 존스, 〈나폴리의 지붕들〉, 1782.

있는 〈나폴리의 지붕들〉(옥스퍼드 애시몰리언 박물관에 걸려 있다)과 〈나폴리의 건물들〉(카디프의 국립 웨일스 박물관이 소장하고 있다)을 1782년 4월 초에 나폴리에서 완성했다.

존스가 묘사한 장면은 지중해 어느 도시를 가나 볼 수 있다. 이곳에는 좁은 도로를 따라 집들이 다닥다닥 붙어 서로 밀치다

토머스 존스, 〈나폴리의 건물들〉, 1782.

못해 이웃한 건물의 헐벗은 옆구리까지 파고든다. 오후의 더위
에 거리는 조용하고 창은 셔터가 반쯤 내려져 있다. 어떤 방에
서는 움직이는 여자의 윤곽이 흘끗 보일 수도 있고, 다른 방에
서는 잠자는 남자의 윤곽이 흘끗 보일 수도 있다. 가끔 아이 우
는 소리가 들릴 수도 있고, 노파가 녹슨 난간이 박힌 테라스에
세탁물을 너느라 부스럭거리는 소리가 들릴 수도 있다.

크리스텐 쾨브케, 〈소르테담 호수의 둑에서 바라본 광경〉, 1838.

크리스텐 쾨브케, 〈프레데릭스보르그 성의 지붕〉, 1834~1835.

존스는 남쪽의 강렬한 빛이 깎이고 바랜 치장벽토 벽과 만나는 광경을 보여준다. 파이고 갈라진 모든 곳이 이 빛에 드러나면서, 어부의 거칠고 투박한 손만큼이나 효과적으로 세월의 흐름을 일깨운다. 이 세월 동안 계절이 순환을 하면서 담요처럼 답답하게 도시를 덮던 여름의 더위는 격렬한 겨울 폭풍에 자리를 내어주었을 것이고, 이 폭풍은 영원처럼 느껴지는 긴 시간이 흐른 뒤에 멈칫거리는 봄의 햇빛에 자리를 양보했을 것이다. 존스의 돌과 치장벽토는 자신이 점토나 석고, 지중해 산비탈의 얽은 자국이 있는 돌조각들과 친족관계임을 드러낸다. 혼란스러운 건물들은 이곳이 다양한 삶이 전개되는 도시라는 인상을 준다. 창문 너머마다 위대한 소설에 묘사된 삶에 못지 않게 복잡한 삶, 정열, 권태, 장난, 절망이 뒤섞인 삶이 담겨 있을 것이다.

로마의 신전이나 르네상스 교회의 현란한 매력에는 눈이 쉽게 가지만, 평범한 지붕에 눈이 가는 일은 드물다. 그러나 존스는 무시당해온 광경을 우리 눈앞에 들어 올려 그곳에 숨어 있는 아름다움을 보여준다. 그래서 이제 우리가 행복을 이해할 때 이 남쪽의 지붕을 빼놓는 일은 두 번 다시 없을 것이다.

19세기 덴마크 화가 크리스텐 쾨브케는 우리가 귀중하게 생각하는 것에 대한 전복적 관념을 갖춘 세 번째 위대한 화가다. 1832년부터 1838년까지 쾨브케는 그의 고향 코펜하겐의 교외,

거리, 정원을 돌아다니면서, 여름 오후에 들판에서 되새김질을 하는 소 두 마리를 그렸다. 또 호숫가의 두 부부의 모습을 그렸다. 그들은 저녁에 작은 범선에서 내린다. 밤이 서둘지 않고 땅을 덮으니, 거대한 하늘에는 낮빛의 메아리가 영원토록 감돌 것 같은 느낌이다(달은 방금 떠오른 것 같다). 창문을 열어두거나 풀밭에 담요를 깔고도 잘 수 있을 것 같은 부드러운 밤을 예고하는 빛이다. 쾨브케는 쪽모이세공처럼 단정하게 자리 잡은 들판, 정원, 밭이 내다보이는 프레데릭스보르그 성 지붕에서 이 광경을 포착했다. 평범한 삶에서 누리는 기쁨에 만족하는 질서 잡힌 공동체의 이미지다.

샤르댕이나 존스의 작품과 마찬가지로 쾨브케의 예술에도 무엇이 중요한가에 대한 지배적인 물질적 관념에 도전하는 태도가 자리 잡고 있다. 세 화가는 여름날 저녁의 하늘, 햇볕에 달구어진 얽은 벽, 환자를 위해 달걀 껍질을 까는 미지의 여자가 우리 눈이 보고 싶어 하는 가장 아름다운 광경에 끼지 못한다면, 우리가 존중하고 갈망하도록 배워온 많은 것의 가치를 의심할 수밖에 없다고 주장하는 것 같다. 찬장의 단지나 들판의 암소에게 지나친 정치적 의미를 부여하는 것은 억지일지 모르지만, 쾨브케나 존스나 샤르댕의 작품의 가르침은 우리가 보통 그림에서 찾으려고 하는 것으로부터 대담하게 벗어나 있다. 일상생활을 묘사한 위대한 화가들은 제인 오스틴이나 조지 엘

리엇처럼 세상에서 무엇을 존경하고 존중할 것인가에 대한 속
물적 관념을 교정하는 데 도움을 준다.

크리스텐 쾨브케, 〈리메 킬른의 동네 풍경〉, 1834~1835.

비극

1

나의 실패를 다른 사람들이 차가운 눈길로 바라보며 가혹하게 해석한다는 사실을 의식하지 않는다면 일에서 실패를 크게 두려워하지 않을 것이다. 실패의 물질적 결과에 대한 두려움은 세상이 실패를 바라보는 냉정한 태도, 실패한 사람을 '패배자'로 지목하는 집요한 경향에 대한 두려움 때문에 더 심각해진다. '패배자'라는 말은 졌다는 의미와 더불어 졌기 때문에 공감을 얻을 권리도 상실했다는 의미까지 담고 있는 냉혹한 말이다.

삶을 망친 사람들에 내해 수군거리는 말은 가혹하기 짝이 없다. 만일 수많은 예술 작품의 주인공들—오이디푸스, 안티고네, 리어, 오셀로, 엠마 보바리, 안나 카레니나, 헤다 가블러, 테스—도 그들의 운명이 동료나 동창들의 입에 오르내렸다면, 그 과정을 잘 헤쳐 나오지 못했을 것이다. 만일 신문에서 그들을 건드렸다면 훨씬 더 괴로웠을 것이다.

오셀로 "사랑에 눈이 먼 이민자 원로원 의원의 딸을 죽이다"
마담 보바리 "쇼핑 중독의 간통녀 신용 사기 후 비소를 삼키다"
오이디푸스 왕 "어머니와 동침으로 눈이 멀다"

이런 머리기사들이 어딘가 어색한 느낌이 든다면, 그것은
여기서 언급하는 일이 그렇게 간단한 문제가 아니라고 생각하
는 데 익숙하기 때문일 것이다. 이런 문제들은 신문들처럼 망
설임 없이 선정적으로 단죄할 것이 아니라, 엄숙하고 예의를
갖춘 태도로 대해야 한다고 생각해온 것이다.

그러나 사실상 이들에게 우리의 관심과 존중을 끌어모을 만
한 요소가 있는 것은 아니다. 예술에 등장하는 전설적인 실패
자가 우리에게 고귀해 보이는 것은 그들의 자질 자체와는 관련
이 없다. 그들의 창조자나 기록자가 그렇게 보라고 가르쳤기
때문에 그렇게 보이는 것이다.

특히 처음 생겨날 때부터 위대한 실패의 이야기에 집중하면
서 조롱이나 심판은 삼간 특별한 예술 형식이 있다. 이 형식의
장점은 파국을 맞이한 사람들—불명예스러운 정치가, 살인
자, 파산자, 감정적으로 강박감에 사로잡힌 사람—의 행동의
책임을 면제해주지는 않으면서도 그들에게 어떤 수준의 공감
을 보여준다는 것이다. 사실 모든 인간이 마땅히 이런 공감을
받아야 하지만, 실제로 받는 일은 드물다.

2

비극은 기원전 6세기에 고대 그리스의 극장에서 시작되었으며, 보통 태생이 고귀한 주인공, 즉 왕이나 유명한 전사가 성공을 거두며 찬사를 받다가 자신이 저지른 잘못 때문에 파멸이나 수치에 이르는 과정을 따라간다. 그러나 이야기를 풀어나가는 방식 때문에 관객은 주인공에게 벌어진 일을 놓고 주인공을 탓하기가 쉽지 않을 뿐 아니라, 주인공에게 닥친 것과 비슷한 상황이 닥쳤을 경우 자신도 언제든지 파멸할 수 있다는 사실을 인식하고 겸손해진다. 비극을 본 관객은 훌륭한 삶을 살아가는 일의 어려움 앞에서 슬픔을 느끼고, 그 일에서 실패한 사람들 앞에서 겸손해진다.

변태와 정신병자, 실패자와 패배자를 이야기하는 신문이 이해의 스펙트럼의 한쪽 끝에 있다면, 비극은 반대편 끝에 있다. 비극은 죄 지은 자와 죄가 없어 보이는 자 사이에 다리를 놓으려는 시도이며, 책임에 대한 통념에 도전하고, 인간이 수치를 당한다 해도 자신의 이야기를 할 권리까지 상실하지는 않는다는 점을 존중하면서 그 사실을 심리학적으로 세련되게 표현해낸다.

3

아리스토텔레스는 《시학 *Poetica*》(기원전 350년경)에서 효과적인 비극의 핵심 요소를 규정하려고 했다. 우선 한 사람의 중심 인물이 있어야 하고, 줄거리가 비교적 압축된 시간에 전개되어야 하며, 당연한 일이지만 "주인공의 운의 변화"가 "비참한 상태에서 행복한 상태로 가는 것이 아니라" 그 반대로 "행복한 상태에서 비참한 상태로 가는 것"이어야 한다.

그러나 이보다 눈에 더 두드러지는 두 가지 요소가 있다. 비극의 주인공은 윤리적 수준에서 특별히 좋지도 나쁘지도 않은 평범한 인간이어야 한다는 것이다. 우리가 쉽게 만날 수 있는 사람, 좋은 자질과 더불어 어떤 약점, 예를 들어 지나친 자만심이나 격한 기질이나 충동이 있는 사람이어야 한다는 것이다. 이 인물은 동기가 악해서가 아니라, 아리스토텔레스가 그리스어로 하마르티아hamartia, 즉 판단의 잘못이라고 부른 것, 또는 일시적인 맹목, 또는 현실적이거나 감정적인 과실 때문에 엄청난 실수를 저지른다. 여기에서 가장 끔찍한 페리페테이아peripeteia, 즉 운의 역전이 이루어진다. 이 과정에서 주인공은 자신이 귀중하게 여기던 것을 모두 잃고 거의 언제나 자신의 생명을 대가로 내놓는다.

주인공에 대한 동정심, 주인공과 동일시를 했기 때문에 생기는 자신에 대한 두려움은 비극을 감상한 뒤에 나오는 자연스러운 감정적 결과다. 비극 작품은 재앙을 피하는 우리의 능력을 과대평가하지 말라고 가르치며, 동시에 재앙을 만난 사람들에게 공감을 느끼도록 우리를 인도한다. 따라서 극장을 나설 때면 쓰러지고 실패한 사람들을 우월한 태도로 대하기가 어려워진다.

다른 사람들의 실패에 대해 우리가 느끼는 공감은 우리 역시 어떤 상황에서는 그들과 같은 재앙에 말려들 수 있다는 느낌에서 유래한다는 것이 아리스토텔레스의 통찰이다. 따라서 그들의 행동이 우리에게 가능한 범위 바깥에 놓인 것처럼 보일수록 공감은 줄어든다. 성급하게 결혼을 하거나, 자신의 가족 구성원과 동침을 하거나, 질투심에 사로잡혀 애인을 죽이거나, 고용주에게 거짓말을 하거나, 돈을 훔치거나, 탐욕스러운 기질 때문에 신세를 망치는 이야기를 듣고 나서 멀쩡하고 정상적인 사람이 어떻게 그런 짓을 할 수가 있겠냐고 반문할 수도 있다. 이렇게 우리의 성격이나 상황을 그들의 경우와 나누는 강철 벽에 자신감을 가진다면, 키가 큰 말에 놓인 편안한 안장에 앉아 안락함을 느낀다면, 관용은 사라지고 대신 냉담과 조롱이 자리를 잡을 것이다.

그러나 비극 작가들은 저항할 수 없는 진실로 우리를 이끈다. 역사상 인간이 저지른 모든 어리석은 일은 우리 자신의 본성의 여러 측면과 연결되어 있다는 것이다. 우리 자신의 내부에도 최악의 측면과 최선의 측면을 아울러 인간 조건 전체가 담겨 있으며, 따라서 적당한, 아니 엉뚱한 상황이 닥치면 우리 역시 무슨 짓이든 저지를 수 있다는 것이나. 관객은 이러한 진실에 가까이 다가가면 기꺼이 높은 말에서 내릴 것이고, 공감이 커지면서 마음이 겸손해지는 것을 느낄 것이다. 자신의 성격상 약점이 다행히도 지금까지는 아무런 심각한 사고를 일으키지 않았지만, 언젠가 어떤 상황과 마주쳐 무제한의 재앙을 불러일으키는 위력을 발휘하면 자신의 삶도 쉽게 박살나, '어머니와 동침으로 눈이 멀다'라는 신문기사 때문에 고통 받는 불행한 인물과 마찬가지로 수치스럽고 비참한 상황에 처할 수도 있다는 사실을 받아들이게 될 것이다.

4

아리스도텔레스의 비극 예술 형식 개념에 가장 완벽하게 들어맞는 희곡은 소포클레스의 《오이디푸스 왕Oidipous》으로, 기원전 430년 봄 디오니소스 축제 때 처음 공연되었다.

소포클레스의 주인공인 테베의 왕 오이디푸스는 자비로운 통치로 백성의 존경을 받는다. 오이디푸스는 오래전 이 도시를 위협하던 스핑크스를 물리친 일이 있는데, 사실 그 공로로 왕좌에 오르게 되었다. 물론 왕에게도 결점이 있다. 충동적이고

화를 잘 낸다는 것이다. 희곡이 시작되는 시점으로부터 오래전 옛날, 오이디푸스는 테베로 오는 길에 어떤 고집스러운 노인이 길을 비켜주지 않자 화가 나서 그를 죽인 일이 있다. 그러나 이 사건은 사람들의 기억에서 사라졌다. 바로 그 뒤에 오이디푸스가 스핑크스에게 승리를 거두었고, 도시에는 번영과 안정이 찾아왔으며, 오이디푸스는 전임자인 라이오스 왕의 아름다운 미망인 이오카스테와 결혼을 했기 때문이다. 라이오스 왕은 테베로 들어오는 길목에서 만난 젊은 남자와 분명치 않은 이유로 싸움을 벌이다 죽었다.

그러나 희곡이 시작될 때 테베에는 새로운 재난이 닥친다. 치료 방법을 알 수 없는 괴질이 만연하고 있는 것이다. 절망에 사로잡힌 백성은 왕실에 구원을 요청한다. 오이디푸스는 처남 크레온을 파견하여 델피의 아폴로에게서 신탁을 구한다. 그 결과 테베가 그 안에서 저질러진 어떤 불결한 일 때문에 벌을 받고 있다는 설명을 듣는다. 크레온을 비롯한 조정의 다른 사람들은 이것이 선왕의 미해결 살인 사건을 암시하는 것이라고 추측한다. 오이디푸스도 이런 의견에 동의하여, 직접 살인자를 색출해 자비 없이 벌하겠다고 맹세한다.

그 이야기를 듣는 순간 이오카스테의 얼굴이 어두워진다. 오래전에 들은 다른 예언이 퍼뜩 떠올랐기 때문이다. 첫 번째 남편 라이오스가 아들에게 죽음을 당할 것이라는 예언이었다.

그녀와 라이오스는 아들이 태어나자 그 예언이 실현되는 것을 막기 위해 아기를 산에 버려 죽이라고 명령했다. 그러나 이 일을 맡은 목자는 아이가 가여워 고린드의 왕에게 양자로 들이게 했다. 아이가 성숙하자 코린트의 왕과 왕비는 아들이 아버지를 죽이고 어머니와 결혼할 것이라는 신탁을 알게 되었다. 그래서 오이디푸스는 코린트를 떠나 그리스를 여행하다 테베까지 오게 되어, 스핑크스를 이긴 뒤에 그곳의 통치자가 되었다. 그러나 그 전에 고집스러운 노인이 테베로 가는 길을 막다가 그에게 죽음을 당하는 안타까운 사건이 벌어진 것이다.

진상을 제일 먼저 깨달은 이오카스테는 왕궁의 자기 방으로 들어가 목을 맨다. 오이디푸스는 그녀의 몸이 서까래에 걸려 있는 것을 보고, 시신을 끌어내려 옷에 달린 브로치로 자기 눈을 찌른다. 그는 너무 어려 자신의 부모에게 닥친 재앙을 이해하지 못하는 두 딸 이스메네와 안티고네를 끌어안고 망명길에 나서, 죽을 때까지 수치에서 헤어 나오시 못한 채 세상을 헤맨다.

5

아버지를 죽이고 어머니와 결혼하는 것은 많은 사람들이 흔히 저지르는 판단 착오라고 하기는 힘들지 않느냐고 대꾸할지도 모르겠다. 그러나 오이디푸스의 하마르티아가 특별하다고 해서 이 희곡의 보편적인 특징들이 훼손되는 것은 아니다. 오이디푸스의 이야기가 우리 자신의 성격과 조건에 내재된 충격적인 측면들을 반영하는 한 이 이야기는 우리에게 영향을 줄 수밖에 없다. 그런 측면들이란 작아 보이는 잘못이 심각한 결과를 낳을 수도 있기 때문에 우리의 행동의 결과를 알 수가 없음에도 우리는 운명을 의식적으로 지배할 수 있다고 가정하곤 한다는 것, 우리가 사랑하는 모든 것을 순식간에 잃어버릴 수도 있다는 것, 우리의 이성과 선견지명은 소포클레스가 말하는 '운명', 그 미지의 모호한 힘들과 맞부딪혔을 때 허약하기 짝이 없다는 것 등이다. 오이디푸스는 잘못이 없는 사람이 아니었다. 그는 오만하게도 자신이 신탁의 예언을 피했다고 믿었으며, 안이하게도 백성의 높은 평가에 만족했다. 오이디푸스는 오만과 급한 성질 때문에 라이오스 왕과 싸웠으며, 감정적인 비겁함 때문에 이 살인을 예언과 연결시키지 못했다. 그는 독선 때문에 이 죄를 오랫동안 무시해오다가 자신의 죄를 암시하는 크레온을 비난했다.

그러나 오이디푸스가 자신의 운명을 책임질 입장이라 해도, 비극은 그에 대한 쉬운 단죄를 허용하지 않는다. 비극은 그에게 책임을 물으면서도 동시에 그의 입장에 공감한다. 아리스토텔레스가 상상했듯이 관객은 경악하면서도 동정심에 사로잡힐 것이며, 극장을 떠날 때도 합창단이 전하는 마지막 메시지의 보편적 의미가 머릿속을 맴돌 것이다.

> 내 동포 테베 사람들이여, 오이디푸스를 보라.
> 그는 뛰어난 머리로 유명한 수수께끼를 풀었고,
> 권좌에 올라 모든 권세 위에 올라선 사람이 되었다.
> 그의 위대함을 바라보며 누가 선망을 품지 않았으리오?
> 그러나 이제 검은 바다 같은 공포가 그를 삼켜버렸다.
> 이제 우리가 지켜보며 마지막 날을 기다리니,
> 죽어서 마침내 고통에서 자유로워질 때까지는
> 그 누구도 행복하다 생각하지 마라.

6

우리가 비극 작품을 통해 다른 사람들의 실패에 평소보다 훨씬 더 큰 관심을 가지게 되었다면, 그것은 그 작품을 통해 실패의 유래를 이해하게 되었기 때문일 것이다. 이런 맥락에서 더 많이 아는 것은 곧 더 많이 이해하고 용서하는 것이다. 비극 작품은 아주 작은 단계들, 종종 아무 뜻도 없어 보이는 단계들을 통하여 교묘하게 주인공의 성공을 몰락과 연결시켜 나간다. 우리는 의도와 결과 사이의 비틀린 관계를 만나게 된다. 그 과정에서 우리는 신문에서 단순히 실패의 이야기의 뼈대만 읽었을 경우라면 가지게 되었을 무관심한 태도, 또는 적의에 찬 태도를 버리게 된다.

1848년 여름 노르망디의 많은 신문에 같은 내용의 짧은 기사가 났다. 루앙에서 멀지 않은 리라고 하는 작은 도시에서 쿠튀리에 집안에서 태어난 스물일곱 살의 젊은 여자 델핀 들라마르가 결혼생활의 따분함에 불만을 품고 있던 차에 불필요한 옷가지 구매와 사치스러운 살림으로 큰 빚을 지고 바람까지 피우다가, 감정적이고 경제적인 압박을 이기지 못하여 비소를 먹고 자살을 했다. 유족으로는 어린 딸과 수심에 찬 남편 외젠 들라마르가 있다. 외젠 들라마르는 루앙에서 의학을 공부하고 리에서 보건소 공무원으로 일했으며, 환자들의 사랑을 받고 공동체의 존경을 받는 사람이었다.

이 신문 기사를 읽은 사람들 가운데는 스물일곱 살의 야심에 찬 소설가 귀스타프 플로베르도 있었다. 마담 들라마르의 이야기는 그의 마음에 남아 일종의 강박관념이 되었으며, 이집트와 팔레스타인 여행 때도 그를 따라다녔다. 마침내 1851년 9월 플로베르는 《보바리 부인》을 쓰기 시작하여 6년 후 파리에서 출간했다.

리의 간통녀 들라마르 부인이 용빌의 간통녀 마담 보바리가 되었을 때 생기는 여러 가지 일들 가운데 하나는 그녀의 삶이 이제 흑과 백의 도덕 이야기 수준을 넘어섰다는 것이다. 델핀 들라마르 사건이 신문 기사로 났을 때 지방의 보수적 논평가들은 이것을 젊은이들 사이의 결혼 경시 풍조, 사회의 상업화, 종교적 가치의 상실의 예로 받아들였다. 그러나 플로베르에게 예술은 조악한 도덕주의의 정반대 자리에 서 있는 것이었다. 예술은 인간의 동기와 행동을 깊이 탐사하는 영역이고, 이 영역에서는 어떤 사람을 성자나 죄인으로 해석하려는 시도를 조롱했다. 플로베르의 소설의 독자는 엠마의 사랑에 대한 순진한 관념을 목격할 뿐 아니라, 그 유래까지도 관찰할 수 있다. 독자는 엠마를 따라 그녀의 어린 시절로 들어가 그녀의 어깨너머로 수도원을 살피기도 하고, 토스테로 가서 긴 여름 오후에 돼지와 닭의 울음소리가 흘러드는 부엌에 엠마와 그녀의 아버지와 함께 앉아보기도 한다. 독자는 엠마와 샤를이 어울리지 않는 결혼을 하는 과정을 지켜본다. 샤를은 외로움에 시달리다 젊은 여자의 육체적 매력에 유혹을 느낀다. 엠마는 답답한 생활로부터 탈출하고자 하는 욕망에 사로잡혀 있던 차에 삼류 낭만주의 문학 외에는 남자를 경험해보지 못한 미숙한 상태에서 결혼으로 떠밀려 간다. 독자는 엠마에 대한 샤를의 불만과 샤를에 대한 엠마의 불만에 공감할 수 있다. 플로베르는 편안한 해답을 바라는 독자의 기대를 배반하며, 외려 그것을 즐기는 느낌까지 준다. 엠마를 긍정적인 빛 속에 제시하는가 하면 어느 새 아이러니가 섞인 말로 그녀를 깎아내린다. 엠마를 이기적인 쾌락주의자라고 여긴 독자가 그녀에게 인내심을 잃을라치면 플로베르는 독자를 다시 그녀에게 데려가 그녀의 감수성에 대한 이야기로 독자를 울게 만든다. 엠마가 공동체에서 자신이 차지했던 지위를 잃은 상태에서 입에 비소를 쑤셔 넣고 침대에 누워 죽음을 기다릴 때 그녀를 심판하고 싶은 독자는 없을 것이다.

우리는 플로베르의 소설을 덮으면서 우리가 사는 방법을 배우기도 전에 살아야만 했다는 사실에 대해, 우리 자신과 다른 사람들에 대한 이해가 대단히 제한적이라는 사실에 대해, 우리 행동이 엄청난 파멸을 불러올 수 있다는 사실에 대해, 우리 잘못에 대한 공동체의 반응이 무자비하다는 사실에 대해 두려움과 슬픔을 느끼게 된다.

7

소설의 독자나 비극의 관객으로서 우리는 '쇼핑 중독자인 간통녀 비소를 삼키다'라는 머리기사의 정신으로부터 멀리 떨어져 있다. 비극은 실패나 패배에 대한 단순화된 관점을 버리게 하고, 우리 본성의 풍토병과 같은 우둔과 일탈을 너그러운 눈으로 바라보게 한다.

사람들이 비극 예술에 담긴 교훈을 받아들인 세계에서는 실패의 결과가 우리를 그렇게 심하게 짓누르지 않을 것이다.

희극

1

1831년 여름 프랑스의 루이-필리프 왕은 자신만만했다. 1년 전 그가 권좌에 오르는 계기가 되었던 7월 혁명의 정치적, 경제적 혼란은 사라지고 번영과 질서가 찾아오고 있었다. 그에게

에어리 셰퍼, 〈프랑스의 루이-필리프 왕〉, 1835.

는 카시미르 페리에 총리가 이끄는
유능한 관리들이 있었다. 그는 자
신의 영토의 북부와 동부를 여행했
으며, 지방의 중간 계급들로부터
영웅으로 환영을 받았다. 그는 파
리의 팔레루아얄에서 호화롭게 살
았다. 매주 그를 모시는 연회가 열
렸다. 그는 먹는 것을 좋아했다(특
히 푸아그라와 사냥해서 잡은 고기
를 좋아했다). 또 엄청난 개인 재산
과 사랑하는 처자식이 있었다.

　그러나 루이-필리프의 평온을
흔드는 일이 한 가지 있었다. 1830
년 말, 샤를 필리퐁이라는 이름의
스물여덟 살짜리 무명 화가가 《라
카리카튀르*La Caricature*》라는 풍
자 잡지를 발간하여, 그곳에 왕의
얼굴을 배 모양으로 그려놓은 것이
다. 필리퐁은 루이-필리프가 부패
와 무능의 상징이라고 비난했다.
필리퐁의 만화는 왕의 불룩한 뺨과

구근 같은 이마를 과장하기만 한 것이 아니었다. 프랑스어에서 배를 뜻하는 푸아르poire는 바보나 얼간이를 가리키기도 했기 때문에, 전혀 정중하지 않은 태도로 루이-필리프의 행정 능력을 비아냥거리는 셈이었다.

왕은 격분했다. 그는 부하들에게 잡지의 제작을 방해하고 파리의 가판대에 나온 잡지를 모두 사 들이라고 명령했다. 그렇게 해도 필리퐁을 막지 못하자, 1831년 11월 이 풍자만화가는 "왕 개인을 모욕했다"는 혐의로 고발되어 파리 법정에 출두하라는 명령을 받게 되었다. 필리퐁은 만원을 이룬 법정에서 검사에게 자신과 같은 위험한 사람을 기소해주어 고맙다고 인사를 한 뒤, 정부가 왕을 비방하는 사람들을 잡아들이는 일을 게을리하고 있다고 지적했다. 정부는 배 모양으로 생긴 모든 것을 체포해야 하며, 나아가 배 자체도 밖으로 나돌지 못하게 해야 한다. 프랑스에는 배나무가 수천 그루 있으며, 거기서 열리는 열매는 모두 투옥해야 마땅하다. 그러나 재판부는 필리퐁의 조롱을 즐거워하지 않았다. 필리퐁은 6개월형을 선고받고 감옥에 갔으며, 이듬해 새 잡지 《르 샤리바리Le Charivari》에서 다시 배 농담을 하자 바로 투옥되었다. 결국 필리퐁은 왕을 배로 묘사한 죄로 총 2년을 감옥에서 보내야 했다.

그로부터 30년 전, 당시 유럽에서 가장 큰 권력을 누렸던 나폴레옹 보나파르트 역시 해학 앞에서는 약한 모습을 보였다.

자크 루이 다비드, 〈조세핀의 성사〉, 1807.

그는 1799년에 권좌에 오르면서 파리의 모든 풍자 신문의 폐간을 명령했으며, 경찰 총수 조셉 푸셰에게 만화가들이 자신의 외모를 마음대로 다루는 것을 허용하지 말라고 명령했다. 그는 자신의 외모를 그리는 일은 자크 루이 다비드에게 맡겼다. 나폴레옹은 이 위대한 화가에게 자신이 말 위에 올라 군대를 이끌고 당당하게 알프스를 넘는 모습을 그려달라고 부탁했다. 나폴레옹은 그 결과로 나온 〈생베르나르 고개를 넘는 나폴레옹〉(1801)에 흡족하여 다시 다비드에게 그의 승리의 행진의 정점이라 할 수 있는 1804년 12월의 노트르담 대관식을 그려달라고 요청했다. 이것은 화려함이 극치에 이른 행사였다. 프랑스의 내로라하는 인물은 모두 이 성당에 모였다. 교황 피우스 7세도 참석했고, 유럽 내부분의 나라에서 대표를 보냈으며, 장-프랑수아 르쥐외르는 특별히 음악을 작곡했다.

교황은 나폴레옹을 축복하여 고요한 성당 안에서 "황제 만세Vivat imperator in aeternam"를 외쳤다. 다비드는 이 장면을 〈조세핀의 성사(聖事)〉라는 제목으로 1807년 11월에 완성하였으며, 이것을 "나의 탁월한 주군에게" 바쳤다. 나폴레옹은 환호작약하여 "예술에 기여한 공로로" 다비드에게 레지옹 도뇌르 훈위를 수여했다. 그는 다비드의 가슴에 훈장을 꽂아주면서 이렇게 말했다. "당신 덕분에 프랑스에 고상한 취향이 되살아났소."

그러나 모든 화가가 다비드처럼 나폴레옹을 보지는 않았다. 〈조세핀의 성사〉가 나오기 몇 년 전 잉글랜드의 풍자만화가 제임스 길레이는 〈프랑스 초대 황제 나폴레옹의 대관식 행렬〉(1805)이라는 제목으로 똑같은 장면을 묘사했다. 그러나 그에게 프랑스의 고상한 취향을 되살렸다는 이유로 레지옹 도뇌르 훈장을 달아주는 사람은 없었다.

제임스 길레이는 추종자, 아첨꾼, 죄수를 이끌고 점잔빼며 걸어가는 황제의 모습을 그렸다. 황제는 잔뜩 부풀어 올라 우

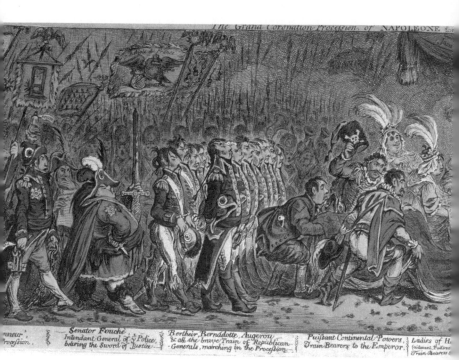

쭐거리고 있다. 교황 피우스 7세도 등장하지만 다비드의 그림에서와는 달리 길레이의 교황은 가운 밑에 성가대의 소년을 감추고 있는데, 이 소년은 가면을 벗고 악마의 얼굴을 드러낸다. 조세핀은 다비드가 그린 생기 있는 얼굴의 처녀가 아니라 여드름 자국이 심한 뚱보로 그려져 있다. 행렬은 나폴레옹이 정복한 프로이센, 스페인, 네덜란드의 대표들이 이끌고 있다. 그러나 이들은 자발적으로 그 일을 하는 것처럼 보이지 않는다. 이들 뒤에는 족쇄를 찬 병사들의 행렬이 따라온다. 따라서 나폴

제임스 길레이, 〈프랑스 초대 황제 나폴레옹의 대관식 행렬〉, 1805.

레옹은 백성이 자발적으로 권력을 내준 황제가 아닌 것이다. 그들을 줄 세우고 감독하는 사람은 경찰 총수 조셉 푸셰인데, 길레이는 그 밑에 이렇게 설명을 달아놓았다. "정의의 검을 들고." 그러나 그 검은 피에 젖어 있다.

나폴레옹은 격분했다. 그는 이 그림을 프랑스로 반입하는 자는 재판 없이 수감하라고 푸셰에게 명령했다. 그는 런던 대사라는 공식적인 외교 통로를 통하여 길레이에 대한 불만을 제기했으며, 만일 잉글랜드 침공에 성공한다면 그 화가를 찾아내겠다고 맹세했다. 나폴레옹다운 반응이었다. 1802년 아미앵 조약을 체결할 때 나폴레옹은 심지어 자신을 그리는 모든 풍자 만화가는 살인범이나 위조범과 똑같이 다룰 것이며, 프랑스로 인도하여 재판에 회부하겠다는 조항을 넣으려 하였다. 그러나 잉글랜드 쪽 협상자들은 어리둥절해하며 그 요청을 거부했다.

2

만일 유머가 단지 장난에 불과하다면 루이-필리프와 나폴레옹은 그런 식의 반응을 보이지 않았을 것이다. 그들이 인식한 대로, 농담은 비판의 한 방법이다. 이것은 오만, 잔혹, 허세에 대하여, 미덕과 양식으로부터 이탈한 것에 대하여 불평을 하는 방법이기도 하다.

유머는 불만을 제기하는 데 특별히 효과적인 방법이다. 겉으로는 즐거움만 주는 것처럼 보이면서도 은근히 교훈을 전달하기 때문이다. 만화는 권력 남용을 비판하는 설교를 할 필요가 없다. 우리는 만화를 보면서 낄낄거리다가 권위에 대한 불만 토로가 적절하다고 인정하게 된다.

나아가서 비록 필리퐁이 징역형을 받기는 했지만, 농담은 겉으로는 해가 없어 보이기 때문에 위험하거나 직접 말하기 어려운 메시지를 전달할 수 있다. 역사적으로 볼 때 궁정에서 왕에게 직접 이야기하기 힘들었던 심각한 일들을 왕에게 말할 수 있었던 사람은 어릿광대였다(부패로 악명 높은 성직자들을 다스렸던 잉글랜드의 제임스 1세가 말 한 마리를 살찌우지 못해 고민하자, 조정의 어릿광대인 아치볼드 암스트롱은 그 말을 주교로 임명하기만 하면 금방 살이 찔 것이라고 말했다고 한다). 프로이트는 《농담과 무의식의 관계Der Witz und Seine Beziehung zum Unbewussten》(1905)에서 이렇게 말했다. "우리는 농담을 통해 장애 때문에 공개적으로 또는 의식적으로 드러낼 수 없었던 적의 우스꽝스러운 부분을 활용할 수 있다." 프로이트는 계속해서 농담을 통하여 위험한 메시지가 "농담의 형태가 아니라면 결코 듣지 않을 사람의 귀에도 들어가게 할 수 있다. (…) 〔그래서〕 높은 자리에 있는 사람들을 비판할 때 농담을 특별히 애호하는 것"이라고 말했다.

그러나 높은 자리에 있다고 해서 모두 희극적 대접을 받는 것은 아니다. 우리는 중요한 외과 수술을 하는 의사를 조롱하지 않는다. 그러나 수술을 끝낸 뒤 집으로 돌아가서 거만하게 의학적 은어로 부인과 딸들을 으르는 의사는 조롱할 수 있다. 우리는 정당화할 수 없고 어울리지 않는 것은 조롱한다. 자신을 과대평가하는 왕, 능력이 권력을 따라가지 못하는 왕은 조롱한다. 인간적 본성을 잊고 특권을 남용하는 높은 지위의 권력자들은 조롱한다. 우리는 조롱을 하고, 웃음을 통하여 불의와 과잉을 비판한다.

따라서 웃음은 최고의 익살꾼의 손에 쥐어지면 도덕적 목적을 획득하며, 농담은 다른 사람들이 성격과 습관을 바꾸도록 촉구하는 수단이 된다. 농담은 정치적 이상을 표현하고, 더 공정하고 더 멀쩡한 세상을 창조하는 방법이다. 새뮤얼 존슨이 말했듯이 풍자는 "악이나 어리석음을 비난하는" 여러 방법 중의 하나일 뿐이지만, 매우 효과적인 방법이기도 하다. 존 드라이든의 말을 빌리면, "풍자의 진정한 목적은 악의 교정"이다.

3

역사에는 높은 지위에 있는 집단의 악을 교정하고, 강한 자의 허세나 기만을 흔들려는 농담이 부족하지 않다.

《옥스퍼드Oxford》 잡지의 판화, 1771.

제임스 길레이, 〈유행을 따르는 엄마〉, 1796.

18세기 말 잉글랜드의 부잣집 젊은 여자들한테 거대한 가발이 유행했다. 이런 우스꽝스러운 경향에 화가 난 풍자 만화가들은 곧 그림을 그리기 시작했는데, 이것은 이 여자들에게 정신을 차리라고 말하는 안전한 방법이기도 했다. 프로이트가 말한 대로, 비판의 대상들이 영토의 많은 부분을 소유하고 있을 때는 이런 메시지를 직접 전달하기가 어려웠을 것이다.

패스티 스께이 근처 패스토링에서

존스: "아 – 어 – 가르송, 르가르데 에쉬 – 어 – 아포르테 – 부 르 – 라 -."
웨이터: "무슨 말씀이신지, 손님. 저는 프랑스어를 모릅니다!"
존스: "이럴 수가, 그럼 가서 할 줄 아는 사람을 데려와!"   《펀치》, 1895.

　　이 무렵 상류사회 여자들 사이에서 모유 먹이기가 유행하기
도 했다. 그러자 전에는 아기에게 관심도 갖지 않던 여자들이
모성에 대한 진보적 사상에 어울리는 모습을 보여주기 위해 아
기에게 젖을 물리기 시작했다. 육아실에 고개를 들이밀지도 않
던 여자들이 굳이 젖가슴을 드러내고 젖을 먹였으며, 심지어
점심이나 저녁 식사 때 음식이 나오는 사이사이에 먹이기도 했

다. 그러자 풍자만화가들이 다시 나서서 절제를 요구했다.

19세기 후반에는 잉글랜드 상층 계급에게 또 한 가지 부자연스러운 습관이 자리를 잡게 되었다. 자신이 진지한 이야기를 하는 지위 높은 사람이라는 암시를 주기 위해 특히 레스토랑 같은 데서 프랑스어로 말을 하게 된 것이다. 그러자 《펀치》는 이것을 교정해야 할 새로운 악습이라고 판단했다.

노예선: "인적 자원?"

100년 뒤 미국의 맨해튼 엘리트에게는 《뉴요커 *New Yorker*》의 풍자만화가들이 비판할 "악과 어리석음"이 많았다. 재계에서는 최고경영자들이 종업원들에게 다정하게 보이는 데 관심을 갖기 시작했다. 그러나 안타깝게도 그들의 관심은 실제로 행동으로 옮겨지기 직전에 사라지곤 했다. 그들은 그저 자신의 야만적인 관행을 부드러운 기술자 우대의 언사로 싸바르는 데 만족했을 뿐이다. 그러면서 이것이 과거의 끔찍한 공장에서 이루어지던 것과 별 다를 바 없는 착취에 품위를 얹어줄지도 모른다고 기대했다. 그러나 풍사만화가들은 속지 않았다.

재계는 여전히 종업원들에 대하여 철저하게 공리적인 관점을 유지하고 있었다. 종업원의 자기실현이나 조직의 책임에 대해 이야기하는 것은 이단이었다.

"내가 무슨 생각을 하는지 아시오? 중요한 것은 따뜻하고 품위 있는 인간이 되는 것이오……."

이 때문에 수많은 고위 임원, 특히 법률가들은 자발성이나 공감을 억눌렀으며, 결국 일이 요구하는 냉정하고 능률적인 태도가 그들의 삶의 모든 영역으로 퍼져나갔다.

"나도 내가 정열적인 사람이라고 생각하지만, 그 전에 한 사람의 법률가야."

"조이스, 미친 듯이 당신을 사랑해. 입맛도 잃을 정도야,
하지만 그래서 전화한 건 아니고……."

한편 군부는 지구를 파괴할 힘을 기반으로 유례없는 세력을 얻게 되었다. 그러자 만화가들은 장군들의 엄청나게 심각해 보이는 태도에 독자가 비판적인 미소를 짓도록 유도했다.

전쟁 또 전쟁

4

유머는 높은 지위에 있는 다른 사람들을 공격하는 데 유용한 도구일 뿐 아니라 우리 자신의 지위에 대한 불안을 이해하고 조절하는 데도 도움을 준다.

만화가들은 우리가 일상생활에서 마주치면 당황하거나 창피해할 수 있는 상황이나 감정에서 웃음을 끌어낸다. 그들은 환한 대낮에는 차마 살펴볼 수 없는 약한 부분을 짚어낸다. 또 우리가 혼자만 알고 있다고 생각하는 아주 어색한 측면들을 드러낸다. 걱정이 은밀하고 강렬할수록 웃음의 가능성도 커지며, 이때 웃음은 말로 표현할 수 없는 것을 꼬챙이에 꿰어내는 솜씨에 바치는 찬사가 된다.

따라서 많은 유머가 지위에 대한 불안에 이름을 붙이고, 그럼으로써 억제하려는 시도라는 것도 놀랄 일은 아니다. 우리는 그런 유머를 보고 들으면서 세상에는 나만큼이나 질투심 많고 사회적으로 허약한 사람들이 많다는 것을 확인하고, 나처럼 돈 문제 때문에 고민하며 잠을 이루지 못하는 사람들이 많다는 사실을 확인하고, 나처럼 멀쩡한 표정을 짓지만 속으로는 약간 맞이 간 상태인 사람들이 많다는 사실을 확인하고 안심한다. 또 나처럼 고통 받는 이웃들에게 손을 내밀고 싶은 마음도 생긴다.

마음이 상냥한 만화가들은 지위로 인한 우리의 근심을 보고 우리를 **조롱하는 것**이 아니라 **놀린다**. 그들은 우리가 기본적으

"이번에는 마이크로소프트의 어느 백만장자를 생각하고 있는 거야?"

"나는 보통 6시 30분에 비명을 지르며 잠에서 깨어나서 9시면 사무실에 출근해 있지."

로 괜찮은 사람이라는 전제 하에 우리를 비판한다. 그들의 교묘한 솜씨 덕분에 우리는 마음을 열고 웃음을 터뜨리며 우리 자신에 대한 쓸쓸한 진실을 받아들인다. 만일 그들이 다른 사람들처럼 우리를 비난했다면, 우리는 분노하거나 상처를 입고 움츠러들었을지도 모른다.

5

따라서 만화도 다른 예술과 함께 매슈 아널드가 말하는 예술의 정의, 즉 삶의 비평이라는 정의를 공유하고 있다. 그들의 작업은 권력의 불의와 더불어 사회 체제에서 우리보다 높은 곳에 있는 자들에 대한 우리의 지나친 선망도 교정하려 한다. 만화도 비극과 마찬가지로 가장 안타까운 인간 조건에서 출발하는 것이다.

만화가들의 밑바닥에 깔린 무의식적 목표는 유머를 교묘하게 이용하여 그런 식으로 조롱할 일이 조금이라도 줄어드는 세상을 만들려는 것인지도 모른다.

"물론 그 사람들은 영리해. 당연히 영리해야 하지. 그 사람들은 돈이 없거든."

Ⅲ

정치

이상적인 인간형

1

사회마다 각기 특정한 종류의 사람을 높이 평가한다. 또 기술, 억양, 기질, 성별, 피부색이 다르다는 이유로 어떤 사람들은 단죄하거나 무시한다. 그러나 이런 규정은 영원한 것도 아니고 보편적인 것도 아니다. 어떤 곳에서는 높은 지위를 얻을 수 있는 기술이나 자질이 다른 곳에서는 아무런 의미가 없거나 경멸의 대상이 되기도 한다.

역사의 몇 층을 파고 들어가보면 여러 시대 여러 사회에서 어떤 사람을 명예로운 사람으로 간주했는지 그 다채로운 양상이 드러난다.

높은 지위를 얻을 수 있는 자격

기원전 400년, 그리스 반도 스파르타

고대 스파르타 사회에서 가장 큰 명예를 얻었던 구성원은 남자, 특히 근육질에 싸움을 잘하고, (양성애적) 성욕이 왕성하고, 가족생활에 별 관심이 없고, 장사와 사치를 싫어하고, 전장에서는 특히 아테네인을 죽이는 데 열의를 보이는 남자였다. 스파르타의 투사는 돈을 사용하지 않았으며, 미용사와 연예인을 피했고, 처자식에게 감상적인 태도를 보이지 않았다. 그들에게는 장터에 있는 모습이 눈에 띈다는 것 자체가 수치였다. 심지어 셈을 할 줄 아는 것도 상업적인 태도를 드러내는 것으로 여겨져 경멸을 당했다. 스파르타의 모든 남자는 일곱 살 때부터 군인이 되는 훈련을 받았으며, 병영에서 먹고 자면서 전투 연습을 했다. 결혼을 해도 부인과 집에서 함께 살지 않았다. 자식을 낳기 위해 한 달에 하룻밤을 함께 지낼 뿐이었다. 약한 아이가 태어나면 황량한 타이게투스 산기슭에 내다 버려 죽이는 것이 관례였다.

476~1096년, 서유럽

로마 제국이 붕괴하자 유럽의 많은 지역에서 존경받는 사람들이 나타났는데, 그들은 예수 그리스도의 삶과 가르침을 모범으로 삼았다. 교회가 성자로 여긴 이 사람들은 절대 무기를 들지 않았고, 다른 인간을 죽이지 않았고, 짐승을 죽이는 것도 피하려 했다(성 베르나르는 다른 많은 성자들처럼 채식주의자였으며, 개미 역시 사람과 마찬가지로 신의 피조물로 여겨 밟지 않으려고 땅을 살피면서 아주 천천히 걸었다고 한다). 성자들은 물질적인 부를 피했다. 그들은 집이나 말을 소유하지 않았다. 성 힐라리온은 가로 1.5미터 세로 1.2미터의 작은 방에서 살았다. 아시시의 성 프란체스코는 "가난 부인"과 결혼했다고 이야기하면서 추종자들과 함께 초벽으로 둘러싸인 오두막에서 살았으며, 탁자나 의자 없이 지내면서 바닥에서 잠을 잤다. 파두아의 성 안토니우스는 뿌리와 풀만 먹었다. 도미니쿠스 수도회의 창시자 성 도밍고 데 구스만은 부유한 상인의 집을 지날 때는 눈길을 돌렸다. 성자들은 성적인 감정을 억누르려 했으며, 신체적 절제를 극단으로 밀고 나가는 것으로 유명했다. 성 카시미르는 가족이 침대에 넣어준 처녀를 돌려보냈다. 성 토마스 아퀴나스는 미모와 향수로 그를 유혹하려는 여자와 탑에 갇혔으나 잠시 흥분을 했을 뿐 곧 그녀를 밀어내고 신으로부터 "영원한 동정이라는 띠"를 받았다.

1096～1500년, 서유럽

1차 십자군 이후의 시기로 이때는 기사가 서구 사회에서 가장 존경받는 인물이 되었다. 기사는 부유한 가문 출신으로, 성에서 살았고, 침대에서 잠을 잤으며, 고기를 먹었고, 기독교인이 아니라고 여기면(특히 이슬람 사람들) 죽여도 상관없다고 생각했다. 그들은 사람을 죽이지 않을 때는 짐승에게 눈길을 돌렸다. 장 드 그라이는 멧돼지를 4,000마리나 죽였다고 전해진다. 기사들은 또 능숙한 연인 노릇을 하여 궁정에서 여자를 유혹했으며, 이때 시를 세련되게 이용하기도 했다. 그들은 처녀를 특히 높이 쳤다. 기사는 돈에 관심을 가졌지만, 장사가 아니라 땅에서 나오는 돈만을 높이 쳤다. 그들은 말도 좋아했다. 《정복되지 않은 기사The Unconquered Knight》(1431년 경)의 저자 구티에레 디아스 데 가메스(1379~1450)는 이렇게 말했다. "기사는 나귀나 노새를 타는 사람이 아니다. 기사는 약하고 소심하고 겁 많은 사람이 아니다. 기사는 강하고 힘이 넘치며, 담대하고 두려움이 없는 사람이다. 이런 이유 때문에 기사에게 어울리는 짐승은 좋은 말밖에 없다."

1750~1890년, 잉글랜드

1750년이 되자 잉글랜드에서는 이제 싸우는 방법을 안다는 것만으로 존경을 받지는 못하게 되었다. 차라리 춤이 더 중요했다. 사회에서 가장 존경받는 사람은 '신사'였다. 신사는 부유했고, 자신의 소유지를 관리하는 일 외에는 별로 하는 일이 없었으며, 장난삼아 산업이나 무역(특히 인도와 서인도제도 무역)에 손을 대기도 했지만, 그러면서도 상인이나 산업가 등 열등한 계급과는 다른 면모를 보이려고 신경을 곤두세웠다. 그들은 가족을 사랑해야 하고, 자식들을 산비탈에 버려 죽이는 일은 하지 말아야 했다. 그럼에도 시내에 정부를 두는 것은 상관없었다.

이 시대에는 늘쩍지근하면서도 우아한 모습을 멋지게 보여주는 것이 중요했다. 머리 손질이 필수적이었기 때문에 이발소에도 정기적으로 드나들어야 했다. 체스터필드 경은 《아들에게 보내는 편지*Letters to His Son*》(1751)에서 신사의 대화는 "엉뚱한 열의"를 보이는 일이 없어야 한다고 충고했다. 그래야 "'내 아주 멋진 이야기를 들려주겠소' 하는 식으로 멍청하게 허두를 꺼내놓고 때와 장소에 어울리지 않는 하찮은 일화"를 늘어놓는 일이 없다는 것이었다. 체스터필드는 또 신사라면 모름지기 미뉴에트를 출 줄 알아야 한다고 강조했다. "우아하게 팔을 움직이고, 손을 내밀고, 점잖게 모자를 쓰고 벗는 것이 신사의 춤에서 중요한 부분임을 기억해라." 체스터필드는 또 여자관계에 대해서 충고하면서, 신사는 결혼을 해야 하지만, "여자는 다 큰 애일 뿐"이라는 사실을 늘 염두에 두어야 한다고 말했다. 저녁 식사 자리에서 여자 옆에 앉게 되면 신사는 입을 다물기보다는 "재잘거려야" 한다. 입을 다물고 가만히 있으면 여자한테서 둔감하거나 오만하다는 오해를 받을 수도 있기 때문이다.

1600~1960년, 브라질

아마존 북서부 쿠베오 부족에게 가장 지위가 높은 사람은 과묵하고(주절거리면 속의 힘이 다 빠져나간다고 생각했다), 춤을 추지 않고, 자식을 키우는 데는 관여하지 않고, 무엇보다도 재규어를 죽이는 데 능숙한 사람이었다. 지위가 낮은 사람은 낚시꾼으로 전락했고, 지위가 높은 사람은 사냥에 나섰다. 재규어를 죽인 사람은 그 이빨을 매단 목걸이를 걸었다. 재규어를 많이 죽일수록 부족의 추장이 될 가능성이 높아졌다. 추장은 재규어 이빨이 달린 커다란 목걸이를 걸 뿐 아니라 아르마딜로 허리띠도 찼다. 여자는 밀림의 빈터에서 카사바 뿌리를 재배해야 했다. 이 부족의 남자들에게 부인이 카사바 뿌리로 음식을 만드는 일을 돕다가 들키는 것만큼 수치스러운 일은 없었다.

2

지위를 분배하는 원칙은 무엇인가? 왜 어떤 사회에서는 군인이 찬사를 받고, 다른 사회에서는 토지를 소유한 신사가 찬사를 받는가?

　일단 네 가지 답이 떠오른다. 어떤 집단은 남에게 신체적인 해를 줄 수 있다는 능력을 과시해서, 또는 괴롭힘이나 협박으로 굴복시켜서 원하는 지위를 얻는다.

힘으로 보호해주거나 식량을 조달해주어 원하는 지위를 얻을 수도 있다. 안전이 문제가 될 때는(고대 스파르타, 12세기 유럽) 용기 있는 투사나 말을 탄 기사가 존경을 받는다. 재빠른 동물의 고기에서 영양분을 섭취해야 하는 공동체에게는(아마존 지역) 재규어를 죽이는 사람들이 존경을 받고, 더불어 그 상징인 아르마딜로 허리띠를 얻는다. 교역과 높은 수준의 과학기술에 의존하여 살아가는 나라에서는 기업가와 과학자가 존경의 대상이 된다(현대의 구미 지역). 반대로도 생각할 수 있다. 다른 사람들에게 필요한 일을 해주지 못하는 집단은 지위를 잃게 된다. 안전이 문제가 되지 않는 사회의 근육질 남자들이나 정착을 한 농업 사회의 재규어 사냥꾼들의 운명이 그런 경우다.

어떤 집단은 선한 태도, 신체적 재능, 예술적 솜씨, 지혜로 다른 사람들에게 감명을 주어 높은 지위에 올라갈 수도 있다. 기독교 유럽의 성자나 현대 유럽의 축구선수가 그런 경우다.

어떤 집단은 함께 사는 사람들의 양심이나 도덕적 품위에 호소하여 지위를 얻을 수도 있다. 이들은 자신의 명분이 정의롭다는 것을 매우 정교하게 설파하기 때문에 자기 이미지를 훌륭하게 유지하고 싶어 하는 사람은 누구도 지위를 재분배하자는 그들의 요청에 귀를 막을 수 없다.

높은 지위를 결정하는 요인들이 계속 바뀌면서, 자연스럽게 지위에 대한 불안을 촉발하는 요인들도 바뀌어간다. 어떤 집단에서는 짐승의 옆구리에 창을 꽂을 수 있는 능력이 부족하다고 걱정하고, 어떤 집단에서는 전투에서 싸울 수 있는 능력이 부족하다고 걱정하고, 어떤 집단에서는 신에게 헌신할 수 있는 능력이 부족하다고 걱정하고, 어떤 집단에서는 자본 시장에서 이윤을 끌어낼 수 있는 능력이 부족하다고 걱정한다.

3

자신이 사는 사회의 이상 때문에 불안이나 실망을 느낀 사람이라면 이렇게 대충 살펴본 지위의 역사에서도 기본적이고 중요한 사실을 간과할 것이다. 그런 이상이 돌로 만들어져 굳어진 것이 아니라는 사실이다. 이상적인 지위는 오래전부터 계속 바뀌어왔고, 앞으로도 계속 바뀔 수밖에 없다. 이런 변화 과정을 묘사하는 데 정치라는 말을 사용해볼 수도 있을 것이다.

여러 집단이 스스로 존엄을 얻고자 이전 체제에서 이익을 보던 사람들과 맞서 공동체의 명예 체제를 재구성하려고 시도한다. 이런 집단은 투표함, 총, 파업, 때로는 책을 이용해 높은 지위를 누릴 정당한 권리를 가진 사람이 누구냐에 대한 공동체의 관념을 바꾸려고 노력한다.

현대의 지위 불안에 대한 정치적 관점

1

재규어를 잡는 능력, 미뉴에트를 추는 능력, 전장에서 말을 달리는 능력, 그리스도의 삶을 모방하는 능력으로는 이제 성공했다는 말을 듣기 어렵다면, 현대 서양에서 사람들을 판단하고 지위를 분배하는 기준이 되는 지배적인 이상은 무엇일까?

과학적인 분석이라고 할 수는 없겠지만, 과거의 전사, 성자, 기사, 토지를 소유한 귀족 신사가 한때 누렸던 높은 지위를 상속한 현대의 성공적 인물의 관심이나 자질 몇 가지는 제시해볼 수 있을 것 같다.

높은 지위를 얻을 수 있는 자격

2005년, 런던, 뉴욕, 로스앤젤레스, 시드니
성공한 사람이란 인종과 성별을 막론하고, 상업적 세계의 무수한 분야(스포츠, 예술, 과학 연구를 포함하여)의 어느 한 곳에서

자신의 활동(물려받은 유산이 아니라)을 통해서 돈, 권력, 명성을 축적한 사람을 가리킨다. 이들 사회의 기반은 '능력주의'라고 할 수 있기 때문에, 경제적 성취는 그럴 만한 '자격'이 있는 사람이 거둔 것이라고 이해한다. 부를 축적한 사람은 일단 주요한 미덕이 적어도 네 가지는 있다고 칭송을 받는다. 그 네 가지란 창의성, 용기, 지능, 체력이다. 다른 미덕, 예컨대 겸손이나 경건은 이제 눈길을 끌지 못한다. 성취는 이제 과거 사회에서처럼 '행운'이나 '섭리'나 '신' 때문이라고 이야기되지 않는다. 이것은 현대 세속 사회의 개인의 의지력에 대한 믿음을 반영한 것이다. 이에 따라 경제적 실패 역시 능력에 따른 것으로 판단하기 때문에, 실업자는 전사들의 시대에 육체적으로 허약한 사람들처럼 수치를 느끼게 되었다. 돈에는 윤리적 가치가 부여된다. 돈은 그 소유자의 미덕의 증거다. 그 돈으로 살 수 있는 물건도 마찬가지다. 쿠베오 부족의 재규어 이빨처럼 부자로 살아가는 것은 그 사람이 훌륭하다는 증거이며, 낡은 차나 허름한 집을 소유했다는 것은 그 사람이 도덕적으로 결함이 있다는 증거다. 부는 단지 높은 지위를 제공할 뿐 아니라, 늘 변하는 광범위한 소비재에 자유롭게 접근할 수 있는 능력을 제공하여 행복을 보장한다는 이유로 장려되기도 한다. 그런 소비재를 구하지 못하는 사람들에 대해서는 이전 세대의 제한된 삶을 연상하며 동정심과 의아함을 느끼게 된다.

2

이런 이상이 아무리 자연스럽게 보인다 해도, 정치적 시각이 우리에게 일깨워주듯이, 이것은 단지 인간이 만든 것일 뿐이다. 실제로 이 이상은 그리 멀지 않은 18세기 중반에 여러 가지 확인 가능한 요인들에 의해 생겨났다. 나아가서 정치적 시각에 따르면, 이런 이상은 가끔 순진하기도 하며, 때로는 불공평하기도 하다. 물론 바꾸는 것이 불가능하지도 않다.

근대의 이상 가운데 그것이 설정해놓은 부와 미덕의 연결, 뒤집어 말하면 가난과 미덥지 않은 태도의 연결만큼 정밀한 조사를 받은 측면도 없다. 소스틴 베블런은 《유한계급론*The Theory of the Leisure Class*》(1899)에서 19세기 초에 돈이 상업적 사회가 그 구성원을 평가하는 중심 기준으로 등장했다고 묘사했다. "[부는] 존중의 관습적 기초가 되었다. 공동체에서 존경받을 만한 사리를 차지하려면 돈이 필수적이었다. 평판을 유지하려면 재산을 획득하는 것이 불가결하게 되었다. (⋯) [상대적으로 높은 부의 기준]에 미달하는 공동체 구성원은 다른 사람들의 존중을 받기 어려우며, 그 결과 자기 자신의 존중도 받기 어렵다."

베블런의 이야기에 따르면, 상업 사회에서는 덕은 있지만 가난한 사람은 존재하기 어렵다. 따라서 아무리 물질주의적인 태도와 거리가 먼 정신을 가진 사람이라도 부를 축적하여 그것을 보여줌으로써 불명예에서 벗어나고 싶다는 요구를 느낄 것이며, 그렇게 하지 못하면 불안한 마음과 책임감에 시달릴 것이다.

따라서 물자를 아주 많이 소유하는 것은 이 물자가 쾌락을 제공하기 때문이라기보다는(물론 그럴 수도 있지만) 명예를 제공하기 때문에 필수적인 일이 된다. 고대 세계에서 철학자들 사이에 행복을 위해서 물질적으로 필요한 것은 무엇이고 필요하지 않은 것은 무엇인지에 대해서 논쟁이 붙었다. 예를 들어 에피쿠로스는 소박한 음식과 거처가 필요하다고 했지만, 아마 합리적이고 철학적인 사람들이라면 값비싼 집과 사치스러운 요리는 모두 회피했을 것이다. 그러나 세월이 흐른 뒤 애덤 스미스는 《국부론》에서 이런 주장을 검토하면서 근대의 물질주의적 사회에는 육체적 생존의 관점에서 보자면 불필요한 것들이 헤아릴 수 없이 많지만, 동시에 과거보다 훨씬 더 많은 것들이 실제로는 "필수품"으로 꼽히게 되었다고 지적했다. 그것들을 소유하지 않으면 아무도 품위 있는 사람이라고 여기지 않으며, 따라서 심리적으로 편안한 생활을 할 수가 없기 때문이다.

"필수품이라고 할 때는 생명을 유지하는 데 필수불가결한 상품만이 아니라, 나라의 관습에 따라 아무리 계급이 낮다 해도 평판이 좋은 사람으로서 그것이 없으면 품위를 지킬 수 없다고 여기는 모든 것을 가리킨다. 예를 들어 아마포 셔츠는 엄격히 말하자면 생활의 필수품은 아니다. 아마 그리스인과 로마인은 아마포 없이도 매우 안락하게 살았을 것이다. 그러나 현재는 유럽의 많은 지역에서 날품팔이 노동사라 해노 평판이 좋은 사람이라면 아마포 셔츠를 입지 않고 사람들 앞에 나서는 것을 부끄러워할 것이다. 아마포 셔츠가 없다는 것은 수치스러울 정도의 궁핍을 의미하며, 아무도 극단적으로 나쁜 행동을 하지 않고는 그런 상태로 빠져들 수 없다고 생각한다. 따라서 필수품이라고 할 때는 자연적 요구만이 아니라 기존의 품위 유지 규칙 때문에 가장 낮은 계급에 속한 사람들도 필수적이라고 여기게 된 것들을 가리킨다고 할 수 있다.''

스미스의 시대 이후로 경제학자들은 궁핍한 상태를 규정하고 그것을 속상한 일로 만드는 것은 직접적인 신체적 고통이라기보다는 그 상태에 대한 다른 사람들의 부정적 반응에서 나오는 수치감, 즉 가난 때문에 스미스가 말하는 "기존의 품위 유지 규칙"을 지키지 못하는 데서 나오는 수치감이라는 데 거의 만장일치로 동의하고 있다. J. K. 갤브레이스는 《부유한 사회 *The Affluent Society*》(1958)에서 스미스에게 경의를 표하면서 이렇게 말했다. "사람들은 자신의 소득이 생존에는 모자라지 않는다 해도 공동체의 소득에 비해 현저하게 뒤처지면 언제나 가난에 시달리게 된다. 그럴 경우 그들은 공동체가 품위를 유지하기 위해 필수적인 최소한이라고 간주하는 것을 가질 수 없

으며, 품위가 없다는 공동체의 심판으로부터 완전히 벗어날 수
가 없다."

3

지위와 관련된 근대의 이상에 대한 회의적인 불만의 한 줄기는
바로 이렇게 부에는 '품위'가 따라붙고 가난에는 '상스러움'이
따라붙는다는 생각을 겨냥하고 있다. 돈을 벌지 못하면 어째서
무조건 결함 있는 인간으로 간주해버리는가? 큰돈을 벌지 못
하는 것은 단지 더 크고 더 다채로운 기획의 한 특정한 영역에
서 실패한 것일 뿐이다. 그런데도 어째서 부와 가난을 개인의
도덕성의 핵심적인 표지로 읽는가?

그 이유는 신비할 것이 없다. 돈을 버는 것은 실제로 종종
인격적인 미덕을 요구한다. 어떤 일자리든 그것을 유지하려면
지능, 힘, 선견지명, 남들과 협동하는 능력이 요구된다. 사실
소득이 많은 일자리일수록 요구되는 능력도 커진다. 법률가와
의사는 거리의 청소부보다 보수를 더 많이 얻지만, 그들이 하
는 일에는 더 지속적인 노력과 기술이 들어간다.

애덤 스미스는 날품팔이 노동자라도 아마포 셔츠를 입지 않
고 사람들 앞에 나서는 것을 부끄러워할 것이라고 했는데, 그
이유를 다시 강조하자면 스미스와 같은 시대 사람들은 그런 셔

츠를 못 입을 정도의 궁핍에 대하여 **"아무도 극단적으로 나쁜 행동을 하지 않고는 그런 상태로 빠져들 수 없다"**고 생각했다는 것이다. 타고난 주정뱅이, 신뢰할 수 없고 도둑질이나 해대는 유치한 반항자가 아니면 하찮은 일자리라도 얻어 아마포 셔츠 정도는 살 수 있을 것이라는 이야기다. 이런 경우라면 셔츠를 소유한 것이 최소한의 인격을 보장해주는 것이라고 평가해도 무리는 아닐 것이다.

여기에서부터 옷장 가득한 아마포 셔츠, 요트, 저택, 보석을 갖추고 사는 사람은 **행동이 대단히 훌륭하고** 미덕을 많이 갖추었다고 상상하는 것까지는 그리 거리가 멀지 않다. 소유자에게 존경심을 일으키는 비싼 물건이 지위의 상징이라는 관념은 널리 퍼진 그럴듯한 생각, 즉 가장 비싼 물건은 불가피하게 가장 훌륭한 인격적 자질을 요구할 수밖에 없다는 생각에 의존하고 있다.

4

그러나 경제적인 능력주의에 반대하는 사람들은 오래전부터 진정한 능력이란 연봉이라는 매개 변수로 말끔하게 포착할 수 없는, 모호하고 복잡한 특질이라고 주장해왔다. 이런 태도는 어떤 학생 집단의 '지능'이 다음과 같은 질문에 답하는 능력을 기준으로 측정되는 것은 아니라고 생각하는 교육자들의 태도와 비슷하다.

다음 네 단어 가운데 반의어를 골라라.

obdurate   spurious   ductile   recondite

그렇다고 이런 비판자들이 능력이나 지능은 모두 똑같다거나 측정 불가능하다고 주장하는 것은 아니다. 단지 당신이나 나는 제대로 측정하는 법을 모를 가능성이 높고, 따라서 알 수 있다는 가정하에 함부로 행동하지 말아야 한다고 주장하는 것일 뿐이다. 예를 들어 경제적 영역에서 부자들에게 매기는 세금을 철폐하거나(경제적 능력주의의 극단적 옹호자들은 부자들이 자신의 소득을 모두 챙길 자격이 있다고 말하기도 한다) 국가의 사회보장 제도를 없앤다든가(이런 발상을 옹호하는 사람들은 가난한 사람들이 그들이 겪어 마땅한 빈곤을 더 철저하게 체험해야 한다고 말한다) 할 때는 주의를 해야 한다는 것이다.

그러나 이런 회의적 태도는 일상생활의 요구와 쉽게 조화를 이루지 못한다. 교육에서든 경제에서든 진정한 자격이 있는 후보를 뽑아 패자들의 고통에 **아무런 양심의 거리낌을 느낄 필요가 없는** 체제를 바라는 마음은 쉽게 이해할 수 있다.

그러나 절박한 바람이 건전한 해결책을 보장해주는 것은 아니다. 조지 버나드 쇼는 《지적인 여자를 위한 사회주의와 자본주의 안내*The Intelligent Woman's Guide to Socialism and Capitalism*》(1928)에서 현대 자본주의 사회에서는 매우 둔감한 위계 결정 체제가 작동하고 있다고 주장했다. 이 체제는 "누구나 비열한 폭력과 직접적인 사기만 피하면서 자기 나름의 방법으로 자신을 위하여 벌 수 있는 만큼 돈을 벌도록 내버려두면 부는 자연스럽게 근면, 절제 등 일반적 미덕에 비례하여 분배될 것이며, 착한 사람은 부자가 되고 나쁜 사람은 가난해질 것"이라는 믿음에 기초하여 움직인다.

그러나 쇼에 따르면, 무자비하고 야심만만한 사람이라면 누구나 "나쁜 위스키를 팔거나 밀을 매점하여 원래 값의 세 배로 팔 수도 있고, 기만적인 광고를 싣는 멍청한 신문이나 잡지를 만들어 300~400만 파운드를 움켜쥘 수 있다." 반면 "고귀한 재능을 발휘하거나 인간의 지식이나 복지를 개신하는 데 목숨을 거는 사람들"은 하찮은 존새로 궁핍하게 생을 마감할 수 있다.

그렇다고 해서 쇼가 현재의 사회 체제에서 선한 사람은 늘 가난해질 수밖에 없다고 주장하는 감상적인 목소리 뒤에 줄을 섰던 것은 아니다. 그는 이것이 그 반대의 주장만큼이나 단순하기 짝이 없는 추론이기 때문이다. 쇼는 소득을 근거로 어떤 사람을 도덕적으로 판단하는 일의 한계를 지적하면서, 부의 차이로 인해 비참한 결과가 생기는 것을 가능한 한 막고 싶다는 뜻을 밝혔다.

쇼만큼이나 능력주의적 이념에 문제를 제기하는 데 관심을 가졌던 존 러스킨은 《이 최후의 사람에게*Unto This Last*》(1862)에서 비꼬는 투로 부자와 빈자의 성격에 대하여 그가 얻은 결론을 이야기했다. 그는 이것이 40년간 여러 나라의 부자와 빈자 수백 명과 만나본 경험을 기초로 내린 결론이라고 했다. "부자가 되는 사람은 일반적으로 말해서 근면하고, 결단력 있고, 자신만만하고, 열의가 있고, 신속하고, 조직적이고, 분별력 있고, 상상력이 없고, 둔감하고, 무지하다. 가난하게 살아가는 사람들은 완전히 어리석고, 완전히 지혜롭고, 게으르고, 무모하고, 겸손하고, 사려 깊고, 둔하고, 상상력이 풍부하고, 예민하고, 아는 것이 많고, 앞일을 생각하지 않고, 예상할 수 없게 충동적으로 사악한 모습을 보이고, 꼴사나운 악당이고, 드러난 도둑이자 완벽하게 자비롭고 의롭고 경건한 사람이다."

다시 말해서 부자가 되는 사람이나 빈자가 되는 사람이나 딱히 범주를 정할 수 없는 다양한 사람들이라는 것이다. 이 말은 곧 예수 그리스도가 처음으로 정리했고 19세기와 20세기에 정치적 사상가들이 세속적 언어로 되풀이했던 메시지를 따르는 것이다. 즉 소득과 명예가 비례하는 것은 아니라는 메시지다. 수많은 외적 사건과 내적인 특징이 어떤 사람은 부유하게 만들고 다른 사람은 가난하게 만든다. 운과 환경도 있고, 병과 공포도 있고, 우연과 뒤늦은 발달도 있고, 적절한 시운과 불행도 있다.

러스킨과 쇼보다 300년 전에 미셸 드 몽테뉴는 비슷한 맥락에서 삶의 결과들을 결정하는 우연적 요인의 역할을 강조했다. 그는 "변덕스러운 의지에 따라 우리에게 영광을 베푸는 우연"의 역할을 잊지 말라고 충고했다. "나는 우연이 능력보다 앞서서, 한참 앞서서 행진하는 것을 자주 보았다." 우리의 성공과 실패를 냉정하게 평가해본다면 우리 자신을 자랑하거나 창피해할 이유가 그리 많지 않다고 느끼게 된다. 실제로 벌어지는 일 가운데 많은 부분은 우리의 행동의 결과가 아니기 때문이다. 몽테뉴는 힘 있고 부유한 자를 만날 때 흥분을 억제하고 가난하고 미미한 자를 만날 때 판단을 억제할 것을 요구했다. "사람은 종자를 여럿 끌고 다니고, 아름다운 궁에 살고, 큰 영향력을 행사하고, 막대한 수입을 올릴 수도 있다. 그러나 이 모두 그를 둘러싼 깃이지 그의 안에 있는 것은 아니다. (…) 죽마(竹馬)를 떼어내고 그의 키를 재보라. 부와 장식을 벗기고 벌거벗은 몸을 보라. (…) 그에게는 어떤 종류의 영혼이 있는가? 그의 영혼은 아름다운가? 그 영혼은 능력이 있고, 행복하게 갖출 것을 다 갖추고 있는가? 그 영혼의 부는 자신의 것인가 아니면 빌려온 것인가? 운은 관계가 없는가? (…) 이것이 우리가 알아야 할 것이다. 이것이 우리 인간들 사이의 엄청난 거리를 판단하는 기준이 되어야 한다."

상업적인 능력주의의 이상에 대한 여러 가지 문제 제기에서는 공통적으로 돈처럼 우연하게 분배되는 것에 도덕적 의미를 부여하지 말라는 호소를 읽을 수 있다. 부와 미덕을 교조적으로 연결시키는 관행을 중단하고, 사람을 판단을 하기 전에 반드시 죽마를 떼어내라는 것이다.

5

근대의 성공적 삶이라는 이상은 돈과 선(善)을 연결시킬 뿐 아니라, 또 하나의 연결도 시도한다. 즉 돈과 행복을 연결시키는 것이다.

이런 관념은 세 가지 가정에 기반을 두고 있다. 첫째는 무엇이 우리를 행복하게 하는지 확인하는 일은 그리 어렵지 않다는 것이다. 건강을 위해서는 무엇이 필요한지 몸이 보통 알고 있어 염분이 필요하면 훈제 생선으로 향하고 혈당이 낮으면 복숭아로 향하듯이, 정신도 번영을 위해서는 무엇을 목표로 삼아야 할지 잘 알고 있어 우리를 어떤 일이나 기획으로 자연스럽게 몰고 간다는 것이다. 둘째로 근대 문명에서 접할 수 있는 엄청나게 다양한 직업과 소비재가 우리의 행복과 별 관계없이 욕망만 부추기는 번지르르한 소모적 전시품이 아니라, 실제로 우리의 가장 중요한 요구 몇 가지를 충족시킬 수 있다는 것이다. 셋째로 쓸 수 있는 돈이 많을수록 제품과 용역도 더 많이 이용할 수 있고, 따라서 우리가 행복해질 가능성도 커신다는 것이다.

이런 가정들에 반박하는 가장 강력하면서도 읽기 쉬운 책은 여전히 장-자크 루소의 《인간 불평등 기원론》이다. 루소는 우선 우리가 아무리 독립적 정신을 갖추고 있다 해도 자신의 요구를 이해하는 능력은 위험할 정도로 낮은 수준이라고 진제한다. 우리 영혼은 만족을 얻기 위해 필요한 것을 제대로 말하는 경우가 드물며, 어설프게 말을 한다 해도 근거가 박약하거나 모순될 가능성이 높다. 건강해지기 위헤 뭔가틀 소비해야 한다는 점에서는 정신과 신체가 같지만, 루소는 몸도 물이 필요할 때 술을 찾고 침대에 누워 있어야 할 때 춤을 찾는 것처럼 정신도 모순된 요구를 하지 않느냐고 묻는다. 우리의 정신은 만족을 하려면 이런저런 것이 필요하다고 말하는 외부의 목소리의 영향력에 민감하다. 이런 목소리는 우리의 영혼이 내는 작은 소리를 삼켜버리고, 긴요한 것올 정확하게 찾아내는 힘들고 까나로운 일올 방해할 수 있다.

루소는 세계의 역사가 야만에서 출발하여 유럽의 훌륭한 작업장과 도시로 진보해왔다고 이야기하지 않는다. 오히려 소박하게 살기는 했지만 우리의 요구를 정확하게 이야기할 수 있었던 특권적 상태로부터 우리 자신의 인격과는 거의 관련이 없는 생활 방식들에 선망을 느끼는 상태로 퇴보해왔다고 말한다. 과학기술에서 뒤졌던 선사시대에는 인간이 루소가 말하는 자연상태에서 살았는데, 이때는 사람들이 숲에 살면서 장을 보지도 신문을 읽지도 않았다. 루소는 이 시기에는 사람들이 자신을 더 쉽게 이해했으며, 만족스러운 삶의 핵심적인 특징을 쉽게 파악할 수 있었다고 상상한다. 즉 가족을 사랑하고, 자연을 존중하고, 우주의 아름다움에 경외감을 느끼고, 다른 사람들에게 호기심을 품고, 음악과 소박한 오락을 즐기는 것이 그런 특징이었다. 그러나 근대의 상업적 "문명"은 우리를 이런 상태로부터 떼어냈으며, 우리는 풍요의 세계에서 선망과 갈망에 사로잡혀 고통을 겪게 되었다는 것이다.

이것을 터무니없는 낭만적인 이야기로 해석하여 근대성에 비합리적인 분노를 느낀 전원주의자의 공상이라고 분석해버릴 사람들이 있을지도 모르니, 18세기 사람들이 루소의 주장에 귀를 기울였던 것은 북아메리카 원주민들에게서 그 주장의 참된 면모가 분명하게 드러나는 것을 보았기 때문이기도 하다는 점을 덧붙여두어야겠다.

16세기 미국 인디언 사회에 대한 보고서들은 이들이 물질적으로는 소박하지만 심리적으로는 보람있는 생활을 한다고 묘사했다. 공동체는 작고 긴밀하고 평등하고 종교적이고 재미있고 용감했다. 인디언은 물론 경제적인 의미에서는 후진적이었다. 그들은 과일과 야생동물을 먹고 살았으며, 천막에서 잤고, 개인 소유는 거의 없었다. 그들은 매년 똑같은 가죽옷을 입고 신발을 신었다. 심지어 추장도 소유물이라고는 창 한 자루와 단지 몇 개뿐이었다. 그러나 이런 소박한 생활에도 아주 높은 수준의 만족감을 느낀다고 전해졌다.

그러나 유럽인이 처음 도착하고 나서 불과 수십 년 사이에 인디언 사회의 지위 체계가 혁명적으로 바뀌어버렸다. 유럽 산업의 과학기술이나 사치와 접촉했기 때문이다. 이제 중요한 것은 지혜나 자연의 이치를 이해하는 것이 아니라, 무기, 장신구, 술의 소유였다. 이제 인디언은 은 귀고리, 구리와 놋쇠 팔찌, 주석 반지, 베네치아 유리로 만든 목걸이, 얼음을 뚫는 끌, 총, 술, 솥, 구슬, 호미, 거울을 갖고 싶어 안달했다.

이런 새로운 열망이 생긴 것은 우연이 아니었다. 유럽의 상인은 인디언의 내부에서 욕망을 길러내려고 안간힘을 썼다. 그래야 그들이 유럽 시장에서 요구하는 동물 가죽을 얻으러 부지런히 사냥을 나갈 것이기 때문이었다. 1690년 잉글랜드의 박물학자 존 배니스터 목사는 허드슨 만 지역의 인디언이 상인의 유혹에 완전히 넘어가 "전에는 있지도 않았기 때문에 원하지도 않았으나 이제 교역에 의해 그들에게 필수적인 물건이 된 많은 것들"을 원하게 되었다고 전했다. 20년 뒤 여행자 로버트 베벌리는 이렇게 말했다. "유럽인이 인디언에게 사치품을 전해주는 바람에 그들의 요구가 늘어났으며, 전에는 꿈도 꾸지 않았던 수많은 것들을 바라게 되었다."

그러나 안타깝게도 그 수많은 것들을 아무리 열심히 모아도 인디언이 더 행복해진 것 같지는 않다. 물론 그들은 더 열심히 일을 했다. 1739년부터 1759년 사이에 체로키 부족 전사 2,000명은 유럽의 요구를 충족시키기 위해 사슴을 125만 마리나 잡은 것으로 추정된다. 같은 시기에 세인트로런스 강 북쪽 강변의 몽타네 부족 인디언은 타두사크의 프랑스와 영국 상인들과 1년에 만 2,000에서 만 5,000장의 가죽을 거래했다. 그러나 교역이 증가한다고 행복도 증가했던 것은 아니다. 자살과 알코올중독은 늘었으며, 공동체는 분열되었고, 유럽의 물자를 놓고 자기들끼리 싸움이 벌어졌다. 부족의 족장들은 루소의 말을 들을 필요도 없이 무슨 일이 벌어진 것인지 이해했으며, 자기들도 모르는 사이에 루소의 분석에 동의했다. 여러 인디언이 나서서 유럽의 "사치품"에 의존하는 태도를 버리라고 촉구했다. 1760년대에 펜실베이니아 서부와 오하이오 계곡의 델라웨어 부족은 선조의 생활 방식을 다시 살려내려고 노력했다.

그러나 이미 늦었다. 인디언 역시 심리 구조가 다른 인간과 다를 것이 없었기 때문에 근대 문명의 시시한 장신구들의 유혹에 굴복했으며, 공동체 생활의 소박한 즐거움과 어스름녘

텅 빈 협곡의 아름다움을 이야기하는 조용한 목소리에는 귀를 기울이지 않았다.

6

상업사회를 옹호하는 사람들은 미국 인디언에게 공감하는 사람들이나 발달한 경제의 부패한 영향력에 문제를 제기하는 사람들에게 늘 한 가지 반론을 제기했다. 아무도 인디언에게 베네치아 유리로 만든 목걸이, 얼음을 뚫는 끌, 총, 솥, 구슬, 호미, 거울을 사라고 **강요하지** 않았다는 것이었다. 아무도 그들이 텐트에 사는 것을 막지 않았으며, 현관과 와인 창고가 있는 ~~목조 주택 소유~~를 갈망하라고 강요하지 않았다. 인디언은 자발적으로 소박하고 건전한 생활을 떠났다. 이것을 보면 그들의 과거 생활이 사람들이 떠들어대던 것과는 달리 그렇게 즐겁지 않았던 것은 아닐까.

이런 변론은 근대의 광고업자들이나 신문 편집자들이 하는 말과 비슷하다. 그들은 자신들이 유명인사의 생활, 유행의 변화, 새로운 제품의 소유에 부적절한 관심을 가지도록 부추기는 것이 아니라고 주장한다. 그냥 매체의 한 구석에서 혹시 관심이 있을지도 모르는 사람들을 위해 이런 주제와 관련된 정보를 제시하는 것일 뿐이라는 이야기다. 이런 이야기가 암시하는 바에 따르면, 자발적으로 어려운 사람을 돕고, 자신의 영혼을 살펴보고, 에드워드 기번의 《로마제국 쇠망사*Decline and Fall*》를 읽고, 자신이 이 땅에서 사라지기 전까지 얼마 남지 않은 시간을 생각하는 것을 더 좋아하는 사람들이 훨씬 더 많다는 것이다.

이런 대응을 보면 루소가 인간은 무엇이 중요한 일인지 결정을 잘 못한다거나, 어느 방향으로 생각을 하고 무엇을 귀중하게 여길지에 대해 다른 사람들의 주장—특히 이 주장이 신문의 권위나 간판의 시각적 매력을 동반할 때—에 혹하는 경향이 있다는 사실을 왜 그렇게 강조하고 싶어 했는지 이해할 수 있을 것 같다.

보통 광고업자나 신문 편집자들이 먼저 나서서 자신의 작업의 효과가 대수롭지 않다는 듯이 말한다는 사실은 아이러니다. 그들은 사람의 정신이 독립적이기 때문에 그들이 세상에 내놓는 기사에 지나치게 영향을 받지도 않고, 그들이 그렇게 교묘하게 꾸민 간판에서 들려오는 사이렌의 노래에 오랫동안 빠져들지도 않는다고 주장한다.

그러나 안타깝게도 그들은 너무 겸손한 것이다. 그들의 겸손이 빈말임을 확인하려면, 한때는 가능성일 뿐이었던 것이 적당히 부추기면 필수품으로 바뀌는 신속한 과정을 보여주는 다음 보고서를 읽어보면 될 것이다.

다음 물품을 필수품이라고 생각하는 북미인의 비율

	1970	2000
두 번째 차	20%	59%
두 번째 텔레비전	3%	45%
한 대 이상의 전화	2%	78%
자동차 냉방장치	11%	65%
가정 냉방장치	22%	70%
식기세척기	8%	44%

소비사회에 대한 비판은 제품의 결함이나 부적합(이것은 과장하기 쉬운 것이 예를 들이 뒤틀린 사람이 아니라면 캐시미어 스웨터의 아름다움이나 야간에 고속도로를 달리는 자동차 계기판의 아름다움을 느끼지 않을 수 없기 때문이다)에만 초점이 맞추어지는 것이 아니라, 이런 제품들이 우리에게 제시되는 방식에서 빌생하는 우리 욕구의 왜곡에도 맞추어진다. 아마 그것이 더 합당한 태도일 것이다. 실제로 많은 제품들이 필수적으로 보이고, 우리에게 행복을 부여할 특별한 능력을 갖춘 것처럼 보일 수도 있다. 우리가 그 진짜 정체도 우리 자신의 심리도 이해하지 못하기 때문이다.

예를 들어 자동차 광고는 광고에 나온 자동차를 소유했을

The new SL-Class

FOR SALE:
That recurring dream of yours.

THE NEW SL-CLASS FROM £67,790 ON THE ROAD. CALL 0800 374834 FOR MORE
DETAILS OR VISIT WWW.MERCEDES-BENZ.CO.UK. CAR FEATURED IS AN SL500
WITH OPTIONAL ALLOY WHEELS AT £69,955 ON THE ROAD (INCLUDES DELIVERY,
NUMBER PLATES, FIRST REGISTRATION FEE AND A FULL TANK OF FUEL).

Mercedes-Benz

"당신이 늘 꿈꾸던 것을 판다."

때 우리가 느끼는 기쁨을 망칠 수 있는, 또는 적어도 약화시킬 수 있는 심리의 여러 측면이라든가 소유의 전반적 과정을 교묘하게 무시해버린다. 어떤 것을 소유하고 나서 얼마 후에는 그것을 귀하게 여기는 마음이 사라지기 마련이라는 점은 언급하지 않는다. 어떤 것에 계속 눈이 가는 상태에서 벗어나는 가장 빠른 방법은 그것을 사는 것일지도 모른다. 어떤 사람을 자꾸 보게 되는 상태에서 벗어나는 가장 빠른 방법이 그 사람과 결혼하는 것임과 마찬가지다. 우리는 어떤 것을 이루고 소유하면 지속적인 만족이 보장될 것이라고 믿고 싶어 한다. 행복의 가파른 절벽을 다 기어 올라가면 넓고 높은 고원에서 계속 살게 될 것이라고 상상하고 싶어 한다. 정상에 오르면 곧 불안과 욕망이 뒤엉키는 새로운 지지대로 다시 내려가야 한다고 말해주는 사람은 드물다.

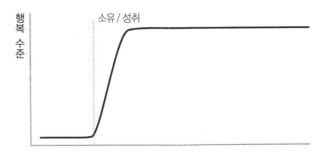

소유/성취 뒤에 우리가 상상하는 만족감

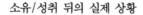

소유/성취 뒤의 실제 상황

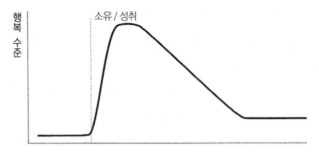

인생은 하나의 불안을 다른 불안으로 대체하고, 하나의 욕망을 다른 욕망으로 대체하는 과정으로 보인다. 그렇다고 불안을 극복하거나 욕망을 채우려고 노력하지 말아야 한다는 이야기는 아니다. 노력은 하더라도 우리의 목표들이 약속하는 수준의 불안 해소와 평안에 이를 수 없다는 것쯤은 알고 있어야 한다는 뜻이다.

새로 산 자동차는 우리가 이미 소유한 모든 경이로운 물건들과 마찬가지로 곧 우리 생활의 물질적 배경 속으로 사라져, 특별히 눈길을 주게 되는 일은 거의 없을 것이다. 그러다가 강도가 창문을 깨고 라디오를 훔쳐가는 역설적인 봉사를 해줄 때에야 비로소 우리는 감사할 것이 얼마나 많았는지 깨달을 것이다.

광고는 또 어떤 물품이라도 우리의 행복 수준을 바꾸기는 어렵다는 점에 대해서도 침묵한다. 이것은 감정적 사건이 발휘하는 압도적인 힘과 비교하면 금방 알 수 있다. 아무리 우아하고 세련된 자동차라도 그 만족감은 인간관계가 주는 만족감에 상대가 되지 않는다. 집에서 싸움을 하거나 버림을 받은 뒤에 그 자동차가 아무런 위안이 되지 않는 것과 마찬가지다. 그런 순간이면 오히려 자동차의 냉정한 능률, 그 지시 장치들의 징밀한 딸깍거림, 탑재된 컴퓨터의 꼼꼼한 계산에 화가 치밀어 오를지도 모른다.

우리는 어떤 직업이 주는 매력도 오해하는 경향이 있다. 그 직업에 포함된 많은 것이 편집되고 오직 감탄하지 않을 수 없는 부분만 강조되기 때문이다. 과정이 아니라 결과만 눈에 보이는 것이다.

선망을 멈추지 못한다면, 엉뚱한 것을 선망하느라 우리 삶의 얼마나 많은 시간을 소비할 것인가.

7

지위와 관련된 근대의 이상에 대한 공격의 핵심은 이것이 우선순위를 엄청나게 왜곡하여, 물질적 축적 과정을 가장 높은 수준의 성취로 치켜세웠다는 것이다. 그러나 우리의 자아상을 진실되고 폭넓게 규정한다면, 물질적 축적은 우리 삶의 방향을 규정하는 여러 가지 가운데 하나에 불과할 뿐이다.

이런 식으로 우선순위를 왜곡하는 것에 격분한 존 러스킨은 19세기 영국인(그는 미국에 간 적이 없다)이 세계사에서 부에 가장 강한 강박감을 가진 사람들이라고 통렬하게 비난했다. 그의 말에 따르면 이들은 누가 무엇을 어디에서 얻었는가 하는 관심을 결코 버리지 못한다("이들을 지배하는 여신은 '성공의 여신'으로 묘사하는 것이 가장 나을 것이다."). 그들은 자신이 부유하지 않으면 수치를 느꼈고, 다른 사람이 부유하면 질투를 했다.

그러나 러스킨은 고백했다. 예상과는 반대로 그 역시 부유해지려고 필사적으로 노력했기 때문이다. 부에 대한 생각이 아침을 먹을 때부터 저녁을 먹을 때까지 그의 정신을 사로잡고 있다고 그는 인정했다. 그러나 러스킨은 자신의 동포가 미덕으로부터 얼마나 벗어났는지 강조하기 위해 "부wealth"라는 모호한 말을 가지고 빈정거리듯이 장난을 치고 있을 뿐이다. 사전에 따르면 부는 단지 많은 액수의 돈만을 뜻하는 것이 아니었다. 게다가 역사적으로 볼 때 그것이 일차적인 의미도 아니었다. 부란 나비에서부터 책이나 미소에 이르기까지 뭐든지 풍부한 상태를 의미한다. 러스킨은 부에 관심을 가졌고, 심지어 부에 강박감도 느꼈다. 그러나 그가 염두에 두었던 부는 특별한 종류였다. 그는 친절, 호기심, 감수성, 겸손, 경건, 지성 ─ 그는 이런 일군의 특징을 단순하게 "삶"이라고 불렀다 ─ 에서 부유해지기를 바랐다. 그래서 그는 《이 최후의 사람에게》에서 부에 대한 일반적인 금전적 관점을 버리고 "삶"에 기초한 관점을 채택하라고 호소했다. 이에 따르면 이 세상에서 부유한 사람은 상인이나 지주가 아니라, 밤에 별 밑에서 강렬한 경이감을 맛보거나 다른 사람의 고통을 해석하고 덜어줄 수 있는 사람이다. 러스킨은 말한다. "삶, 즉 사랑의 힘, 기쁨의 힘, 감탄의 힘을 모두 포함하는 삶 외에 다른 부는 없다. 고귀하고 행복한 인간을 가장 많이 길러내는 나라가 가상 부유하다. 자신의 삶의 기능들을 최대한 완벽하게 다듬어 자신의 삶에, 나아가 자신의 소유를 통해서 다른 사람들의 삶에도 노움이 되는 영향력을 가장 광범위하게 발휘하는 그런 사람이 가장 부유하다. (…) 보통 부유하다고 생각하는 많은 사람들은 사실 그들의 금고 자물쇠만큼이나 부유하지 못하다. 그들은 본질적으로 그리고 영원히 부유할 수가 없다."

러스킨은 예언자처럼 평범한 진리의 말을 한다. 마치 아이의 말 같다. 어떤 사람들은 비웃기도 했지만(《새터데이 리뷰》는 러스킨을 "미친 가정교사"라고 불렀고, 그의 주장을 "공허한 히스테리 발작", "정말 말도 안 되는 소리", "견딜 수 없는 허튼 소리"라고 묘사했다), 어떤 사람들은 귀를 기울였다. 1906년 영국에서 처음으로 27명의 노동당 의원들이 의회에 들어갔을 때 그들이 정치를 통한 사회 정의를 추구하는 데 가장 큰 영향을 준 책 한 권을 꼽아달라는 요청을 받았다. 27명 가운데 17명이 러스킨의 《이 최후의 사람에게》를 꼽았다. 13년 뒤 조지 버나드 쇼는 러스킨 탄생 백주년 강연에서 블라디미르 레닌의 독설과 카를 마르크스의 고발은 러스킨의 저작에 비교하면 시골 사제의 진부한 소리에 불과하다고 주장했다(물론 러스킨은 낙인을 찍는 사람들을 조롱하는 것을 즐겨 자신을 "보수파, 즉 월터 스콧의 보수파와 호머의 보수파에 속하는 과격한 토리당원"이라고 부르기는 했지만). 쇼는 계속해서 이렇게 말했다. "나는 평생 대단히 혁명적인 인물을 몇 사람 만났다. 내가 '당신은 누구의 영향으로 이런 혁명적 노선을 택하게 되었는가? 마르크스인가?' 하고 묻자 그 가운데 많은 사람들이 간단하게 '아니, 러스킨이오' 하고 대답했다. 러스킨주의자들은 어쩌면 우리 사회의 기존 질서에 반대하는 사람들 가운데도 가장 철저한 사람들일지 모른다. 당대의 교양 있는 사람들, 바로 러스킨 자신이 속한 계급에게 보내는 러스킨의 정치적 메시지는 다음과 같은 단순한 심판으로 시작했고 또 끝이 났다. '당신들은 도둑떼다.'"

러스킨만 이런 생각을 했던 것이 아니다. 19세기에는 돈이 완성된 삶의 여러 구성요소 가운데 하나가 아니라 품위를 결정하는 주된 요소, 입증 가능한 선의 증표가 되었기 때문이다. 이런 상황에 대하여 때로는 격노한 목소리로 때로는 우울한 목소리로 비판을 퍼붓는 사람들이 많았다. "사람들은 부를 그 자체로 귀중한 목적으로 간주하는 경향이 있는데, 현재 영국에서처럼 그런 경향이 노골적으로 드러난 적은 없다." 매슈 아널드는 《교양과 무질서》(1869)에서 이렇게 탄식한다. "오늘날 영국인 가운데 열에 아홉은 큰 부가 위대함이나 행복의 증거라고 믿는데, 사람이 뭔가를 이렇게 굳게 믿기도 힘든 일이다." 러스킨이 7년 전에 그랬던 것처럼 아널드도 세계 최고의 산업 선진국 백성에게 부는 행복을 확보하는 여러 수단 가운데 하나일 뿐이라고 역설했다. 그러면서 행복은 "내적인 영적 활동이며, 그 특징은 친절과 빛과 삶과 공감이 확대되는 것"이라고 자기 나름으로 정의하여 《데일리 텔리그라프》의 비판자들로부터 다시한 번 야유를 받았다.

토머스 칼라일도 러스킨이나 아널드의 의견에 동조했는데, 다만 더 성난 목소리였을 뿐이다. 칼라일은 《미다스*Midas*》(1843)에서 묻는다. "과다한 부를 거느린 영국의 이 성공적인 산업. (…) 우리 가운데 누가 그것을 부유하게 만들었는가? (…) 우리는 삶의 호화로운 장식은 소유하게 되었지만 그 와중에 사는 것은 잊어버렸다. 많은 사람들이 더 좋은 음식을 먹고, 더 비싼 술을 마시지만, 그 중심을 보라. 과연 어떤 축복이 늘어난 것인가? 더 나아지고, 더 아름다워지고, 더 강해지고, 더 용감해졌는가? 심지어 흔히 하는 이야기대로 '더 행복해졌는가'? 이 하느님의 땅에서 사람들이 만족감을 느끼며 바라보는 물건이, 바라보는 얼굴이 늘어났는가? 아니면 반대로 전보다 더 많은 물건이, 더 많은 얼굴이 만족감을 느끼며 그들을 바라보는가? 그렇지 않다. (…) 우리는 현금 지불이 인간들의 유일한 관계가 아니라는 사실을 까맣게 잊어버렸다."

칼라일은 근대 기업이 주는 혜택을 모르지 않았다. 회계의 어떤 측면에는 매력을 느끼기도 했다("복식 부기는 감탄할 만하며, 정확한 방법으로 여러 가지를 기록한다"). 그러나 아널드나 러스킨, 그리고 그 전이나 후의 많은 사회 비판자들과 마찬가지로 칼라일은 그가 말하는 "마몬 숭배", 즉 배금주의가 "하느님의 땅"에서 "축복"과 "만족"을 향한 충동을 삼켜버린 생활 방식은 도저히 받아들일 수 없었다.

정치적 변화

1

사회적 위계 때문에 아무리 기분이 상하거나 난처해지더라도 우리는 그런 위계가 너무 뿌리가 깊고 너무 견고하게 자리를 잡아 의문을 제기하는 것은 불가능하다고 생각하며, 그 위계를 지탱하는 공동체나 신념들을 바꾸는 것은 사실상 불가능하다고 생각한다. 한 마디로 이런 위계가 사연스러운 것이라 생각하여 체념을 하고 그냥 받아들이는 경향이 있다.

2

처음에는 독특했지만 세월이 흐르면서 자연스럽게 받아들여진 관념들은 많이 있다.

'자연스러운' 관념들, 1857~1911년

"처음부터 남자가 여자를 지배하도록 정해졌다는 것은 분명한 사실이다. 이것은 우리가 바꿀 권리도 능력도 없는 영원한 신의 뜻이다." _ 퍼시 백작(1873)

"교육 받은 유럽 남자와 유럽 여자 사이의 신체적, 정신적 차이는 유럽 남자와 중앙아프리카의 야만 부족에 속한 니그로 사이의 차이보다 더 크다." _ 크로머 경(1911)

"여자들 다수는, 그들에게는 다행스러운 일이지만, 어떤 종류든 성적인 감정으로 괴로움을 겪는 일이 별로 없다."
 _ 윌리엄 액튼 경(1857)

"한 인종으로 볼 때 아프리카인은 백인보다 열등하다. 따라서 흑인은 백인에게 종속되는 것이 정상이다. 따라서 아프리카인을 열등하게 여기는 우리의 체제는 자연의 위대한 법칙에 근거하고 있다." _ 알렉산더 스티븐스(1861)

3

사회의 목소리 큰 사람들이 선험적 진리로 여기는 견해들이 사실은 상대적인 것이고 연구의 대상이 될 수 있다는 사실을 인식할 때 비로소 정치적 의식이 깨어난다. 그런 견해들은 자신만만하게 주창될 수도 있고, 나무나 하늘처럼 존재의 기본 구조에 속한 것처럼 보일 수도 있지만, 사실은—어떤 정치적 관점에 따르면—특정한 사람들이 특정한 현실적 또는 심리적 이해관계를 옹호하고자 만든 것이다.

이런 상대성을 받아들이기 어렵다면, 그것은 지배적인 믿음들이 자신은 태양의 궤도처럼 인간의 손으로 바꿀 수 없는 것이라고 공들여 주장해왔기 때문이다. 그들은 그저 자명한 것을 이야기할 뿐이라고 주장한다. 카를 마르크스의 유용한 표현을 빌리자면, 그런 믿음들은 **이데올로기**다. 이데올로기적 진술이란 중립적으로 말하는 척하면서 교묘하게 어떤 편파적인 노선을 밀어붙이는 진술이라고 규정할 수 있다.

마르크스가 보기에 이데올로기적인 믿음을 주로 퍼뜨리는 사람들은 사회의 지배계급들이다. 그래서 지주 계급이 결정권을 쥔 사회에서는 토지에서 나오는 부가 본래 고귀하다는 개념을 주민 다수가 당연하게 받아들인다(심지어 이런 체제에서 손해를 보는 많은 사람들도 그런 개념을 받아들인다). 반면 중상주의 사회에서는 기업가의 성취가 사회 구성원의 성공의 꿈을 지배한다. 마르크스의 표현을 빌리면, "모든 시대의 지배적 관념은 늘 지배계급의 관념이다."

그러나 이런 관념들은 강압적으로 지배하는 것처럼 보이면 결코 지배를 할 수가 없다. 이데올로기적인 진술의 핵심은 높은 수준의 정치적 감각이 없으면 그 편파성을 발견할 수 없다는 것이다. 이데올로기는 무색무취의 가스처럼 사회에 방출된다. 그것은 신문, 광고, 텔레비전 프로그램, 교과서에 자리 잡고 있다. 이곳에서 이데올로기는 자신이 편파적인, 어쩌면 비논리적이고 부당할 수도 있는 방식으로 세상에 접근한다는 사실을 감추면서, 자신은 그저 오래된 진실을 이야기할 뿐이며, 오직 바보나 미치광이만이 여기에 반대할 뿐이라고 주장한다.

4

그러나 갓 태어난 정치적 정신은 예의와 전통을 벗어버리고, 거리낌 없이 반대의 입장에 서서, 아이처럼 순수하게 그러나 법정에 선 변호사처럼 완강하게 묻는다. "꼭 이래야 하는가?"

억압적 상황은 영원한 고통을 겪으라는 자연의 심판으로 여길 수도 있지만, 정치적으로 해석하면 변화 가능한 어떤 사회 세력들 탓이라고 생각할 수도 있다. 이렇게 되면 죄책감과 수치감은 이해로, 지위의 더 평등한 분배 방식에 대한 탐구로 바뀔 수도 있다.

5

조지 버나드 쇼는 《지적인 여자를 위한 사회주의와 자본주의 안내》(런던, 1928)에서 이렇게 말했다.

"어릴 때 우리 모두 가졌던 환상, 즉 우리가 살아가는 제도가 날씨처럼 자연스러운 것이라는 환상을 머리에서 씻어내야 한다. 그것은 자연스러운 것이 아니다. 그것이 우리의 작은 세계 어디에나 존재하기 때문에 우리는 그것이 늘 존재해왔고 또 늘 존재해야 한다고 당연하게 생각한다. 이것은 위험하고 잘못된 생각이다. 이런 제도는 사실 일시적으로 임시변통하기 위해 만들어 놓은 것이다. 실제로 아무도 가능하다고 믿지 않았던 변화가 몇 세대 만에 일어나곤 한다. 요즘 아이들은 학교에서 9년을 보내고, 노년 연금이나 과부연금을 받고, 여자가 투표를 하고 짧은 치마를 입은 여자들이 의회에 가 있는 것이 자연 질서의 일부이며, 전에도 늘 그랬고 앞으로도 늘 그럴 것이라고 믿는다. 그러나 이 아이들의 증조모는 이런 일이 생길 것이라고 말하는 사람을 미쳤다고 생각했을 것이며, 이런 일이 일어나기를 바라는 사람을 악하다고 생각했을 것이다."

6

서양 사회에서 지난 2,000년 동안 자신의 지위를 가장 성공적으로 바꾸어 온 집단은 아마 여성일 것이다. 여성 다수가 자신의 지위에 의문을 제기할 자격이 있다고 느끼게 된 과정을 살펴보면 정치적 의식 발달에 대한 여러 가지 일반적 통찰을 얻을 수 있다.

버지니아 울프는 《자기만의 방A Room of One's Own》(1929)에서 어느 가을에 케임브리지 대학을 다녀온 이야기부터 시작한다. 그녀는 케임브리지에 갔을 때 트리니티 칼리지 도서관을 둘러보기로 했다. 밀턴의 《리키다스Lycidas》와 새커리의 《헨리 에스먼드 이야기The History of Henry Esmond》 원고를 살펴보려는 것이었다. 그러나 그녀가 도서관에 발을 들여놓으려 하자 "은처럼 빛나는 친절하고 겸손한 신사"가 나타나 "낮은 목소리로 칼리지의 펠로와 동행하거나 소개장을 가져오지 않으면 여자는 도서관에 들어올 수 없다"고 말했다. 울프는 우울한 목소리로 여성의 열등한 지위를 밑받침하고 있는 크고 당당한 기둥, 즉 여자들이 평등한 권리에서부터 고등교육까지 박탈당하고 있다는 사실과 맞선다.

많은 여자들이 이런 사건을 겪으면서 상처를 받았겠지만 정치적으로 대응하는 경우는 거의 없었다. 자기 자신이나 자연이나 신을 탓할 뿐 다른 방도를 모색하는 경우도 거의 없었다. 사실 역사적으로 여자가 남자와 똑같은 교육의 권리를 누린 적은 없지 않은가. 영국의 가장 유명한 의사들과 의회의 정치가들 여시 여자의 정신이 생물학적으로 남자보나 열능하며, 그것은 두개골의 크기 때문이라고 이야기하지 않았던가. 따라서 어떤 여자가 자신을 도서관에 들여보내지 않은 신사의 동기를 의심할 권리가 있겠는가? 더군다나 그 신사가 정중하게 미소를 띠고 사과를 하면서 이야기를 했는데.

그러나 울프는 쉽게 입을 다물지 않았다. 그녀는 전형적인 정치적 전술을 구사하여, "도서관에 입장이 허용되지 않다니 **나에게** 무슨 문제가 있을까?" 하고 묻는 대신 "**나를** 들여보내지 않다니 **도서관 문지기에게** 무슨 문제가 있을까?" 하고 물었다. 관념이나 제도가 "자연스럽다"고 생각할 때는 고통의 책임을 아무에게도 묻지 못하거나 고통을 겪은 당사자에게 묻게 된다. 그러나 정치적인 관점에서 보자면 우리가 아니라 관념이 문제일지도 모른다고 상상하게 된다. 수치심에 싸여 "**나에게** 무슨 문제가 있을까[여자라는 것일까/피부색이 검다는 것일까/돈이 없다는 것일까]?" 하고 묻는 대신 "나를 비난하다니 **다른 사람들이** 틀렸거나, 부당하거나, 비논리적인 것이 아닐까?" 하고 묻게 된다. 이것은 자신의 무죄에 대한 확신에서 나오는 질문이 아니라, 자연주의적인 관점이 이야기하는 것과는 달리 제도, 관념, 법은 어리석고 편파적이라는 인식에서 나오는 질문이다.

따라서 울프는 케임브리지 호텔로 돌아가는 길에 자신이 받은 상처로부터 바깥으로 눈길을 돌려 여성의 일반적 지위를 생각해보게 되었다. "나는 가난이 정신에 어떤 영향을 주는지 곰곰이 생각해보았다. 또 부가 정신에 어떤 영향을 주는지도 생각해보았다. 나는 감금을 당하는 것이 얼마나 불쾌한지도 생각해보았다. 또 한 성의 안전이나 번영과 다른 성의 궁핍이나 불안에 대해서도 생각해보았다." 그녀는 자신이 성장하면서 보았던 여성적 역할 모델을 곰곰이 생각해보고 그것에 의심을 품게 되었다. 언제나 "매우 매력적이고 철저하게 비이기적인" 여자에 대해서도 생각해보았다. "그녀는 가족생활이라는 어려운 일에 탁월한 솜씨를 보여주었다. 그녀는 매일 자신을 희생했다. 닭이 있으면 다리를 잡았다. 외풍이 들어오면 앉아서 바람을 막았다. 간단히 말해서 그녀는 자신의 생각이나 바람은 전혀 없고 늘 다른 사람의 생각과 바람에 공감하도록 타고난 것 같았다."

런던으로 돌아왔을 때도 질문은 계속되었다. "왜 남자는 술을 마시고 여자는 물을 마실까? 왜 한쪽 성은 그렇게 부유해지고 다른 성은 그렇게 가난해질까?" 울프는 여성의 예속에 대한 "이런 인상들 가운데 개인적이고 우연적인 것들을 걸러내려고" 대영박물관으로 가서(이곳에는 20년 전부터 여성의 출입이 허용되었다) 남자가 여자를 대하는 태도의 역사를 연구했다. 그녀는 사제, 과학자, 철학자들이 권위를 실어 특정한 편견과 설익은 진실을 전파한다는 것을 알았다. 그들의 말에 따르면 여자들은 신의 명령에 따라 열등해진 존재이며, 체질적으로 정치를 하거나 사업을 할 수 없고, 너무 몸이 약해 의사가 될 수 없으며, 생리를 할 때는 기계 조작이 불안해지고 재판에서 공정한 태도를 유지할 수도 없었다. 이런 비난을 들으며 울프는 문제가 돈임을 인식했다. 여자는 영의 자유를 포함한 어떤 자유도 없었다. 자신의 소득을 통제하지 못하기 때문이다. "여자는 늘 가난했다. 단지 200년 동안이 아니라 처음부터 그랬다. 여자는 아테네의 노예의 아들보다 지적인 자유를 누리지 못했다."

울프의 책은 구체적인 정치적 요구에서 절정에 이른다. 여자에게는 존엄만이 아니라, 동등하게 교육받을 권리, "1년에 500파운드의 소득"과 "자기만의 방"이 필요하다는 것이었다.

7

지위와 관련된 근대의 이상에 담겨 있는 이데올로기적 요소는 19세기의 인종이나 성에 대한 발언처럼 노골적인 태도를 드러내지 않는다. 그런 요소는 이제 웃음을 지으며 무해해 보이는 곳에 자리 잡고 있다. 그럼에도 이런 요소는 훌륭한 삶을 영위하는 방식에 대하여 편파적인, 또 때로는 편견에 사로잡힌 관점을 전과 다름없이 유지하고 있다. 따라서 이것은 훨씬 정밀하고 의식적인 검토를 받아 마땅하다.

사회의 어디에나 존재하는 진술과 이미지에서는 메시지들이 쏟아져 나오며, 이것은 생각보다 쉽게 우리에게 스며든다. 일요일 신문을 읽으면서 그 내용을 빨아들이고 나서도 그 시간에 야콥 부르크하르트의 《이탈리아 르네상스 문명 *Geschichte der Renaissance in Italien*》이나 바울의 〈갈라디아서〉를 읽기라도 한 것처럼 우선순위에 대한 감각과 욕망이 전혀 변하지 않은 채 똑같이 살아갈 수 있을 것이라고 믿는 것은 그런 신문의 위력을 대단히 과소평가하는 것이다(막스 베버는 일요일 신문을 읽는 의식이 교회에 가는 의식을 대체했다고 보았다).

8

정치적 관점이 추구하는 것은 무엇보다도 이데올로기에 대한 이해다. 분석을 통하여 이데올로기가 자연스러운 것이 아님을 밝혀 그 뇌관을 제거하는 것이다. 그렇게 해야 어리둥절한 채 우울한 표정으로 대응하던 태도를 버리고, 눈을 똑똑히 뜨고 그 원인과 결과를 계보학적으로 파악할 수 있기 때문이다.

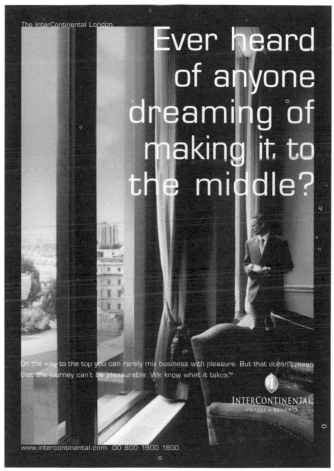

"중간까지만 올라가겠다는 꿈을 꾸는 사람도 있을까?", "정상으로 향하는 길에서는 일과 즐거움을 섞을 수가 없다. 그렇다고 해서 여행이 즐겁지 말라는 법은 없다. 우리는 어떻게 하면 즐거울 수 있는지 안다."

Eddy was determined to escape the mailroom

Ed volunteered for anything he could volunteer for

Edward caught his boss's eye with a shrewd business proposal

Mr. Edward Parks' marketing genius catapulted sales skyward

President E. Parks tells people 'Please, call me Eddy.'

Never settle.

Forbes
CAPITALIST TOOL

To subscribe call 1-800-888-9896 ext. 17
or go to www.forbes.com/sub

"에디는 우편물이나 처리하는 일에서 벗어나기로 결심했다. 에드는 자원할 수 있는 일은 뭐든지 자원했다. 에드워드는 빈틈없는 사업 제안서로 상사의 눈을 사로잡았다. 에드워드 파크스 씨의 천재적인 마케팅 솜씨 덕분에 영업 실적이 엄청나게 올라갔다. E. 파크스 사장은 사람들에게 '그냥 에디라고 불러주세요' 하고 말한다. 결코 안주하지 말라."

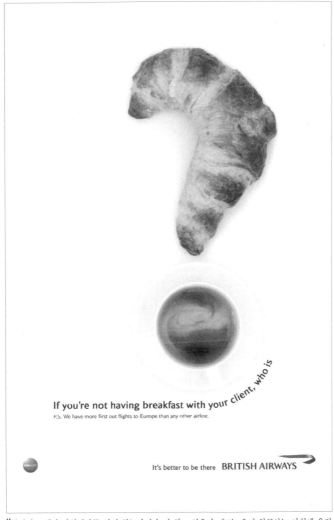

If you're not having breakfast with your client, who is

P.S. We have more first out flights to Europe than any other airline.

It's better to be there BRITISH AIRWAYS

"당신이 고객과 아침식사를 하지 않는다면 누가 하고 있을까. 추신: 우리 항공사는 아침에 유럽으로 첫출발하는 비행기가 가장 많다."

연구를 해보면 지위와 관련된 근대의 이상 역시 자연스럽지도 않고 신이 주신 것처럼 보이지도 않게 된다. 그것은 18세기 후반 영국에서 시작된 산업 생산과 정치 조직의 변화에서 생겨난 것이며, 그 이후 유럽과 북미로 퍼져나갔다. 신문과 텔레비전에 주입되어 있는 물질주의, 기업가 정신, 능력주의에 대한 열망은 체제의 키를 쥐고 있는 사람들의 이해관계를 반영한다 ("모든 시대의 지배적 관념은 늘 지배계급의 관념이다"). 그리고 다수는 이 체제에 의해 생계를 유지한다.

　이렇게 이해한다고 해서 지위와 관련된 이상 때문에 생기는 불편이 기적적으로 사라지지는 않는다. 정치적 어려움을 이해하는 것은 기후 위성으로 기상 상태의 위기를 파악하는 것과 같다. 그것이 늘 문제를 막아주지는 못하지만, 적어도 거기에 접근하는 최선의 방법에 대해서는 여러 가지 유용한 것을 가르쳐준다. 그 결과 피해의식, 수동적 태도, 혼란은 현저하게 줄어든다. 욕심을 내보자면, 이해는 사회의 이상들을 바꾸거나 그것과 씨름해보는 첫 단계라고 말할 수도 있다. 이것만으로도 죽마를 신고 다니는 사람들을 아무런 회의 없이 무조건 숭배하고 존경하는 경향이 조금이라도 줄어든 세계를 만드는 데 어느 정도는 도움이 될 것이다.

IV
—
기
독
교

죽음

1

톨스토이의 중편 《이반 일리치의 죽음Smert Ivana Ilicha》
(1886년)의 주인공은 오래전 아내에 대한 사랑이 식었고, 자
식들을 도무지 이해하지 못하며, 그의 출세를 도와줄 사람이
나 높은 지위에 있어 선망의 대상이 되는 사람들 외에는 친구
가 없다. 이반 일리치는 지위에 목을 매단 사람이다. 그는 상
트페테르부르크의 커다란 아파트에 살며, 이 아파트는 이 시
대 유행에 따라 장식이 되어 있다. 이곳에서는 맥이 빠진 저
녁 잔치가 자주 벌어지지만, 따뜻하거나 진지한 말이 오가는
법은 없다. 이반 일리치는 고등법원 판사라는 직위를 즐기지
만, 그것은 그 자리에 앉아 있으면 존중을 받기 때문이다. 이
반 일리치는 가끔 늦은 밤이면 "시내에서 입에 오르내리는"
책을 읽기도 하고, 잡지들을 통해 어떤 노선을 택하는 것이
옳은지 파악하기도 한다. 톨스토이는 이 판사의 생활을 이렇
게 요약한다. "이반 일리치가 일에서 얻는 기쁨은 사만심이

주는 기쁨이었다. 사교에서 얻는 기쁨은 허영이 주는 기쁨이었다. 반면 카드로 휘스트 놀이를 하면서 얻는 기쁨이야말로 진짜 기쁨이었다."

그러다가 이반은 마흔다섯 살에 옆구리에 통증을 느끼는데, 이것이 점차 몸 전체로 퍼져나간다. 의사들도 이유를 알지 못한다. 그들은 허세를 부리며 모호하게 간이 떠돌아다닌다느니 염분 수준이 조화를 이루지 못한다느니 이야기하면서, 값만 터무니없이 비싸고 효과는 없는 약을 여러 가지 처방해준다. 그는 너무 피곤해 일을 하지 못한다. 장에는 불이 붙은 느낌이다. 식욕도 떨어지고, 가장 중요한 것으로, 휘스트 놀이를 하고 싶은 마음도 사라졌다. 판사 자신이나 주위의 모든 사람도 그가 곧 죽을 것이라고 생각하기 시작한다.

이것은 법원에 있는 이반의 많은 동료에게는 슬픈 생각이 아니다. 피요도르 바실리예비치는 이반이 죽으면 자신이 슈타벨의 자리나 비니코프의 자리를 차지하게 될 것이며, 그렇게 승진을 하면 보수가 800루블 오르고 거기에 사무실 경비에 쓰라고 판공비까지 나올 것이라고 예상한다. 또 다른 동료인 피요트르 이바노비치는 처남을 칼루가에서 데리고 올 기회가 생길 것이고, 그렇게 되면 아내가 흡족해하여 집안 문제도 누그러질 것이라고 생각한다. 그러나 이반의 가족은 약간 걱정을 한다. 그의 부인은 그의 죽음 자체가 안타까운 것은 아니지만,

자신이 받을 연금 규모가 줄어들까 봐 걱정을 한다. 사교계의 명사인 딸은 아버지의 장례식 때문에 자신의 결혼 계획이 엉망이 될지 모른다고 걱정한다. 이반은 이제 살 날이 몇 주 안 남은 상태에서 자신이 지상에서 얻은 시간을 낭비했고, 겉으로는 품위가 있지만 속으로는 황폐한 삶을 살았음을 인식한다. 그는 자신의 성장, 교육, 일을 돌이켜보며, 다른 사람들 눈에 중요해 보이고자 하는 욕망 때문에 그 모든 일을 했다는 사실을 깨닫는다. 그는 사람들에게 좋은 인상을 주려고 자신의 이익과 감수성을 희생해왔는데, 이제야 그들은 자신에게 전혀 관심이 없다는 사실을 깨달은 것이다. 어느 날 새벽 이반은 통증에 시달리다가 "높은 지위에 있는 사람들이 좋다고 생각하는 것에 저항하고 싶다는 어렴풋한 충동, 늘 억눌러왔던 그 모호한 충동이 어쩌면 정말로 중요한 것이며, 나머지는 모두 진짜가 아니었는지도 모른다는 생각이 들었다. 자신의 공적 의무, 생활 방식, 가족, 사교계와 자신의 분야에 속한 사람들이 고수하는 가치, 이 모든 것이 진짜가 아닌지도 몰랐다."

짧은 인생을 허비했다는 느낌은 주위 사람들이 사랑한 것은 그의 지위이지, 그의 진짜 약한 자아는 아니라는 인식 때문에 더 강해졌다. 그는 판사였기 때문에, 또 부유한 아버지이자 가장이었기 때문에 존경을 받았던 것이다. 그러나 이런 자산이 곧 사라질 위기에 처하자, 번뇌와 공포에 사로잡혔음에도 누구의 사랑에도 의지할 수가 없었다. "이반 일리치가 가장 괴로웠던 것은 아무도 그에게 그가 바라는 동정을 주지 않는다는 점이었다. 오랜 고통 끝에 이제 병든 아이처럼 동정을 받고 싶은 마음이 간절한(인정하기는 부끄러웠지만) 순간들이 있었다. 어린 아이를 위로하고 달래듯이 누가 안아주고, 입맞추어주고, 울어주기를 바랐다. 그러나 그는 턱수염이 허연 중요한 관리였기 때문에 그런 일은 있을 수 없다는 것을 잘 알았다. 그럼에도 갈망하는 마음은 사라지지 않았다."

이반이 숨을 거둔 뒤 이른바 친구들이 조의를 표하러 왔으나, 그의 죽음으로 인해 휘스트 놀이 계획이 어그러진 것을 아쉬워할 뿐이었다. 그 가운데 동료 피요트르 이바노비치는 관에 누운 이반의 움푹 꺼진 밀랍 같은 얼굴을 보자 언젠가 자신도 죽는다는 생각을 하기 시작했다. 이것은 심각한 문제일 수 있었다. 특히 카드놀이에 에너지의 대부분을 소비하는 관리에게는 그러했다. "'그래, 이제 똑같은 일이 나한테도 언제든지 일어날 수 있어.' 피요트르 이바노비치는 생각했다. 잠시 그는 공포에 사로잡혔다. 그러나 그 즉시, 어떻게 된 일인지 그 자신도 몰랐지만, 이것은 자신이 아니라 이반 일리치에게 일어난 일이며, 자신에게는 일어날 수도 없고 일어나서도 안 된다는 것, 만일 그런 가능성을 인정한다면 우울해질 것이라는 관습적인 생각으로 구원을 받았다."

2

기독교적인 죽음의 경고memento mori의 훌륭한 전통 안에 자리 잡은 《이반 일리치의 죽음》은 죽음에 대한 생각 때문에 세속적인 것보다 영적인 것을, 휘스트와 저녁 파티보다 진실과 사랑을 중요하게 여기게 되는 과정을 보여주는 소설이다.

만일 톨스토이가 우리의 관심의 대상을 완전히 바꾸어버리는 죽음의 힘을 잘 이해했다면, 그것은 그가 이 중편을 쓰기 불과 몇 년 전에 자신의 유한성을 새롭게 인식하고 그 맥락에서 자신의 삶에 의문을 제기한 경험이 있기 때문일 것이다. 톨스토이는 죽음에서 영감을 받아 자신을 살핀 기록인 《참회록Ispored》(1882년)에서 《전쟁과 평화Voyna i mir》와 《안나 카레니나Anna Karenina》로 세계적인 명성과 부를 얻은 뒤인 쉰한 살 때 자신이 어린 시절부터 자신의 가치나 신의 가치를 따라 산 것이 아니라 "사회"의 가치를 따라 살았으며, 이 때문에 다른 사람들보다 강해지고, 유명해지고, 중요해지고, 부유해지고자 하는 불안한 욕망을 품게 되었음을 깨달았다. 그가 속한 사교계에서는 "야망, 권력에 대한 집착, 선망, 호색, 오만, 분노, 복수를 존중했다." 그러나 죽음을 생각하자 이전의 야망들이 과연 타당한 것인지 의심이 생겼다. "'그래, 사마라에 땅 6,000데샤티나, 말 300마리가 있다 치자. 그래서 어쨌다는 건가? (…) 그래, 고골이나 푸슈킨이나 셰익

스피어나 몰리에르보다, 세상의 모든 작가들보다 더 유명해 진다고 치자. 그것이 무슨 의미가 있단 말인가?' 나는 답을 찾을 수가 없었다."

결국 그의 의문을 가라앉힌 답은 신이었고, 톨스토이는 여생을 예수 그리스도의 가르침에 순종하여 살게 된다. 톨스토이가 인생의 의미의 위기를 맞아 찾아낸 기독교적인 해법을 우리가 어떻게 생각하든, 그의 회의적인 여행은 익숙한 궤도를 따르게 된다. 이것은 죽음에 대한 생각이 삶의 더 진정한, 더 의미 있는 길의 안내자 역할을 할 수 있다는 것을 보여주는 예다. 바흐의 칸타타 BWV 106(하나님의 때가 최상의 때로다Gottes Zeit ist die allerbeste Zeit)에 따르면 죽음은 우리의 우선순위를 결정하는 거룩한 부르심이다.

가사를 정리하여라,

네가 죽고

살지 못하리로다.

Bestelle dein Haus,

Denn du wirst sterben,

Und nicht lebendig bleiben.

이것은 옛 계약이다,

사람아 너는 죽어야만 한다.

그러하오면, 오소서, 주 예수여.

Es ist der alte Bund.

Mensch, du musst sterben.

Ja, komm, Herr Jesu.

3

지위에 대한 지나친 관심에서 다른 데로 방향을 트는 데 죽을 병이 어떻게 도움을 줄까?

무엇보다도 사회가 우리를 존중하던 여러 가지 이유를 빼앗 이긴다. 예를 들어 서녁 파티를 열고, 능률적으로 일을 하고, 후원을 할 능력이 우리에게서 사라진다. 이런 과정에서 죽음은 지위를 통해 우리가 얻으려고 하던 관심의 덧없음, 나아가 무가치함을 드러낸다. 우리의 건강이 좋고 권력도 막강할 때는 우리를 칭찬하는 사람이 진짜 애정 때문에 그러는지 아니면 어떤 이익을 노리고 그러는지 굳이 알고 싶지 않다. "**나** 때문인가 아니면 **나의 사회적 지위** 때문인가?" 하고 물어볼 용기 또는 냉소적 태도는 보여주기 힘들다. 그러나 병은 세속적 사랑의 조건을 제거하여 그런 구별이 잔인할 정도로 분명하게 눈앞에 나타난다. 병원에서 환자복을 입고 눈앞에 다가온 죽음을 기다릴 때 우리는 우리의 지위를 조건으로 우리를 사랑하던 사람들에게 격분한다. 그들이 냉혹하게 유혹의 책략을 썼다는 사실만이 아니라 우리 자신이 그들에게 유혹을 당할 만큼 허영심이 컸다는 사실에도 화가 난다. 죽음을 생각하면 사교 생활에 진정성이 찾아온다. 우리가 아는 사람들 가운데 누가 입원실까지 와줄 것인지 생각해보면 만날 사람을 정리하는 데 큰 도움이 될 것이다.

조건부 사랑에 흥미를 잃게 되면, 그것을 얻기 위해 우리가 추구하던 많은 것들에 대한 흥미도 줄어든다. 부, 위신, 권력으로는 우리의 지위가 유지되는 한에서만 지속되는 사랑밖에 얻을 수 없다면, 그렇게 살다가는 어린 아이처럼 위로를 갈망하며 무방비 상태에서 헝클어진 모습으로 인생을 끝내야 할 운명이라면, 우리가 지위를 얻든 잃든 지속될 수 있는 관계에 에너지를 집중해야 할 분명한 이유가 생기는 셈이다.

4

헤로도토스의 말에 따르면, 이집트에서는 잔치가 끝날 무렵 참석자들이 거나해져 있을 때 하인들이 들것에 해골을 담아 연회장 탁자 사이를 돌아다니는 관습이 있었다. 아쉽게도 헤로도토스는 어떤 의도로 이렇게 죽음을 연상시키는 행동을 했는지 설명하지 않는다. 참석자들은 그것을 보고 잔치판에서 더 강렬한 즐거움을 맛보았을까, 아니면 새삼 심각한 기분으로 집에 돌아갔을까?

죽음에 대한 생각의 가장 큰 효과는 나일 강변에서 술을 마시든, 책을 쓰든, 돈을 벌든, 우리가 당장 일어나고 있는 일로부터 가장 중요한 일로 시선을 돌리게 해준다는 것이다. 동시에 다른 사람들의 판단에 덜 의존하게 해준다는 것이다. 어차피 다른 사람들이 우리 대신 죽어주는 것은 아니지 않은가. 우리 자신의 소멸을 생각하다 보면 우리가 마음속으로 귀중하게 여기는 생활방식을 향해 눈길을 돌리게 된다.

앤드루 마블은 이런 생각에서 영감을 얻어 사랑을 망설이는 젊은 여자의 미모와 자신의 정절을 강조할 뿐 아니라, 그녀나 자신이 곧 세상에서 사라지게 될 것이라는, 얼핏 보면 전혀 로맨틱해 보이지 않는 사실을 강조하여 여자를 침대로 유혹하는 유명한 시를 남겼다. 〈수줍은 애인에게*To His Coy Mistress*〉(1681년)에서 마블은 사랑하는 여자가 사람들이 어떻게 생각할까 불안하여 자신의 욕망 표현을 억제하는 듯이 보이자, 죽음의 유령을 이용하여 그녀가 공동체 내에서 차지하는 지위로부터 그녀 자신의 소망으로 눈길을 돌리게 한다. 시인의 말에 따르면 다음과 같은 사실만 아니라면 그녀가 수줍어하는 것도 범죄는 아닐 것이라고 말한다.

등 뒤에서는 늘

시간의 날개 달린 수레가 황급히 다가오는 것을 느낍니다.

저기 우리 앞에는

광대한 영원의 사막이 펼쳐져 있지요⋯⋯

무덤은 훌륭하고 은밀한 장소이지만,

그곳에서는 아무도 포옹을 하지 않겠지요.

셰익스피어 역시 죽음을 앞세워 유혹을 하는 것이 유리하다는 사실을 잘 알고 있었던 것 같다. 그는 여러 편의 소네트에서 사랑하는 사람에게 다음과 같은 순간을 예상하라고 촉구한다.

마흔 번의 겨울이 그대의 이마를 공격하여

그대의 아름다운 벌판에 깊은 참호를 여러 줄 팔 것입니다

그리고 시간이

⋯⋯그대의 젊음의 대낮을 더럽혀진 밤으로⋯⋯

바꾸어 놓을 것입니다.

죽음에 대한 생각은 악용을 할 수도 있지만(사람을 공황에 빠뜨려 억지로 어떤 일을 하게 한다든가), 잘 이용하면 성공을 위해 근본적인 일을 계속 미루며 살아가는 태도를 고치는 데 도움을 줄 수도 있다. 우리는 죽음에 대한 생각에서 용기를 얻

어 사회의 기대 가운데 정당성이 없는 것들로부터 벗어날 수 있다. 해골 앞에서는 다른 사람들의 억압적인 의견도 위압적으로 느껴지지 않는다.

5

죽음을 생각하는 관점에서 의미 있는 활동이 무엇이냐고 물었을 때 기독교적인 생각과 세속적인 생각은 차이가 날 수도 있다. 그러나 사랑, 진정한 사회관계, 자선에 대한 강조는 공통되는 것 같다. 또 권력, 군사적인 힘, 급진적인 야욕, 명예에 대한 관심을 비판하는 것도 공통되는 것 같다. 죽음에 대한 생각 옆에 갖다 놓으면 어떤 행동들은 히찮아 보일 수밖에 없다.

헤로노노스는 나른 곳에서 페르시아의 막강한 왕 크세르크세스에 대해서 이야기한다. 그는 기원전 480년에 거의 200만에 이르는 대군을 이끌고 그리스 침공에 성공하여 헬레스폰트 해협 전체를 그의 함대로 채우고 모든 평원을 그의 군대로 덮으면서 자신의 행운과 능력을 자축했다. 그러나 몇 달이 지나자 크세르크세스는 울기 시작했다. 늘 그의 옆을 지켰던 숙부 아르타바누스가 어리둥절하여 그와 같은 자리에 있는 사람이 울 일이 뭐가 있느냐고 물었다. 크세르크세스는 100년이 흐르면 자기 앞에 있는 모든 사람, 세상을 공포에 떨게 했던 자신의

하인츠 영업사원들의 대회 폐회 만찬, 시카고, 1902.

병사들 모두가 죽을 것임을 방금 깨달았다고 대답했다.

1902년 봄 시카고에서 하인츠 영업사원 대회에 참석한 사람들의 사진을 볼 때도 똑같은 슬픔을 느낄 수 있고, 업적의 가치에 대하여, 무엇이 의미 있는 일이냐에 대하여 회의를 느낄 수 있다. 미국 전역의 상점에서 케첩과 피클의 판매량을 늘리는 흥미진진한 계획을 생각하고 나서 페르시아의 크세르크세스 왕처럼 슬퍼 울 수도 있는 것이다.

물론 우리의 노력을 지워버리는 죽음의 손의 위력은 나라를 정복하고 브랜드를 세우는 일에서만 나타나는 것이 아니다. 뺨에 보조개가 파이는 아이에게 신발끈 묶는 법을 가르치는 어머니가 둘 다 결국은 죽을 것이라는 생각에 눈물을 흘릴 수도 있다. 그러면서도 아이를 기르는 것이 양념을 파는 것보다는 죽음에 대한 생각을 이기고 살아가는 데 더 큰 도움이 된다고 생각할 수 있다. 친구를 돕는 것도 군대를 이끄는 것보다는 유리할 것이다.

"헛되고 헛되다. 세상만사 헛되다." 〈전도서〉의 저자는 그렇게 탄식한다(1장 2절) "한 세대가 가면 또 한 세대가 오지만 이 땅은 영원히 그대로이다."(1장 4절)[5] 그러나 기독교 사상가들은 모든 것이 똑같이 헛된 것은 아니라고 주장한다. 16세기에 기독

5 성경 번역은 《공동번역》을 따랐다.

왼쪽 필립 드 샹파뉴, 〈바니타스〉, 1671년경.
오른쪽 시몽 르나르 드 생 앙드레, 〈바니타스〉, 1662년경.

교도들의 땅에서 예술에 새로운 주제가 나타나 이후 200년 동안 미술품을 사는 계급들의 상상력을 사로잡았다. 〈전도서〉를 기려 "바니타스 미술vanitas art"(vanitas는 헛되다는 뜻 — 옮긴이)이라는 이름으로 부른 이 작품들은 가정에, 특히 서재나 침실에 걸려 있었다. 그림은 대조를 이루는 물건들이 어지럽게 널려 있는 탁자나 찬장을 보여준다. 우선 꽃, 동전, 기타나 만돌린, 체스판, 월계관, 포도주 병들이 보인다. 이것은 천박과 세속적 영광의 상징들이다. 이런 물건들 가운데 죽음과 짧은 생명의 중요한 상징 두 가지가 놓여 있다. 두개골과 모래시계다.

이런 작품들의 목적은 모든 것이 헛되다는 생각으로 그 소유자를 우울하게 하자는 것이 아니었다. 오히려 그들의 경험의 구체적인 면에서 결함을 찾아낼 용기를 주고, 동시에 사랑, 선, 신실, 겸손, 친절 등의 미덕에 좀 더 진지하게 관심을 가질 자유를 주었다.

6

우리 자신의 유한성을 생각하는 것 외에 다른 사람의 죽음, 특히 우리가 큰 열등감과 질투를 느끼게 되는 업적을 쌓은 사람의 죽음을 생각하는 것도 지위로 인한 불안에서 벗어나는 데 도움을 줄 수 있다. 내가 아무리 잊히고 무시당하는 존재라 하더라도, 다른 사람이 아무리 강하고 존경받는 존재라 하더라도, 우리는 모두가 결국은 가장 민주적인 물질, 즉 먼지가 될 것이라는 생각에서 위안을 얻을 수 있다는 것이다.

1658년 노픽의 월싱엄 마을 바깥에서 농부 한 사람이 밭을 갈다 땅에 묻힌 단지 50개를 발견했다. 그 밭은 로마 또는 색슨 시대 귀족의 매장지였다. 단지의 발견은 이스트앵글리아에서는 상당한 사건이었다. 노리치에 살던 의사 투머스 브라운 경도 이 일에 관심을 가지게 되었다. 결국 이 해 말 브라운 경은 무덤의 발견을 출발점으로 삼아 세속적인 영광을 구하는 노력의 무익함, 인간의 불완전성, 따라서 구원을 위하여 신에게 의존해야 할 필요 등에 대하여 두서없는 명상을 시작했다. 이것이 〈호장론, 최근 노픽에서 발굴된 사기 무덤에 관하여〉이다.

브라운은 특유의 운율이 실린 딱딱한 영어로 말한다. "몇 달 전 유서 깊은 월싱엄 들판에서 항아리 40~50개가 발굴되었다. 항아리는 메마른 모래땅에 1미터도 안 되는 깊이로 별로 간격을 두지 않고 묻혀 있었다. (…) 어떤 항아리에는 뼈가 1킬로그램 담겨 있었다. 두개골, 갈비뼈, 턱뼈, 골반벼, 치아를 구별할 수도 있었다." 브라운이 관심을 가졌던 것은 한때는 이 지역에서 가장 부유하고 가장 중요했을 이 인물들이 지금은 누구인지도 모르는 존재가 되어버렸다는 사실이었다. 어떤 사람들은 항아리에 로마인이 담겨 있다고 주장했다. 매장지가 옛날 로마 요새에서 멀리 떨어지지 않은 곳이었기 때문이다. 그러나 브라운은 "우리의 브리튼, 색슨, 데인 선조"일 가능성이 더 높다고 추측했다. 그러나 그들이 언제 죽었는지, 이름이 무엇인지 아무도 알 수 없었다. 여기에서 브라운은 세속적인 위대함과 명성을 추구하는 우리의 모든 노력을 조롱하는 시간의 힘에 대해 사유하기 시작한다. "자신의 뼈의 운명을 누가 알까? 몇 번이나 매장당할지 누가 알까?" 브라운은 한때 세상에서 안전한 자리를 차지하고, 연회를 주최하고, 수금을 켜고, 아침에 거울에 비친 자신의 모습을 자신 있게 마주보았을 죽은 귀족들에게 도전한다. "시간의 아편에는 해독제가 없다. (…) 몇 세대가 흘러도 나무들 몇 그루는 그대로 서 있다. 그러나 유서 깊은 집안이라 해도 떡갈나무 세 그루만큼도 오래 가지 못한다." 브라운의 말에 따르면 정직한 기독교인의 의무는 "사람의 기록이 아니라 (…) 하나님의 기록에서" 좋은 점수를 얻는 것이었다.

이런 메시지는 모두에게 우울하게 들리겠지만, 아마 사회에서 무시를 당하여 망각—특권을 누리는 사람들도 결국 여기에서 벗어날 수 없다—에 이미 익숙한 사람들보다는 현재 높은 지위에 따르는 쾌락을 누리는 사람들에게 더 우울하게 들릴 것이다. 기독교에서 이해하는 바에 따르면 죽음이 가장 잔인한 교훈을 가르쳐주는 사람들은 세속적인 것들 때문에 신으로부터 가장 멀리 있는 사람들, 즉 부유하고, 아름답고, 유명하고, 권세 있는 사람들이기 때문이다.

18세기 중반 잉글랜드에서는 '묘지파'라고 알려진 일군의 시인들이 기독교에서 영감을 받은 이런 교훈을 되풀이해 강조했다. 그들이 묘지파라는 이름을 얻은 것은 그들의 시의 화자가 달 밝은 맑은 밤에 교회 묘지에 나가 반쯤 허물어진 무덤들 곁에서 업적과 영광을 지워버리는 죽음의 힘에 대하여 명상을 하곤 했기 때문이다. 그러나 시인은 이런 명상에서 별다른 괴로움을 느끼지 않고 오히려 기쁜 표정을 간신히 감추었던 듯하다. 에드워드 영의 시 〈밤 생각*Night Thoughts*〉(1742)에서 화자는 이끼가 덮인 묘석에 앉아 과거의 위대한 사람들의 운명을 생각한다.

> 현자, 귀족, 권력가, 왕, 정복자
> 죽음은 이들을 겸손하게 만든다.
> 왜 한 시간의 영광을 위하여 그토록 애를 쓰는가?
> 부의 냇물에서 거닐고 명성이 높이 치솟으면 뭐하는가?
> 지상에서 가장 높은 자리도 "여기 그가 누워 있다"에서 끝이 나고,
> 가장 고귀한 노래도 "흙에서 흙으로"가 마무리를 하는데.

같은 시대의 시인 로버트 블레어도 역시 묘지를 배경으로 한 〈무덤*The Grave*〉(1743)에서 똑같은 주제를 노래한다.

    자만심이나 다른 사람의 아첨이
    우리가 보통 수준 이상의 존재라고
    교활하게 소곤거려도
    무덤은 그 반질거리는 얼굴에 담긴 아부를 반박하며
    솔직한 진실로 우리가 누구인지 알려준다.

이것은 묘지파 가운데 가장 유명한 토머스 그레이가 〈시골 묘지의 비가*Elegy Written in a Country Churchyard*〉(1751)에서 되풀이한 메시지이기도 하다.

    문장(紋章)의 자랑, 권력의 허세,
    모든 아름다움, 모든 부가
    똑같이 불가피한 순간을 기다린다.
    영광의 길은 무덤으로 통할 뿐.

사회에서 푸대접을 받는 사람들은 개인과 사회의 궁극적인 소멸을 예상하며 미리 복수를 한 듯한 달콤한 느낌을 맛볼 수 있다.

화가들 역시 문명이 멸망한 미래의 모습을 묘사하는 작품을 그리는 데 기쁨을 느꼈다. 이것은 시대의 오만한 수호자들에 대한 경고이자 보복이었다. 18세기의 프랑스 화가 위베르 로베르는 근대 프랑스의 위대한 건물들을 폐허로 그리는 것을 무척 좋아하여 '폐허의 로베르'라는 별명까지 얻었다. 그와 같은 시대에 잉글랜드에서 살았던 화가 조지프 갠디는 잉글랜드 은행의 천장이 내려앉는 그림으로 명성을 얻었다.

한편 70년쯤 뒤에 귀스타프 도레는 21세기의 런던을 상상한 그림을 그렸는데, 이것은 고대 로마의 마지막 날의 모습과 흡사하다. 이 그림에서는 뉴질랜드의 주민―도레의 시대에는 미래를 대표한다고 여겼다―이 당시 갓 건설된 캐넌 스트리트 역의 폐허를 스케치하고 있다. 한때 영국인들이 파르테논이나 콜로세움을 스케치하기 위해 아테네나 로마에 갔던 모습이 연상되는 장면이다.

18세기 이후 비슷한 감정을 품은 여행자들이 과거의 폐허를 감상하기 위하여 트로이, 코린트, 파이스툼, 테베, 미케네, 크노소스, 팔미라, 바알벡, 페트라, 폼페이 등지로 여행을 떠나기 시작했다. 드물게 나타나는 순간적인 영혼의 상태를 표현하는 복합어(Weltschmerz〔감상적인 염세 감정〕, Schadenfreude〔남의 불행을 고소해하는 마음〕, Wanderlust〔여행을 좋아하는 마음〕)를 만들어내는 데 명수인 독일인은 Ruinenempfindsamkeit(폐허에 대한

조지프 갠디, 〈폐허가 된 잉글랜드 은행 원형 홀〉, 1798.

위베르 로베르, 〈폐허가 된 루브르의 대화랑 상상도〉, 1796.

감상적 태도), Ruinensehnsucht(폐허에 대한 동경), Ruinenlust(폐허를 좋아하는 마음) 등 낡은 석조건물에 대한 느낌을 묘사하는 새로운 용어들을 만들어냈다. 1787년 3월, 괴테는 폼페이를 두 번 찾았다. 그는 나폴리에서 이렇게 썼다. "세상에는 많은 재난이 일어났다. 그러나 이것처럼 후세 사람들에게 많은 오락거리를 준 재난은 없다." 스탕달은 《로마 산책*Promenades dans Rome*》(1829)에서 "콜로세움의 그 거대한 폐허의 구석에서 얼마나 멋진 아침을 보냈던가!"라고 회상하면서, 폐허를 보는 것이 "기억이 얻을 수 있는 가장 강렬한 기쁨"이라고 찬사를 보냈다. 스탕달은 심지어 콜로세움은 새로 지었을 때보다 폐허일 때가 더 매력적일 것이라고 말하기까지 했다.

"내 이름은 오지만디아스, 왕중왕이라/너희 힘 있는 자들아 내가 한 일을 보라, 그리고 절망하라!" 셸리의 〈오지만디아스*Ozymandias*〉(1818년)에 나오는 이집트의 람세스 2세의 상 받침대에는 이런 비문이 적혀 있다. 그러나 절망을 하는 데는 굳이 힘 있는 자들이 필요하지 않으며, 심지어 힘없는 자들도 필요하지 않다. 람세스 2세는 박살이 나서 땅바닥에 흩어져 있다. "그 무너져 내린/거대한 것 주위에는/외롭고 평평한 사막이 헐벗은 채 가없이 뻗어 있을 뿐."

폐허는 세속적 권력이라는 불안정한 보답을 얻으려고 마음의 평화를 포기하는 어리석음에 대하여 말한다. 낡은 돌들을 보다 보면 성취에 대한, 또는 성취하지 못한 것에 대한 불안이 누그러드는 것을 느끼게 된다. 다른 사람들 눈으로 보기에 성공하지 못했다 한들, 우리를 기리는 기념비나 행렬이 없다 한들, 얼마 전 모임에서 아무도 우리를 보고 웃음을 짓지 않았다 한들, 그게 어쨌단 말인가? 어차피 모든 것은 사라질 운명이며, 시간이 지나면 뉴질랜드인이 우리의 대로와 사무실의 폐허를 스케치하고 있을 것이다. 영원을 기준으로 생각하면, 우리를 흥분시키는 것들 가운데 중요하다 할 것이 무엇이겠는가.

폐허는 우리의 노력을, 완전과 완성이라는 이미지를 버리라고 한다. 폐허는 우리가 시간에 도전할 수 없다는 사실, 우리는 파괴의 힘의 장난감일 뿐이라는 사실을 일깨워준다. 파괴의 힘은 기껏해야 저지하는 정도이지 완전히 정복할 수는 없다. 국지적인 승리는 가능하지만, 몇 년 정도 혼돈에 약간의 질서를 부여할 수 있을지 모르지만, 결국은 모든 것이 엉망이 되어 원시의 용액으로 돌아갈 운명이다. 이런 소멸의 전망에 위로의 힘이 있다면 그것은 아마 우리의 불안의 많은 부분이 우리의 기획과 관심의 중요성을 과장하는 데서 나오기 때문일 것이다. 우리는 우리의 이상 때문에 괴로워하며, 우리가 하고 있는 일의 중요성을 너무 크게 생각하기 때문에 괴로워한다.

따라서 기독교 도덕가들은 불안을 달래려면 낙관적인 사람들의 가르침과는 반대로 모든 것이 최악으로 흘러간다고 강조

귀스타프 도레, 〈뉴질랜드인〉, 1871.

위 데이비드 로버츠, 〈바알벡의 전체 모습〉, 1842.
왼쪽 데이비드 로버츠, 〈바알벡의 입구〉, 1842.

하는 것이 최선이라고 생각했다. 천장은 무너져 내리고, 은행은 폐허가 되고, 우리는 죽고, 우리가 사랑하는 모든 사람은 사라지고, 우리가 이룬 것들, 심지어 우리의 이름마저 땅에 짓밟힐 것이다. 이런 생각이 위로가 된다면, 그것은 우리가 본능적으로 야망이 원대할수록 현실을 더 비참하게 느낄 수밖에 없다는 사실을 인식하기 때문일지도 모른다. 따라서 지위에 대한 우리의 하찮은 걱정을 천년의 관점에서 바라보는 것은 우리 자신의 미미함을 바라보며 마음의 평정을 얻을 수 있는 흔치 않은 기회가 된다.

7

광대한 풍경 역시 폐허와 마찬가지로 불안을 다독여주는 효과가 있다. 폐허가 무한한 시간의 대표자이듯이 이런 풍경 역시 무한한 공간의 대표자로, 거기에 비추어보면 우리의 허약하고 수명도 짧은 몸은 나방이나 거미와 마찬가지로 보잘것없어 보이기 때문이다.

사람들 사이에 무슨 차이가 있든 가장 힘 센 인간과 커다란 자연—큰 사막, 높은 산, 빙하와 대양—사이의 차이에 비하면 아무것도 아니다. 아주 큰 자연을 보면 두 사람 사이의 차이는 우스울 정도로 작아 보이는 것이다. 광대한 공간에서 시간을 보내다 보면, 사회적 위계 내에서 우리가 하찮다는 느낌은 모든 인간이 우주 안에서 하찮다는 느낌 안에 포섭되면서 마음에 위로를 얻게 된다.

그림 3

우리 자신이 중요한 존재가 아니라는 느낌은 우리 자신을 더 중요한 존재로 만드는 것이 아니라 모두가 상대적으로 중요하지 않다는 사실을 인식함으로써 극복할 수 있다. 누가 우리보다 몇 밀리미터 더 큰가 하는 관심(그림 3)은 우리보다 10억 배 큰 것들, 우리가 감동을 받아 무한, 영원, 또는 단순하게 또 어쩌면 가장 유용하게 신이라고 부르기도 하는 힘에 대한 경외감에 밀려나게 된다(그림 4).

그림 4

8

자신이 하찮은 존재라는 생각 때문에 느끼는 불안의 좋은 치유책은 세계의 거대한 공간을 여행하는—실제로 또는 예술작품을 통하여—것일 수도 있다.

프레더릭 에드윈 저치, 〈나이아가라 폭포〉, 1857.

토머스 모런, 〈야영지를 앞에 두고, 와이오밍 주 콜로라도 강 상류의 저녁〉, 1882.

알베르트 비어슈타트, 〈서쪽 풍경〉, 1869.

공동체

1

현대 세속 사회에서 영향력 있는 한 입장에 따르면 '다른 모든 사람처럼' 끝나고 마는 것보다 더 창피한 운명은 없다. '다른 모든 사람'이란 평범하고 순응적인 사람들, 따분한 교외 거주자들을 포괄하는 범주이기 때문이다. 올바른 생각을 하는 모든 사람의 목표는 군중으로부터 자신을 떼어내, 자신의 재능이 허락하는 어떤 방법으로든 '뜨는' 것이다.

2

그러나 기독교적 사고를 따른다면 다른 모든 사람과 같아지는 것은 전혀 재앙이 아니다. 머리가 둔하고 재능이 없고 미미한 존재들을 포함한 모든 인간이 신의 피조물이며 신의 사랑을 받는다는 것, 따라서 신의 창조물이면 누구나 받을 수 있는 명예를 받을 자격이 있다는 것이 예수의 중심적인 주장의 하나

이기 때문이다. 베드로의 말에 따르면 우리 모두가 "하나님의 본성"을 나누어받을 능력이 있다는 것이다. 이것은 어떤 사람들은 평범하게 태어났고 어떤 사람들은 영광스러운 자리에 태어났다는 가정에 담대하게 도전하는 사상이다. 기독교는 신의 사랑의 범위 바깥에 있는 인간은 없다고 주장하면서, 상호 존중이라는 관념에 신의 권위를 부여한다. 우리가 다른 사람들과 공유하는 것은 우리 자신에게서 가장 소중하게 여길 만한 것이다.

기독교는 사람들 사이의 표면적 차이 너머를 보면서, 보편적인 진리에 초점을 맞추라고 한다. 이 진리를 바탕으로 공동체와 친족 관계를 형성할 수 있다는 것이다. 어떤 사람들은 잔인하거나 인내심이 없을 수도 있고, 어리석거나 우둔할 수도 있지만, 우리가 공유하는 약점을 인정하면 우리는 서로 붙들고 묶일 수 있다. 우리의 약점에는 늘 두 가지 요소가 있다. 공포와 사랑에 대한 욕망이다.

예수는 동료애를 장려하기 위해 어린 아이를 보듯이 어른을 보라고 촉구했다. 실제로 다른 사람을 아이로 그려보면 그 사람의 성격을 다시 생각해보게 된다. 그리고 그 사람에게도 우리가 어린 아이들을 향해 자연스럽게 보여주는 공감과 너그러움을 쉽게 표현하게 된다. 우리는 어린 아이들은 나쁘다고 하기보다는 짓궂다고 하고, 오만하다고 하기보다는 건방지다고

하지 않는가. 자고 있는 모습을 보며 그 사람을 미워하기 어렵
듯이 어린아이를 미워하기는 어렵다. 눈을 감고 얼굴 근육을
이완시킨 채 무방비 상태에서 자고 있는 사람은 돌보아주고 싶
고 사랑해주고 싶다. 그래서 기차나 비행기에서 우리 옆에 자
고 있는 사람을 오래 바라보면 왠지 나 자신이 부끄러워진다.
그들의 얼굴을 보면 어떤 친밀감을 느끼게 되고, 이 때문에 일
상적인 공동체 관계의 기초를 이루고 있는 문명화된 무관심에
의문을 느끼게 된다. 그러나 기독교의 주장에 따르면 낯선 사
람이란 없다. 다른 사람이 우리와 같은 요구와 약점을 공유하
고 있다는 사실을 인식하지 못하는 데서 나오는 낯설다는 인상
만 있을 뿐이다. 우리가 중요한 부분에서는 근본적으로 다른
모든 사람과 다를 것이 없다는 인식이야말로 가장 고귀하고,
인간적인 깨달음이다.

3

다른 사람들이 이해 불가능하지도 않고 혐오스럽지도 않다는
생각은 지위에 대한 우리의 관심과 관련하여 중요한 의미가 있
다. 사회적인 명성을 얻고자 하는 욕망은 평범해지는 것에 대
한 공포감 때문에 더 커지기 때문이다. 평범한 삶이 모욕적이
고, 천박하고, 초라하고, 추하다고 생각할수록, 그 삶으로부터

멀어지고자 하는 욕망도 강해진다. 공동체가 부패할수록, 개인적 성취의 유혹도 강해진다.

기독교는 처음부터 현실적 맥락이나 이론적 맥락에서 공동체의 중요성을 인식시키려고 노력했다. 그 한 가지 방법이 교회 예배의 의식과 교회 음악 연주였다. 이런 행사에 참여하면 초월적 중개자 덕분에 다른 사람들에 대한 의심이 줄어든다는 느낌을 받을 수 있다.

바흐의 〈B 단조 미사*Mass in B Minor*〉("시대와 민족을 막론하고 가장 위대한 작품", 한스-게오르크 내겔리, 1817)를 듣기 위해 낯선 회중과 함께 성당 안에 앉아 있다고 상상해보라. 나이, 수입, 옷, 배경 등 많은 것이 우리를 갈라놓을 수도 있다. 서로 이야기를 하지도 않고 다른 사람과 눈이 마주칠까 봐 조심할 수도 있다. 그러나 음악이 시작되면서 사회적 연금술의 과정도 시작된다. 이 음악은 지금까지 감추어진 채 정리되지 않았던 감정들을 대신 표현해준다. 우리는 작곡가와 음악가들 덕분에 우리의 영혼의 움직임을 귀로 들을 수 있고, 그래서 그만큼 쉽게 다가갈 수 있게 된 것에 안도와 감사를 느끼며 눈물을 흘린다. 바이올린, 사람의 목소리, 플루트, 더블베이스, 오보에, 바순, 트럼펫들이 합쳐져서 우리 심리의 가장 내밀하고 모호한 영역들을 외화하는 소리들을 창조해낸다. 나아가서 공연의 공적인 성격 덕분에 우리는 다른 사람들이 우리처럼 음악에 반응하는 것을 보게 된다. 그러면서 다른 사람들 역시 우리가 이전에 상상했던 것과는 달리 불가해한 존재들이 아님을 깨닫는다. 그들의 감정 역시 우리와 같은 경로를 따라 움직이며, 그들 역시 우리와 똑같은 것에 마음이 움직인다. 따라서 외모나 태도에 차이가 있다 해도 우리는 공동의 핵심을 공유하며, 그 핵심을 바탕으로 형성된 관련은 음악 공연 자체를 넘어 멀리 뻗어나갈 수 있다. 합창 음악의 힘 덕분에 처음에는 그렇게 낯설어 보였던 사람들이 시간이 지나면서 친구처럼 친밀해졌다는 느낌이 들기도 한다. 우리는 다른 사람들의 돌 같은 겉모습 뒤로 슬쩍 미끄러져 들어가, 잠깐이지만 황홀한 공감을 나누기도 한다.

4

그러나 다른 사람들에 대한 우리의 느낌이 성당 안에서처럼 좋아지는 경우는 드물다. 공적인 격투장은 여전히 무시무시하여, 그곳으로부터 물리적, 심리적 독립을 얻고 싶은 충동에 빠져들곤 한다.

공동체에서 제공하는 주택, 운송, 교육, 보건의 수준이 낮으면 사람들은 자연스럽게 집단에 소속되는 것을 피해 단단한 벽 뒤에서 살게 된다. 평범하다는 것이 존엄과 안락에 대한 중간적인 요구도 충족시키지 못하는 삶을 영위한다는 의미일 때는 높은 지위에 대한 욕망이 강렬해질 수밖에 없다.

그러나 아주 드물기는 하지만 구성원 다수가 강력한 기독교적(종종 프로테스탄트적) 유산을 물려받은 공동체도 있다. 이런 곳에서는 구성원들이 공적인 영역의 원칙과 구조를 존중하며, 이에 따라 사적인 영역으로 탈출하고자 하는 요구도 줄어든다. 도시의 공적인 공간이나 시설이 그 자체로 훌륭할 때에도 개인적 영광에 대한 야심은 어느 정도 줄어든다. 그냥 평범한 시민이 되는 것이 괜찮은 운명처럼 보일 수 있기 때문이다. 스위스에서는 가장 큰 도시에 가도 낯선 사람들과 함께 버스나 열차를 타는 일을 피하고 싶은 욕구가 로스앤젤레스나 런던만큼 강해지지 않는다. 이것은 취리히의 최고 수준의 전차 네트워크 덕분이다. 취리히의 전차는 청결하고, 안전하고, 따뜻하며, 그 정확성과 기술적 솜씨라는 면에서 교훈적이기도 하다. 불과 몇 프랑이면 효율적이고 당당한 전차를 타고 황제도 부러워할 만한 안락함을 느끼며 도시를 가로지를 수 있으니 굳이 혼자서 여행을 할 이유가 없다.

모든 인간이 귀중하다는 인식을 회복할 수 있을 때, 아니, 그보다 더 중요한 것으로, 그런 인식을 유지할 수 있는 공간과 태도를 조성할 수 있을 때, 사람들은 평범한 삶을 어둡게 보지 않는다. 그럴 때 단단한 벽 뒤에 고립된 채 혼자 의기양양하게 살아가고 싶은 욕구는 약화될 것이며, 이것은 심리적으로 모든 사람에게 유익이 된다. 이것이 공동체의 윤리에 적용할 수 있는 기독교적 통찰이다.

이상적인 기독교 공동체에서는 존엄과 자원의 기본적 평등 덕분에 승자 옆에서 살아가는 것에 대한 공포가 제어되고 경감된다. 성공하여 피어날 것이냐 아니면 실패하여 시들 것이냐 하는 이분법의 그 가혹한 칼날도 약간은 무디어지는 것이다.

두 도시

1

기독교의 중심 주제는 예수의 직업 선택으로까지 거슬러 올라 갈 수 있다. 갈릴리의 목수들은 반숙련공으로, 큰 소득을 올릴 수 없는 불안정한 생활을 했다. 그럼에도 예수는 베드로의 말 을 빌리자면 "하나님의 오른편"에 계시며, 신의 아들이며, 왕 중 왕이고, 우리를 죄에서 구하려고 하나님이 보낸 존재다. 누 군가가 내부에서 이런 서로 다른 두 정체성을 결합할 수 있다 는 사실, 즉 떠도는 장인(匠人)인 동시에 가장 거룩한 인물일 수 있다는 사실은 기독교의 지위에 대한 이해의 발판을 이룬 다. 이 도식에 따르면 모든 사람이 서로 전혀 연관이 없는 두 가지 종류의 지위를 가진다. 하나는 직업, 소득, 평판으로 결정 되는 세속적 지위다. 또 하나는 사람의 영혼과 심판의 날에 신 의 눈에 드러나는 장단점으로 결정되는 영적 지위다. 따라서 어떤 사람이 세속적 영역에서는 권세가 있고 존경도 받아도, 영적인 영역에서는 황폐하고 부패할 수도 있다. 또는 〈누가복

음〉에 나오는 거지 나사로처럼 가진 것이라곤 넝마밖에 없지만, 영혼은 거룩한 부를 자랑할 수도 있다.

성 아우구스티누스는 《신국》(427)에서 모든 인간 행동은 기독교적 관점과 로마적 관점 양쪽에서 해석할 수 있다고 말했다. 로마인이 높게 평가하는 것 — 돈을 모으고, 별장을 짓고, 전쟁에서 이기는 것 — 은 기독교적인 관점에서는 하찮은 것이며, 새로운 관심 — 이웃을 사랑하고, 겸손과 자선을 실행하고, 하나님에게 의존하고 있음을 인정하는 것 — 이야말로 기독교적으로 높은 지위에 오를 수 있는 열쇠다. 아우구스티누스는 이 두 가지 가치 체계를 '신의 도시'와 '세속 도시'라고 부르는 두 도시로 구체적으로 표현했으며, 이 두 도시는 심판의 날까지 공존하지만 그럼에도 서로 구분되어 있다고 주장했다. 세속 도시에서는 왕이라도 천국의 도시에서는 하인일 수 있다는 뜻이었다.

사람들이 천국과 지옥 — 기독교적 위계를 궁극적으로 구체화한 것이다 — 가운데 결국 어디에 속하게 될지 자세하게 이야기하여 아우구스티누스의 관념에 살을 붙인 사람은 단테였다. 단테는 《신곡 La Divina Comedia》(1315)에서 무려 9층의 지옥(17개의 원이 따로 있다)을 나열하였으며, 각 층은 특정한 종류의 죄에 대응했다. 또 천국에는 10개의 구(球)가 있었는데, 그 각각은 특정한 종류의 미덕에 대응한다. 이 작품에서 종교적

귀스타프 도레, 〈불의 비에 괴로워하는 난폭한 자들〉, 1861.

귀스타프 도레, 〈뱀 때문에 괴로워하는 도둑들〉, 1861.

위계는 그 세속적 대응물을 비틀거나 뒤집어놓았다. 지옥은 장군, 작가, 시인, 황제, 주교, 교황, 사업가 등 한때 높은 지위를 누렸던 여러 종류의 인간들의 고향이다. 이들은 이제 특권을 빼앗기고 신의 법을 어긴 죄로 극심한 고통을 겪고 있다. 지옥 9층, 즉 제9옥의 제4원에서 단테는 한때 권세는 누렸지만 삶에서 불충했던 자들이 이제 머리가 셋 달린 거대한 루시퍼에게 물어 뜯기느라 비명을 지르는 소리를 듣는다. 제7옥의 제1원에서 시인은 끓는 피가 흐르는 강을 본다. 이곳에서는 알렉산드로스 대제와 훈족의 아틸라 왕이 물에 가라앉지 않으려고 안간힘을 쓰고 있으며, 강둑에서는 켄타우로스들이 그들을 다시 그 역겨운 거품 속으로 밀어 넣으려고 그들 머리 위로 활을 쏘고 있다. 제5옥에서는 자신의 성질을 참지 못하여 다른 사람들의 생명을 빼앗은 유명한 권위적 인물들이 악취가 풍기는 늪 같은 시궁창 구덩이에서 진흙 때문에 숨이 막혀 기진맥진한 모습을 보이고 있다. 제3옥에서는 살아 있을 때 식탐을 했던 사람들의 머리 위로 배설물이 비처럼 쏟아진다.

사람들이 천국과 지상에서 차지하는 지위가 이런 식으로 차이를 보이기 때문에 신자들은 성공에 대한 억압적인 일차원적 비전에서 벗어날 수 있었다. 기독교는 위계의 개념을 없앤 것이 아니라, 성공과 실패를 윤리적이고 비물질적인 방식으로 재규정했다. 가난이 선과 공존할 수 있고, 초라한 직업이 고귀한 영혼과 공존할 수 있다고 주장한 것이다. "사람이 제아무리 부요하다 하더라도 그의 재산이 생명을 보장해주지는 못한다." 갈릴리 출신의 무일푼의 목수를 따랐던 누가는 그렇게 알고 있었다.

2

그러나 기독교는 단지 물질적 성공보다 영적인 성공이 우위에 있다고 주장하기만 한 것이 아니라, 자신이 존중하는 가치에 매혹적인 진지함과 아름다움을 부여했다. 이를 위해 기독교는 그림, 문학, 음악, 건축을 이용하기도 했다. 기독교는 예술 작품을 이용하여 이전에는 통치자나 백성의 눈에 전혀 중요해 보이지 않았던 미덕들을 옹호한 것이다.

과거에는 황제의 영광이나 야만적인 무리를 무찌른 군대의 유혈이 낭자한 승리를 기념하는 일에 불려 다녔던 뛰어난 석공, 시인, 음악가, 화가들의 재능이 자선을 하거나 가난한 사람들을 존중하는 활동을 찬양하는 일에 바쳐졌다. 물론 기독교 시대에도 세속적 가치를 찬양하는 일이 사라지지는 않았다. 상업 또는 토지에서 나오는 부나 권력의 마력을 세상에 보여주는 궁전들이 많이 남아 있었다는 사실에서도 그것을 알 수 있다. 그러나 적어도 한 동안은 유럽의 여러 곳에서 가장 당당하게 우뚝 솟은 건물은 왕실이나 기업보다는 가난의 고귀함을 찬양하는 건물이었으며, 가장 감동적인 음악은 개인적인 완성이 아니라 하나님의 아들의 고통을 노래하는 음악이있다. 이 아들은

> 사람들에게 멸시를 당하고 퇴박을 맞았다.
> 그는 고통을 겪고 병고를 아는 사람이었다.
> 〈이사야〉 53장 3~5절, G.F. 헨델,《메시아*Messiah*》(1741)

기독교는 미학적 자원, 건물, 그림, 미사를 관장하여 세속적 가치의 권위에 대항하는 요새를 구축했으며, 덕분에 영적인 것들이 먼저 사람들 눈에 들어오게 되었다.

대략 1130년부터 1530년 사이의 400년 동안 유럽의 크고 작은 도시에서 100개가 넘는 성당이 세워졌으며, 이들의 첨탑이 하늘의 풍경을 지배했다. 성당은 곡물가게, 궁전, 사무소, 공장, 가정 위에 우뚝 서 있었다. 그 웅장함에는 다른 건물들이 상대가 되지 않았다. 이곳은 각계각층의 사람들이 모여서 슬픔과 순수, 온유와 동정의 가치에 내해서 생각해볼 수 있는 환경을 제공했다. 이것은 건축사의 맥락에서 볼 때 특별한 일이었다. 도시의 다른 건물들은 사람이 거주하거나 먹게 해주고, 쉬게 해주고, 또 그런 일을 도와줄 기계와 도구를 제공하는 등 세속적인 요구에 봉사하는 반면, 성당은 사람이 마음에서 자기중

심적인 계획을 털어내고 신과 신의 사랑에 다가가게 하는 독특한 기능을 수행했다. 세속적인 일을 하는 도시의 거주자들은 낮 동안 이 거대한 구조물의 윤곽을 보며 일상적인 야망의 힘에 도전하는 삶의 전망을 확인할 수 있었다. 첨탑들이 하늘로 105미터, 즉 34층 마천루 높이로 치솟은 샤르트르 같은 성당은 못 가진 자들의 본향이었으며, 그들이 다음 생에서 누리게 될 경이의 상징이었다. 그들의 지상의 거처가 아무리 초라하다 해도, 그들의 마음은 성당에 속해 있었다. 그 아름다움은 내적인 가치를 반영했다. 스테인드글라스 창과 천장은 예수가 그들에게 전하는 메시지의 영광을 생생하게 드러냈다.

3

물론 기독교는 세속 도시와 그 가치를 없애지 못했다. 그러나 지금도 서양에서 사람들이 부와 미덕을 구분한다면, 또 중요한 사람이냐 아니냐만 따지지 않고 선한 사람이냐 아니냐도 따진다면, 그것은 많은 부분 수백 년 동안 자신의 자원과 위신을 이용하여 지위의 의로운 분배에 대한 몇 가지 특별한 관념을 옹호해온 기독교 덕분이라고 할 수 있다. 기독교에 봉사하던 천재적인 화가와 장인들은 그들이 믿는 종교의 가치에 영속적인 형태를 부여했으며, 돌, 유리, 소리, 말, 이미지를 어루만져 그

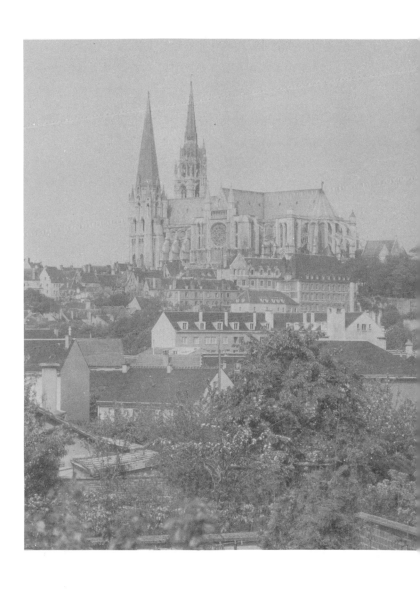

런 가치들이 현실로 느껴지게 만들었다.

세속적 건물들이 우리에게 지상의 권력의 중요성을 무자비하게 외쳐대는 세상이지만, 큰 도시의 스카이라인에 우뚝 서 있는 성당들은 영을 앞세우는 공간으로 유지되며 사람들의 상상을 자극하고 있다.

V
—
보
헤
미
아

리 밀러, 〈풀밭의 아침식사〉, 1937. 피크닉을 나온 프랑스 무쟁의 초현실주의
자 그룹. 왼쪽에는 뉘슈와 폴 엘뤼아르. 오른쪽에는 아래부터 아디 피델랭, 만
레이, 롤랑 팡로즈.

1

19세기 초 서구와 미국에서 새로운 집단이 눈에 띄기 시작했다. 그들은 소박한 옷을 입었고, 도시의 싼 지역에 살았고, 책을 많이 읽었고, 돈에 대해서는 별 관심이 없는 것처럼 보였고, 다수는 우울한 기질이었고, 사업이나 물질적 성공보다는 예술과 감정에 충실했고, 가끔 관습에 얽매이지 않은 성생활을 하기도 했고, 여자들은 단발이 유행하기 오래전에 단발을 하기도 했다. 사람들은 이들을 '보헤미안'이라고 부르게 되었다. 보헤미안은 전통적으로 집시—이들은 중부 유럽 출신이라고 잘못 알려져 있었다—를 가리키는 말이었다. 그러나 앙리 뮈르제가 파리의 다락방과 카페의 생활을 그린 《보헤미안의 생활 *Scènes de la vie de Bohême*》(1851)을 써서 성공을 거둔 뒤에는 이런저런 이유로 품위라는 부르주아적 개념에 들어맞지 않는 광범위한 사람들과 관련하여 사용되었다.

보헤미아[6]는 처음부터 광범위한 교파였다. 초기 저술가들은 보헤미안들이 남자와 여자, 부자와 빈자, 시인과 법률가, 과학자와 실업자를 가릴 것이 없이 모든 사회계급, 연령집단, 직업에서 발견된다고 주장했다. 아서 랜섬은 《런던의 보헤미아 *Bohemia in London*》(1907)에서 "보헤미아는 어디에나 있을 수 있다. 그것은 장소가 아니라 마음의 태도다"라고 말했다. 보헤미안은 매사추세츠 주 케임브리지에도 있고 캘리포니아 주 베니스 비치에도 있었다. 하인을 둔 보헤미안도 있었고 고요한 호숫가 오두막에 사는 보헤미안도 있었다. 기타 연주자도 있었고 생물학자도 있었다. 겉으로는 관습적인 사람도 있었고 달빛을 받으며 벌거벗고 멱을 감는 취미를 가진 사람도 있었다. 낭만주의에서 초현실주의에 이르기까지, 비트족에서 펑크족에 이르기까지, 상황주의자에서 키부츠 주민에 이르기까지 지난 200년간의 다양한 예술적, 사회적 현상과 관련하여 이 말을 사용할 수 있지만, 어떤 중요한 특질을 딱 짚어서 이야기하기는 쉽지 않다.

1929년 런던에서 보헤미안 시인 브라이언 하워드는 친구들을 파티에 초대하면서 초대장에 자기가 좋아하는 것과 싫어하는 것을 찍어 보냈다. 이것은 20세기 초 영국의 특수한 상황과 관련된 것이라고 할 수도 있지만, 보헤미안들이 역사의 전 과

6 보헤미안들의 사회 또는 집단

정에 걸쳐 표현해온 특유의 애정과 혐오를 맛보기로 제공한다
고 할 수 있다.

싫어하는 것	좋아하는 것
숙녀와 신사	남자와 여자
공립학교	니체
상류 사교계 아가씨	코코슈카
'신랑 자격이 있는 독신남'	새프
선교사	곡예사
어떤 사람이 '평판이 나빠'만	지중해
나지 못하겠다는 사람	D.H. 로런스
거만하고 아둔해 보이는 시골	해블록 엘리스
집의 따분한 파티에서 만나게	자신에게 불멸의 영혼이 없다는
되는 젊은 남자들	사실을 아는 사람들,
	그래서 죽고 난 뒤에 부질없는
	재결합이든 신격화든 어떤 것
	도 기대하지 않는 사람들

브라이언 하워드와 그의 동료 보헤미안들이 싫어하던 것은
간결하게 한 단어로 요약할 수 있을 것 같다―부르주아지. 역
사적으로 같은 시기, 즉 1815년 나폴레옹이 몰락한 뒤에 프랑
스에서 두각을 나타냈기 때문인지 보헤미안들은 부르주아지
가 대표하는 거의 모든 것을 지독하게 싫어했으며, 그들을 무
절제하게 모욕하는 것을 사랑으로 여겼다.

"부르주아지를 증오하는 것이 지혜의 시작이다." 귀스타프 플로베르는 그렇게 썼다. 이것은 19세기 중반 프랑스 작가들의 일반적인 발언으로, 그에게는 이런 경멸이 여배우와 연애를 하고 동양을 여행하는 것과 마찬가지로 자신의 직업을 보여주는 표지였다. 플로베르는 부르주아지가 극단적으로 점잖은 척 행동을 하고, 물질주의적이며, 냉소적인 동시에 감상적이고, 하찮은 것에 몰두한다고 비난했다. 예를 들어 그들은 멜론은 야채냐 과일이냐, 그것을 첫 번째 코스로 먹어야 하느냐(프랑스식) 아니면 후식으로 먹어야 하느냐(영국식) 같은 문제를 놓고 끝도 없이 논쟁을 한다는 것이다. 역시 이 계급을 좋아하지 않았던 스탕달은 이렇게 주장했다. "진짜 부르주아들의 인간과 삶에 대한 대화는 추하고 잡다한 말들의 집합체에 불과하며, 한동안 어쩔 수 없이 거기에 귀를 기울여야 할 때면 울화가 치밀어 오른다."

그러나 보헤미아와 부르주아지를 궁극적으로 갈라놓는 것은 대화의 화제나 후식의 선택 문제가 아니라, 누가 높은 지위를 얻을 자격이 있고 그것은 어떤 이유에서인가 하는 문제였다. 보헤미안들은 저택을 소유했건 다락방을 소유했건 처음부터 19세기 초에 탄생한 경제적이고 능력주의적인 지위 체계에 맞서는 입장이었다.

2

대립의 핵심에는 세속적 성취의 가치와 감수성에 대한 대조적 평가가 있었다. 부르주아지는 상업적 성공과 공적인 평판에 기초하여 지위를 부여한 반면, 보헤미안들에게 무엇보다 중요한 것, 우아한 집이나 옷을 살 수 있는 능력보다 당연히 더 중요했던 것은 세상을 예민하게 받아들일 수 있느냐, 감정의 주요한 저장소인 예술에 관람자나 창조자로서 헌신할 수 있느냐 하는 것이었다. 보헤미안의 가치 체계에서 순교자적 인물은 글을 쓰거나 그림을 그리거나 음악을 만들기 위해, 또는 여행이나 친구와 가족에게 헌신하기 위해 안정된 성과 직장과 사회의 존경을 희생한 사람들이었다. 그들은 이런 헌신 때문에 외적인 품위의 표시는 부족할지 몰라도, 보헤미안들의 세계에서는 최고의 명예를 누릴 자격이 있었다. 그들의 윤리적 양식과 감수성과 표현 능력 때문이었다.

많은 보헤미안들이 비현실적인 믿음 때문에 고생을 하거나 심지어 굶을 각오가 되어 있었다. 19세기에 그들을 묘사한 그림을 보면 보헤미안들은 아파트 단지의 더러운 다락방에서 의자에 축 늘어져 있다. 그들은 여위고 지쳐 보인다. 그들의 눈은 먼 곳을 바라보는 듯하며, 선반에는 두개골이 있다. 그들은 공장의 십장이나 사무실의 관리자에게 겁을 주기 위한 표정을 짓고 있는 것인지도 모른다. 자신의 영혼은 부르주아지가 품고 있는 천박한 공리적 관심에 사로잡히지 않았다는 표시인 것이다.

보헤미안들은 경멸하는 직업에 인생을 바치는 것이 두려워 그런 빈곤에 이르게 되었다. 샤를 보들레르는 시인, 그리고 더 가능성이 없는 일이지만 "전사(戰士)"가 되지 않고는 어떤 일을 하든 영혼이 망가진다고 선언했다. 1915년 마르셀 뒤샹은 뉴욕을 방문했을 때 그리니치빌리지를 "진정한 보헤미아"라고 불렀다. 이곳에는 "**아무것도** 하지 않는 사람들이 가득했기" 때문이다. 50년 뒤 잭 케루악은 미국 서해안의 피아노 바에서 청중을 상대로 "샌프란시스코까지 출근을 하기 위하여 밀브레이나 샌카를로스에서 오전 5시 48분 열차를 타야 하는 빳빳한 칼라의 통근자"가 되는 것에 반대한다고 목소리를 높이면서, "길의 아들이 되어 화물차가 지나가는 것을 보고, 광대한 하늘을 가슴에 받아들이고, 조상의 아메리카의 무게를 느끼고 싶어 하는" 자유로운 정신의 소유자들, 즉 부랑자, 시인, 비트족, 예술가를 찬양했다.

보헤미안들은 성공적인 법률회사나 공장을 소유한 사람이 정신적으로 강렬한 삶을 살 수 없다고 말한 적은 없지만, 실제로는 불가능한 일이라고 암시했다. 스탕달은 《사랑에 대하여 De l'amour》(1822)의 서문에서 폭넓은 독자를 위해 명료하게 쓰려고 시도했지만, "귀머거리의 귀를 열어주고 장님의 눈을 뜨게" 해줄 수는 없었다고 말했다. "따라서 돈은 많지만 천한

이전에는 제리코의 작품으로 알려졌으나 현재는 작자 불명으로 판정된
〈작업실의 예술가 초상〉, 1820년경.

귀스타프 쿠르베, 〈화가의 초상(파이프를 문 남자)〉, 1848~1849년경.

일을 하는 사람들, 1년에 10만 프랑을 버는 사람이 이 책을 펼쳤다면 얼른 다시 닫는 것이 좋을 것이다. 특히 은행가, 제조업자, 훌륭한 산업가라면 더욱 그래야 한다는 이야기다. (…) 개인 변호사나 직물 제조업자나 영리한 은행가의 활동적이고, 근면하고, 품위 있고, 긍정적인 생활은 부로 보답을 받지 부드러운 감각으로 보답을 받는 것이 아니다. 이런 사람들의 심장은 조금씩 굳어간다. 주말마다 2,000명의 노동자에게 주급을 주는 사람들은 이런 책에 **시간을 낭비하지** 않는다. 그들의 마음은 늘 유용하고 긍정적인 것을 생각하는 경향이 있다." 그러나 스탕달은 방종의 취향이 있고, 백일몽을 좋아하고, 모차르트의 오페라를 들을 때 솟아오르는 감정을 환영하고, 혼잡한 거리에서 어떤 아름다운 얼굴을 흘끗 본 뒤에 몇 시간씩 달콤씁쓸한 상념에 잠길 수 있는 사람들은 자신의 책을 높이 평가할 것이라고 생각했다.

돈과 실용적인 직업이 영혼을 부패시킬 수 있다는, 또는 스탕달의 말을 빌리자면 "부드러운 감각"을 향유하는 능력을 부패시킬 수 있다는 생각은 보헤미아의 역사에서 계속 이어져 왔다. 이런 생각은 예를 들어 스탕달이 죽은 지 140년 뒤에도 찰스 부코프스키의 시 〈호객꾼, 수녀, 식료품점 점원, 그리고 당신을 위한 것〉(1965)에서도 분명하게 들을 수 있다. 이 시는 부유한 사업가들의 생활을 이렇게 묘사한다.

구취에 큰 발에,

개구리, 하이에나처럼 보이는 사람들,

음악이란 것이 있는 줄도 모르고 걷는 사람들,

고용하고 해고하고 이윤을 남기는 것이 똑똑하다고 생각하
는 사람들,

씨를 뿌리거나 자랑을 하거나

무능한 사람들이 못 들어오게 담을 쳐놓은

60에이커의 땅덩이처럼 값비싼 부인을 소유한 사람들……

폭 10미터의 유리창 앞에 서서 아무것도 보지 못하는 사람들,

호화로운 요트를 타고 세상을 돌아다니지만

조끼 호주머니에서 결코 빠져나오지 못하는 사람들,

달팽이 같은 사람들, 뱀장어 같은 사람들, 괄태충 같은 사람들,

그러나 그만 한 쓸모도 없는 사람들.

보헤미안의 가치 체계에서는 돈으로 명예를 얻지 못하듯이
소유로도 명예를 얻지 못한다. 보헤미안의 눈으로 보면 요트와
저택은 오만과 천박의 상징이다. 보헤미안의 지위는 영감 어린
대화 스타일을 선보이거나 가슴을 울리는 좋은 시집을 써서 얻
는 쪽이 빠르다.

1845년 7월, 19세기 미국에서 가장 유명한 보헤미안 가운데
한 사람인 헨리 소로는 매사추세츠 주 콩코드 시 근처 월든 호

수의 북쪽에 자신의 손으로 지은 통나무집으로 이사했다. 그의 목표는 외적으로는 평범하지만 내적으로는 풍요로운 삶을 사는 것이었으며, 이를 통해 부르주아지에게 물질적으로는 빈약하더라도 심리적으로는 풍족한 삶을 사는 것이 가능하다는 사실을 증명하는 것이었다. 소로는 남들에게 좋은 인상을 심어주어야 한다는 걱정을 하지 않으면 아주 적은 비용으로도 생계를 유지할 수 있다는 것을 보여주려고 독자들에게 오두막을 짓는 데 들어간 최소한의 비용의 내역을 공개했다.

판자	8.03달러(내부분 판잣집용 판자)
지붕과 벽에 쓴 헌 널빤지	4.00
욋가지	1.25
유리 달린 헌 창문 2개	2.43
헌 벽돌 천 개	4.00
석회 2동	2.40(값이 비싼 편)
석회 솜	0.31(필요 이상이다)
벽난로용 철제 통	0.15
못	3.90
돌쩌귀와 나사못	0.14
빗장	0.10
분필	0.01
운반비	1.40(상당 부분 내가 등짐을 졌다)
합계	28.12달러

"나는 낙담의 노래를 부르려는 것이 아니라, 이웃들을 깨울 수만 있다면 지붕 위에 올라도 아침의 수탉처럼 원기왕성하게 뽐내고 싶다."

헨리 소로의 《월든》 초판 속표지, 1854.

"대부분의 사치품, 그리고 이른바 생활에 편리한 물건들은 필요불가결한 것이 아닐 뿐 아니라, 인류의 향상에 장애가 된다." 소로는 그렇게 쓰고 난 뒤에, 물질을 소유하는 것과 존경할 만한 사람이 되는 것을 연결시키는 사회적 태도를 뒤집고자 이렇게 덧붙인다. "사람은 없이 살 수 있는 것이 많아질수록 행복해진다."

소로는 한 사람에게 돈이 없다는 것이 어떤 의미인지 재규정하려고 했다. 그것은 부르주아적인 관점이 미묘하게 암시하는 것과는 달리, 반드시 인생의 게임에서 패했다는 뜻은 아니다. 돈이 없다는 것은 어떤 사람이 자신의 에너지를 사업 말고 다른 활동에 쏟는 쪽을 택했고, 그 과정에서 현금이 아닌 다른 것에서 부유해졌다는 뜻일 수도 있다. 소로는 자신의 상태를 묘사하면서 가난한 생활이라는 말보다는 소박한 생활이라는 말을 쓰기를 좋아했다. 이 말이 강요된 물질적 상황보다는 의식적으로 선택한 상황을 표현해준다고 생각했기 때문이다. 그는 "중국, 힌두, 페르시아, 그리스의 철학자들"이 한때 소박한 생활을 기꺼이 선택하려 했다는 사실을 보스턴의 상인들에게 일깨우려 했다. 소로가 월든 호수에 머문 뒤 미국에 막 등장한 산업사회에 전달한 메시지의 기조는 소로 전이나 후의 거의 모든 보헤미안들에게 익숙한 것이었다. 소로는 이렇게 말했다. "영혼에 필요한 것을 사는 데 돈은 필요하지 않다."

3

주류 문화와 갈등하면서도 자신 있게 살아가려면 우리의 직접적인 환경에서 작동하는 가치 체계, 우리가 사교적으로 어울리는 사람들, 우리가 읽고 듣는 것이 중요하다. 이것이 보헤미안들의 통찰이다. 그들은 돈과 공적인 지위가 궁극적으로 존경받을 만하다고 생각하는—굳이 말로 하지 않아도—사람과 몇 분간 대화를 나누는 것만으로도, 오직 부르주아적 영웅들의 공적만 보도하면서 다른 대안적 야심의 가치를 은근히 우습게 여기는 잡지를 읽는 것만으로도 우리 마음의 평정이 흔들리고 우리의 헌신적인 태도가 도전에 부딪힐 수 있다는 사실을 인식했다.

그래서 보헤미안들은 함께 시간을 보낼 사람을 고르는 데 특히 주의를 기울였다. 소로 같은 사람들은 아예 사람을 부패시키는 사회의 영향력으로부터 완전히 벗어나려고 했다. 다른 사람들은 뜻이 맞는 사람들과 공동체를 이루고, 학교나 가족이나 일터에서 어쩔 수 없이 어울리게 되는 사람들을 만날 때 자연스럽게 이루어지기 마련인 사교생활을 거부하려고 노력했다.

보헤미안들은 대도시에 살면서 지위에 관심을 가지는 사람들을 피하고 대신 진정한 친구들과 매일 접촉할 수 있는 동네에 모여 살았다. 보헤미아의 역사에는 그들의 우정으로 유명해진 장소의 이름들이 찬란하게 빛난다. 몽파르나스, 블룸스베리, 첼시, 그리니치빌리지, 베니스 비치.

사진작가 리 밀러와 그녀의 친구인 모델 타냐 람. 파리 몽파르나스 밀러의 스튜디오, 1931.

4

보헤미안들은 또 실패라는 말도 조심스럽게 재규정했다. 부르주아적인 이데올로기에 따르면, 사업이나 예술에서 경제적 또는 비평적 실패는 당사자의 인격에 대한 의미심장한 고발장 노릇을 한다. 이들의 이데올로기에 따르면 사회는 기본적으로 그 구성원의 노력에 공평하게 보답하기 때문이다.

그러나 보헤미안들은 세상이 어리석음과 편견에 지배되는 경우가 많다고 생각하여 외적인 실패를 별로 해석하지 않았다. 그들은 인간의 본성을 볼 때 사회에서 성공하는 사람들이 가장 지혜롭거나 가장 훌륭한 사람인 경우는 드물다고 생각했다. 오히려 결함이 많은 청중에게 가장 효과적으로 영합할 수 있는 사람들인 경우가 많았다. 보헤미안들의 주장에 따르면, 상업적 성공 능력보다 어떤 사람의 윤리와 상상력의 한계를 명백하게 보여주는 표시도 없다.

이런 관점에서 19세기의 많은 보헤미안들은 부르주아적 가치 기준으로 보자면 실패라고 볼 수밖에 없는 정치가나 예술가에게 관심을 가지고 그들을 존경했다. 이런 인물들 가운데 가장 유명한 사람은 영국의 이류 시인 토머스 채터튼으로, 그는 후원자들로부터 작품을 인정받지 못하여 가난에 시달린 끝에 1770년 열여덟 살의 나이로 자살했다. 1835년 파리에서 초연된 알프레드 드 비니의 희곡 《채터튼Chatterton》은 이 젊은 시인을 보헤미아가 귀중하게 여기는 모든 가치의 대변인으로 바꾸어놓았다. 이 희곡은 전통보다 개인적 영감, 경제적 이익보다 친절, 합리성과 공리주의보다 집중과 광기를 찬양했다. 드 비니의 메시지는 재능 있고 감수성이 예민한 시인은 부르주아적 공중의 아둔함 때문에 절망하고, 심지어 자살할 수밖에 없는 운명이라는 것이었다.

오해를 받고 거부를 당하며 살기민 그림에노 빈사이더보다 우월한 아웃사이더라는 신화는 보헤미아의 가장 위대한 인물들 다수의 삶을 반영하거나 그 삶을 규정한다. 채터튼보다 재능이 뛰어났시만 그와 마찬가지로 불행했던 시인 제라르 드 네르발은 1855년 마흔일곱 살이 되었을 때 궁핍과 광기에 시달리다 스스로 목을 맸다. 드 네르발은 재능과 기질 때문에 부르주아 세계에는 어울릴 수 없었던 그의 세대의 예민한 동지들의 경험을 이렇게 요약했다. "야망은 우리 시대에 속한 것이 아니다. (…) 자리와 명예를 쫓는 탐욕스러운 경주에 질려 우리는 정치 활동의 영역으로부터 멀어져 간다. 우리에게는 시인의 상아탑만 남았는데, 우리는 이곳으로 점점 더 높이 올라가 군중으로부터 고립된다. 그 높은 고도에서 우리는 마침내 고독의 순수한 공기를 숨쉰다. 우리는 전설의 황금 컵으로 망각을 마셨다. 우리는 시와 사랑에 취했다."

1849년 에드서 앨런 포가 서른일곱 살의 나이로 죽었을 때

헨리 월리스, 〈채터튼의 죽음〉, 1855~1856.

그의 이야기 역시 보헤미안적인 고귀한 실패담의 하나로 편입되었다. 샤를 보들레르는 그의 삶과 작품에 대한 에세이에서 포의 운명은 야만적인 사람들 사이에서 살아갈 수밖에 없는 재능 있는 사람의 운명의 전형이라고 말했다. 보들레르는 미국 같은 민주사회에서 형성되는 여론의 경향을 저주했으며, 여론으로부터는 아무런 자선이나 은혜를 기대할 수 없다고 경고했다. 그는 이렇게 말했다. 시인은 "민주사회에도 귀족사회에도, 공화국에도 절대군주제에도 어울릴 수 없다. (…) 재능이 뛰어나지만 불운한 사람들은 평범한 영혼들의 무리 속에서 천재의 가혹한 수련기를 겪어야 할 운명이다."

보들레르가 포의 삶에서 얻은 교훈은 이 프랑스 시인의 작업에서 되풀이해 나타나지만, 그 가운데도 유명한 바닷새의 슬픈 날갯짓에서 가장 영롱하게 표현되었다.

앨버트로스

자주 뱃사람들은 재미삼아
앨버트로스, 그 거대한 바닷새를 잡는다
거칠고 깊은 바다를 가로질러
무심한 보호자인 양 동행해주던 새를.

뱃사람들이 갑판 위에 내려놓자마자
이 하늘의 군주, 어색하고 창피하여
커다란 흰 날개를 늘어진 노처럼
애처롭게 질질 끌고 다닌다.

이 날개 달린 나그네는 얼마나 꼴사납고 나약한가!
조금 전까지만 해도 그렇게 기민했는데
지금은 얼마나 약하고 어색하고, 심지어 우스꽝스러운가!
어떤 선원은 담뱃대로 부리를 두드리고,
어떤 선원은 절뚝절뚝, 한때 하늘을 날던 불구자의 흉내를
낸다!

시인도 이 구름의 지배자 같아
총알이 이르지 못하는 곳에서 폭풍을 타고 놀지만
지상에 유배되면 야유와 조롱 속에서
거대한 날개 때문에 걷지도 못한다.

보헤미아는 거부당한 사람의 존엄과 우월을 강조하여, 예수
의 추방과 십자가 처형이라는 기독교 이야기의 세속적인 짝을
만들어냈다. 보헤미안 시인은 기독교의 순례자처럼 그를 이해
하지 못하는 대중으로부터 핍박을 받을 수 있지만, 기독교에서

와 마찬가지로 무시 자체가 무시당하는 자의 우월성의 증거가 된다. 어떤 사람이 이해받지 못하는 것은 이해할 것이 많다는 뜻이다. 시인이 걸을 수 없는 것은 큰 날개 때문이다.

5

집단과 그 전통은 열등하다는 보헤미아의 믿음과 더불어 개인의 우월성에 대한 강조가 나타났으며, 이와 더불어 관습으로부터 벗어나고자 하는 열망이 나타났다. 빅토르 위고는《에르나니Hernani》(1830)의 서문에서 이렇게 소리쳤다. "이제 규칙은 없다. 재능 있는 사람이 개인적 독창성을 포기한다는 것은 신이 하인이 되는 것과 마찬가지다."

랄프 왈도 에머슨의 에세이《자립Self-Reliance》(1840)에서도 비슷한 외침이 울려 퍼진다. "인간은 모름지기 순응하지 말아야 한다." 에머슨의 말에 따르면, 어떻게 살고, 옷을 입고, 먹고, 쓰느냐 하는 문제에서 다른 사람들의 관념에 맞추다 보면 얼굴에 서서히 "우둔한 표정"이 나타나게 된다. 모든 고귀한 사람은 다음과 같은 금언을 따라야 한다. "나는 내가 관심을 가지는 일을 하지, 다른 사람들이 요구하는 일을 하지 않는다." 에머슨은 이렇게 결론을 내린다. "이제 순응이니 조화니 하는 이야기는 더 듣지 않았으면 좋겠다. 앞으로는 그런 말들을 관보에 실어 조롱하도록 하자. (…) 이제 결코 고개를 숙이고 사과하지 말자. (…) 이 시대의 매끈한 평범함과 비열한 만족을 모욕하고 질책하자."

전통과 결별하자는 위고와 에머슨의 외침은 많은 사람의 호응을 얻었다. 1850년 제라르 드 네르발은 애완동물에 대한 기존 관념에 순응하지 않고, 파란 리본에 가재를 묶어 뤽상부르 공원을 돌아다녔다. 드 네르발은 물었다. "왜 개는 괜찮은데 가재는 우스꽝스러운가? 또 나는 짐승을 골라 산책을 시킨다 한들 무슨 상관인가? 나는 가재를 좋아한다. 가재는 평화롭고 진지한 동물이다. 가재는 바다의 비밀을 알고, 짖지 않고, 개처럼 사람의 단자(單子)적 사생활을 갉아먹지 않는다. 괴테는 개를 싫어했지만, 그렇다고 괴테가 미쳤던 것은 아니지 않은가."

위대하고 독창적인 예술가가 된다는 것은 부르주아지를 놀라게 하는 것, 아니 더 나아가서 그들을 불쾌하게 하는 것과 동의어였다. 플로베르는 소설 《살랑보Salammbô》(1862)를 완성하고 나서 자신이 그 책을 쓴 목적은 "(1)부르주아들을 화나게 하는 것, (2)예민한 사람들을 기겁하게 하고 그들에게 충격을 주는 것, (3)고고학자들을 약올리는 것, (4)숙녀들에게 무지해 보이는 것, (5)남색꾼이자 식인종이라는 평판을 얻는 것"이라고 선언했다.

1850년대에 파리에서 일군의 보헤미안 학생들이 "판사와 약사를 불쾌하게 만들" 목적으로 클럽을 열었다. 그들은 목적을 달성할 가장 효과적인 방법을 모색한 끝에 스스로 '자살 클럽'이라고 명명하고, 모든 회원이 서른 살이 되기 전에 또는 대머리가 되기 전에—어느 쪽이든 둘 중의 하나가 먼저 닥치기 전에—스스로 목숨을 끊겠다고 선언했다. 이 회원 가운데 실제로 자살한 사람은 하나뿐이라고 전해지지만, 그럼에도 프랑스 하원의 격분한 정치가가 이 클럽이 "부도덕하고 비합법적인 괴물"이라고 비난을 했기 때문에 이 클럽은 소기의 목적을 달성한 셈이었다.

　　보헤미아의 역사는 품위 있는 계급의 약을 올리려는 시도로 점철되어 있다. 1917년 뉴욕에서 일군의 예술가가 부르주아 생활로부터 이탈하기로 결정하고 '자유롭고 독립적인 그리니치빌리지 공화국' 창설을 선언했다. 이 공화국은 예술, 사랑, 아름다움, 담배에 바쳐질 예정이었다. 이 집단은 그들의 분리된 국가의 탄생을 기념하기 위해 워싱턴 스퀘어 아치 꼭대기로 기어 올라가 위스키를 마시고, 장난감 권총을 쏘고, 독립선언문을 읽었다. 선언문 낭독은 "그런 까닭에whereas"[7]라는 말을 빠르게 되풀이하는 것으로 끝이 났다. 이 새로운 공화국(그날 새벽까지만 지속되었다)의 구성원 한 사람은 세월이 흐른 뒤 이렇게 회고했다. "우리는 중서부에서 금기시되는 것이라면 무엇에든지 헌신하는 급진파였다."

보헤미안들에게는 안타까운 일이었지만, 그들이 부르주아
지에게 충격을 줄수록 부르주아지는 충격에 무디어졌다. 그래
서 20세기 보헤미안 운동이 증명하듯이 그들의 기괴한 행동은
점점 더 극단으로 치닫게 되었다.

다다의 창립자 트리스탄 차라는 1915년에 취리히에서 이렇
게 말했다. "이제 똑똑한 사람은 표준적 유형이 되었다. 우리
에게 부족한 것은 백치다. 나다는 모든 곳에서 백치적인 것을
확립하는 데 온 힘을 쏟고 있다." 이런 목적을 이루기 위해 다
다주의자들은 취리히의 멋진 레스토랑에 들어가, 저녁을 먹고
있는 부르주아지에게 "다다"하고 소리쳤다. 다다 예술가인 마
르셀 뒤샹은 〈모나 리자 Mona Lisa〉에 콧수염을 그리고 여기에
'L.H.O.O.Q.(그녀는 엉덩이가 뜨겁다Elle a chaud au cul)'라
는 제목을 붙였다.

다다 시인 후고 발은 의미 없는 다국어 시 분야를 개척하여,
취리히의 한 나이트클럽에서 반짝거리는 파란 판지로 만든 양
복에 머리에는 마녀의 모자를 쓰고 첫 작품 〈카라바네
Karawane〉를 들려주었다.

7 법률이나 조약문 따위에 흔히 쓰이는 말이다.

KARAWANE

jolifanto bambla ô falli bambla
grossiga m'pfa habla horem
égiga goramen
higo bloiko russula huju
hollaka hollala
anlogo bung
blago bung
blago bung
bosso fataka
ü üü ü
schampa wulla wussa ólobo
hej tatta gôrem
eschige zunbada
wulubu ssubudu uluw ssubudu
tumba ba- umf
kusagauma
ba - umf

다다주의자 화가 한스 리히터는 다다의 야심을 돌아보며 이
렇게 말했다. "우리는 합리성으로부터, 진부함으로부터, 장군,
조국, 민족, 미술상, 세균, 거주 허가, 과거로부터 자유로운 새
로운 종류의 인간을 내오고 싶었다. 여론을 격분시키는 것이
우리의 기본 원칙이었다."

다른 집단도 다다의 발자취를 따라갔다. 1924년 초현실주의
자들은 파리의 그르넬 거리에 '초현실주의 연구부'를 개설했

다. 창문의 천장에는 마네킹이 걸려 있었고, 아무나 들어와 꿈과 우연의 일치, 또는 정치나 예술이나 유행에 대한 새로운 생각을 이야기할 수 있었다. 그런 이야기는 타자로 쳐서 벽에 붙여놓았다. 연구부 책임자인 앙토넹 아르토는 이렇게 선언했다. "우리는 적극적 지지자보다는 **불안한** 지지자가 필요하다."

부르주아지에게 거스르고자 하는 열의에서 이들에 뒤지지 않았던 이탈리아 미래주의자 필리포 마리네티는 1932년 《미래주의 요리책La Cucina Futurista》을 냈다. 이 책은 이탈리아인의 식사 방식을 혁명적으로 개선하고 그들을 19세기의 요리 취향, 특히 파스타 애호로부터 떼어내려고 기획된 것이었다(그는 마케로니 알 라구maccheroni al ragù와 탈리아텔레 알라 볼로네제tagliatelle alla bolognese를 부르주아적 시대착오의 대표적인 예로 인용했다). 그러나 어떤 영감을 얻기를 바라고 이 요리책을 샀던 사람들은 마리네티가 제라르 드 네르발이나 앙토넹 아르토와 마찬가지로 사람들의 예상을 뒤집어엎으려 한다는 사실을 확인하게 되었다. 요리법에는 이런 것들이 있었다.

딸기 젖가슴 "캄파리를 이용해 분홍색으로 염색한 리코타로 만든 단단한 유방에 설탕으로 조리한 딸기로 만든 젖꼭지를 얹어 분홍 접시에 올려놓는다. 리코타 속에 신선한 딸기를 더 넣으면, 유방을 깨물었을 때 더 많은 상상의 유방이 나타난다는 이상적인 환경을 조성할 수 있다."

항공음식 "회향풀, 올리브, 금귤 조각과 판지 한 조각으로 만든다. 판지에는 풀로 벨벳, 비단, 사포를 한 조각씩 나란히 붙여놓는다. 사포는 먹지 않는다. 사포는 금귤을 빨아먹는 동안 오른손으로 만지작거리라고 놓아둔 것이다."

입체파 야채 패치 "1. 베로나 셀러리를 작은 입방체로 잘라 튀긴 다음 파프리카를 뿌린다. 2. 튀긴 당근의 작은 입방체들에 양고추냉이를 갈아서 뿌린다. 3. 콩을 삶는다. 4. 이브레아 산(産) 절인 양파 작은 조각에 잘게 썬 파슬리를 뿌린다. 5. 폰티나 치즈 작은 토막들. 주의할 점. 입방체들은 크기가 1입방센티미터를 넘으면 안 된다.

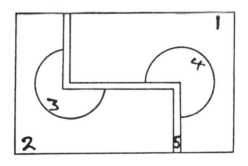

6

보헤미아의 과도한 점을 지적하는 것은 어려운 일이 아니다.

독창성을 높이 평가하고 삶의 비물질적인 측면을 강조하는 것에서부터 판사나 약사를 놀라게 할 수 있는 것 — 갑각류를 산책시키거나 딸기 유방을 먹는 등 — 이라면 모두 중요하다는 생각까지는 거리가 그리 멀지 않다.

많은 보헤미안들이 영적인 관심을 삶의 전면에 내세우는 데 몰두한 나머지 실제적인 문제를 태만히 했다. 이 때문에 그들은 생존할 만한 일을 찾는 데 안간힘을 써야 했으며, 이렇게 되자 영을 생각할 시간은 줄어들고 몸 생각을 해야 하는 시간은 늘어났다. 심지어 물질주의적이라고 욕하던 바쁜 판사나 약사보다 나을 것이 없는 신세가 된 것이다.

1844년 매사추세츠에서 일단의 유토피아적인 보헤미안 화가들이 프루트랜즈Fruitlands라는 이름의 공동체 농장을 세우고, 돈이나 일 자체에는 관심을 가지지 않는다고 선언했다. 그들은 먹고 사는 데 필요한 만큼만 농사를 짓고, 나머지 에너지는 시, 그림, 자연, 낭만적 사랑에 쏟고 싶었다. 공동체의 창립자 브론슨 앨콧은 새로운 농부들의 사명은 "**일**을 하는 것이 아니라 **존재**하는 것"이라고 선언했다. 앨콧과 그의 동료들은 그 전이나 후의 보헤미아 공동체들에 공통된 여러 가지 야심만만한 이상에 헌신했다. 그들은 면 옷을 입지 않았으며(노예들이 목화를 땄기 때문이다), 육식이나 유제품을 먹지 않았고, 주로 채식을 했다. 또 공중으로 솟아올라 자라는 것을 먹고, 당근이나 감자는 피했다. 사과나 배처럼 하늘을 갈망하는 것이 아니라 땅 속을 가리켰기 때문이다.

예측할 수 있는 일이지만 이 공동체는 오래 가지 못했다. 농부들이 실제적인 일에 뛰어들기를 머뭇거리는 바람에 첫 여름이 끝나자 계획과는 달리 호메로스나 페트라르카를 읽는 대신 몸과 영혼을 모두 유지하기 위한 다급한 투쟁에 들어가야 했다. 농장 건설 몇 년 전에 보스턴에서 앨콧을 만난 에머슨은 프루트랜즈 회원들에 대해 이렇게 말했다. "그들의 교의는 모두 영적이지만, 늘 마지막에는 '돈을 좀 더 보내주실 수 없습니까?' 하고 말한다." 프루트랜즈가 시작되고 나서 여섯 달 뒤 공동체는 적대감과 절망감 속에 무너지기 시작했다. 최소한의 부르주아적 규율조차 완강하게 거부한 결과 이상주의의 저 맛이 기버리게 되었다는, 귀에 익은 보헤미안의 실패담을 남기고.

만일 부르주아지가 보잘것없는 미혹된 존재들이라면 ─ 보헤미안들은 가끔 이런 위험한 생각을 하곤 했는데 ─ 이 계급의 지위의 개념과 관련하여 불안을 느끼는 것도 우스울 것이고, 또 그런 불안도 아주 드물 것이다. 많은 멋진 발상들이 중서부인에게 충격을 주었지만, 그렇다고 해서 그들에게 충격을 주는 모든 것이 탁월한 것은 아니었다. 판사나 약사의 행동이나 태도의 어떤 면에 의문을 제기하고 거기에 반대하는 일이 그렇게 만만치 않게 느껴지는 것은 그들이 그만큼 일을 잘하기 때문이다.

7

그렇다고 해서 자제를 해야 한다는 뜻은 아니다. 보헤미아의 극단적인 그룹이 아무리 지나쳤다 해도, 이 운동은 계속 부르주아지의 이상에 다양하게 도발적으로 도전해왔다. 보헤미아는 부가 좋은 삶에서 차지하는 역할을 이해하지 못한다고 부르주아지를 비난했다. 세속적인 실패를 너무 성급하게 비난하고, 노예처럼 외적인 성공을 숭배한다고 비난했다. 예의범절이라는 거짓 관념을 지나치게 신봉한다고 비난했다. 전문적인 자격을 재능과 교조적으로 동일시한다고 비난했다. 예술, 감수성, 장난기, 창조성의 가치를 무시한다고 비난했다. 질서, 규칙, 관료제, 시간 엄수에 지나친 관심을 쏟는다고 비난했다.

　가장 넓은, 가장 포괄적인 말로 보헤미아의 기여를 요약하자면 그들이 대안적인 삶의 방식 추구에 정통성을 부여했다고 간단하게 이야기할 수 있을 것이다. 그들은 그들이 존중하는 하위문화의 경계를 정하고 의미를 규정했는데, 이곳에서는 부르주아 주류가 과소평가하고 간과하는 가치들이 적절한 권위와 위엄을 부여받았다.

보헤미아는 기독교와 마찬가지로—보헤미아는 많은 면에서 기독교의 감정적 대체물로 기능하며, 실제로 19세기에 기독교가 사람들의 상상력을 장악하는 힘을 잃기 시작할 때 등장했다—물질적이 아니라 영적으로 자신과 다른 사람들을 평가하는 방법을 옹호했다. 기독교의 수도원이나 수녀원과 마찬가지로 보헤미아의 다락방과 카페, 집세가 싼 동네와 협동 사업은 부르주아적인 보답을 추구하는 데 관심 없는 사람들이 생계를 유지하고 동료를 찾을 수 있는 피난처가 되었다.

나아가서 일부 유명한 보헤미안들은 지배적인 지위 체계 때문에 매우 불안해하는 사람들에게 주류에서 비켜서서 살아가는 것에도 19세기 파리의 시인들, 다다 운동의 장난스러운 전복성, 초현실주의자들의 프로방스 피크닉까지 거슬러 올라가는 오래, 또 가끔은 화려한 역사가 있음을 보여주었다.

재능이 뛰어난 보헤미안들 덕분에 변덕스럽고 터무니없어 보일 수도 있는 삶의 방식이 진지하고 칭찬할 만한 것으로 보이게 되었다. 보헤미아는 법률가, 기업가, 과학자라는 역할 모델에 시인, 여행가, 에세이스트를 보탰다. 보헤미아는 이런 인물들 역시 그 기행(奇行)과 빈곤에도 불구하고 그들 나름으로 높은 지위를 누릴 자격이 있다고 주장했다.

8

지위에 대한 불안의 성숙한 해결책은 우리가 다양한 사람들로
부터 지위를 인정받을 수 있다는 사실을 인식하는 데서 시작한
다. 산업가로부터 인정받을 수도 있고 보헤미안으로부터 인정
받을 수도 있으며, 가족으로부터 인정받을 수도 있고 철학자로
부터 인정받을 수도 있다. 누구로부터 인정받기를 원하느냐 하
는 것은 우리의 의지에 따른 자유로운 선택이다.

지위에 대한 불안이 아무리 불쾌하다 해도 그 불안으로부터
완전히 자유로운 좋은 인생을 상상하기는 어렵다. 실패하여 다
른 사람들에게 창피한 모습을 보일 수도 있다는 두려움은 야심
을 품고, 어떤 결과들을 선호하고, 자신 외의 다른 사람들을 존
중하는 데서 나오는 자연스러운 결과일 뿐이기 때문이다. 지위
에 대한 불안은 성공적인 삶과 성공적이지 못한 삶 사이의 공
적인 차이를 인정할 경우 치를 수밖에 없는 대가다.

그러나 지위에 대한 요구는 불변이라 해도, 어디에서 그 요
구를 채울지는 여전히 선택할 수 있다. 창피를 당할 걱정을 하
게 되는 것은 어떤 집단의 판단 방식을 우리가 이해하고 존중
하기 때문이다. 지위에 대한 불안은 결국 우리가 따르는 가치
와 관련이 되는 경우에만 문제가 된다고 말할 수 있다. 우리가
어떤 가치를 따르는 것은 두려움을 느껴 나도 모르게 복종을
하기 때문이다. 마취를 당해 그 가치가 자연스럽다고, 어쩌면

신이 주신 것인지도 모른다고 믿기 때문이다. 우리 주위의 사람들이 거기에 노예처럼 얽매여 있기 때문이다. 우리의 상상력이 너무 조심스러워 대인을 생각하지 못하기 때문이다.

철학, 예술, 정치, 기독교, 보헤미아는 지위의 위계를 없애려 하지 않았다. 그들은 다수의 가치로부터 인정받지 못하는 가치, 다수의 가치를 비판하는 새로운 가치에 기초하여 새로운 위계를 세우려 했다. 이 다섯 집단은 성공과 실패, 선과 악, 수치와 명예의 구분 자체는 유지하면서, 무엇이 각 항목에 속해야 하는지를 재규정하려 했다.

그렇게 하는 과정에서 이들은 각 세대마다 높은 지위에 대한 지배적인 관념들을 충실하게 따르지 못하는 사람들이나 따르고 싶어 하지 않는 사람들, 그럼에도 패자나 이름 없는 사람이라는 잔인한 규정과는 다른 규정을 받을 자격이 있는 사람들이 정당성을 얻는 데 도움을 주었다. 이들 덕분에 우리는 삶에서 성공을 거두는 데는 하나 이상의 길, 판사나 약사의 길과는 다른 길이 있다는 것을 기억하며 위로와 확신을 얻을 수 있다.

옮기고 나서

정영목

부자 되라는 말이 온 국민이 주고받는 덕담처럼 입에서 입으로 옮겨지는 것을 보고 경악한 적이 있다. 어떻게 저렇게 천연덕스럽게 저런 말을 할 수 있을까 의아해하던 것도 잠시, 가난한 부모면 자식 앞에서 고개도 못 들고 자신의 무능과 악습을 반성해야 할 것 같은 분위기가 조성되었다. 급기야 서로 눈에 잘 보이지 않는 장점과 미덕을 알아주고 존중하던 사람들까지도 눈에 보이는 부의 증표들을 환영할 뿐 아니라 스스로 과시까지 하는 현상이 곳곳에서 눈에 띄게 되었다.

자본주의 사회에 태어나 평생 그 사회에서 산 사람이 새삼스럽게 무슨 불평이냐고 할지 모르지만, 옮긴이가 보기에는 분명히 달라졌다. 물신을 향한 도덕적 집단 투항이라고 부를 만한 이 사태에는 아마 아이엠에프 경제위기가 중요한 계기로 작용했을 것이다. 발전이라는 환상으로 억누르고 있던 우리 경제생활의 덧없고 아슬아슬한 본질이 모두의 눈앞에 확연히 드러나면서, 우리가 깊숙한 곳에 감추고 살던 불안도 모든 사람의 얼굴에 공공연하게 내걸리게 된 것이다. 결국 믿을 건 돈밖에 없다는 신념이 돈으로 인해 생긴 불안을 돈으로 다독거리려는 악순환을 정당화해주었고, 이 줄을 잡는 대열에 끼지 못하면 벼랑으로 떨어진다는 생존의 논리가 모든 사람의 얼굴을 몇 밀리미터쯤은 두껍게 만들어 염치(廉恥)라는 말은 찾아보기 힘들게 되었다.

옮긴이가 직접 겪어보지는 못했지만 아마 전쟁을 겪은 분들은 이와 비슷하게 집단의 가치가 흔들리는 과정을 목격했을지도 모르겠다. 그 공통점은 다수가 극심한 불안으로 내몰릴 뿐 아니라 그것을 행동으로 표현한다는 것이다. 사실 경제의 가장 큰 위기도 경제와는 관련이 없어 보이는 공황(恐慌)이라는 이름으로 부르지 않는가. 이런 상태는 결국 개인에게나 집단에게나 정신적 외상을 남길 수밖에 없으며, 그것을 치유하려면 크나큰 지혜와 상당히 긴 시간이 필요할 것이다. 더군다나 그 상처를 세계화라는 바늘로 꿰매면서 이것이 상처의 치료인지 악화인지가 불분명한 상황에서라면 말이다.

이런 면에서 사람이 사회, 특히 자본주의 사회에서 차지하는 자리를 둘러싼 불안을 다룬 알랭 드 보통의 새 책이 우리에게 보탬이 될지도 모르겠다. 사실 알랭 드 보통이 사회적 관계로 눈길을 돌린 것이 처음에는 약간 뜻밖으로 여겨졌다. 이제까지 그의 사색은 사회라는 배경이 흐릿한 상태에서 약간은 고립된 듯한 느낌을 주는, 또는 많은 시간을 자기 방에서 책과 함께 보낼 것 같은 개인에게 초점이 맞추어져 있다는 느낌을 받았기 때문이다. 그러나 가만히 생각해보면 이 책도 개인에게 초점을 맞춘다는 점에서는 달라진 것이 없다. 불안은 설사 집단적 양상으로 나타난다 해도 어디까지나 개인의 심리에서 출발하는 것이기 때문이다. 다만 알랭 드 보통은 막연한 불안을 다루는 것이 아니라, 구체적인 생활에 뿌리를 둔 불안을 다루는 것일 뿐이다. 사실 한 개인의 불안 가운데 많은 부분이 사회적 관계에서 나온다는 점을 고려하면, 그의 접근 방식은 일관성이 있을 뿐 아니라, 있는 그대로 대상을 파악한다는 면에서 자유롭게 열려 있다는 느낌도 든다.

그러고 보면 알랭 드 보통의 관심은 언제나 개개인의 일상적인 삶이었다. 사랑 이야기도, 여행 이야기도 늘 일상에서 출발해서 일상으로 돌아오고, 철학이나 문학적인 사유를 할 때도 일상에서 생겨나는 문제들을 해결한다는 목적에서 벗어나지 않았다. 그런 면에서 일상의 많은 부분을 차지하는 사회적 관계가 그의 사색의 대상이 되는 것은 시간 문제였는지도 모른다. 그러나 역시 중요한 점은 모두 함께 경험하는 일상적 삶, 어찌 보면 뻔하고 진부한 그 생활이 그의 사색의 회로를 통과하고 나면 왠지 낯설고 새롭게 느껴진다는 것이다. 이것은 우리가 그의 이전에 나온 책들에서 경험했던 바이며, 이 점은 이번 책에서도 변함이 없다. 게다가 이번 주제 역시 우리 모두 한 마디씩은 할 이야기가 있는 '사회생활', 그리고 거기서 생기는 불안이라니 더욱 기대가 되지 않겠는가. 먼저 읽은 독자로서 옮긴이는 그 기대가 충족되었다고, 때로는 정말 감탄했다고, 그리고 그의 시야가 넓어진 것을 두 손 들어 환영한다고 말할 수 있어 기쁠 따름이다.

색인

PICTURE ACKNOWLEDGEMENTS

지은이 | 알랭 드 보통

1969년 스위스 취리히에서 태어났으며 영국 케임브리지 대학교에서 수학했다.
《왜 나는 너를 사랑하는가》《여행의 기술》《동물원에 가기》《행복의 건축》을 비
롯한 그의 저서들은 현재 20여 개의 언어로 번역 출간되었고 지난 12년간 세계
각국에서 수십만 부씩 팔리며 베스트셀러에 올랐다. 2003년 2월에 프랑스 문화
부 장관으로부터 〈슈발리에 드 로드르 데자르 에 레트르〉라는 기사 작위를 받
았다. 같은 해 11월에는 유럽 전역의 뛰어난 문장가에게 수여하는 〈샤를르 베
이옹 유럽 에세이 상〉을 수상했다.

옮긴이 | 정영목

서울대학교 영어영문학과를 졸업하고 동대학원을 졸업하였다. 현재 이화여대
통번역대학원 번역학과에서 강의를 하며 전문 번역가로 활동하고 있다. 옮긴
책으로는《파인만에게 길을 묻다》《호치민 평전》《눈먼 자들의 도시》《신의 가
면: 서양신화》《도시의 과학자들》《흉내》《왜 나는 너를 사랑하는가》《여행의
기술》《동물원에 가기》《행복의 건축》등이 있다.

불안

한국어판 ⓒ 도서출판 이레, 2005

알랭 드 보통이 글을 쓰고 정영목이 옮긴 것을 도서출판 이레 고석이 2005년 10월 15일 처
음 펴내다. 원미선이 책임편집을, 김미성이 책임디자인을, 허현숙이 내지꾸밈을 맡다.

편집장 이현정 | 편집 이지은 김수현 김소영 | 저작권 권미선
미술부장 김미성 | 미술 한나영 정운정 이승욱
제작 고성은 | 마케팅 신홍희 김대환 권태환 허경실 윤서경 서지혜
등록 1995. 6. 8. 제5-352호
주소 413-756 경기도 파주시 교하읍 문발리 파주출판단지 513-10 이레빌딩
주문 및 문의 전화 031 955 7300 팩스 031 955 7350 | 홈페이지 www.ire.co.kr

2009년 11월 2일 박은 책(초판 제18쇄) | ISBN 89-5709-054-1 03840